Kricke/Reich

Teamteaching

Meike Kricke/Kersten Reich

Teamteaching

Eine neue Kultur des Lehrens und Lernens

Dr. *Meike Kricke* ist ausgebildete Grundschullehrerin, Erziehungswissenschaftlerin und wissenschaftliche Mitarbeiterin im Projekt »Raum und Inklusion« an der Universität Köln.

Dr. *Kersten Reich* ist Professor für Internationale Lehr- und Lernforschung an der Universität Köln und Wissenschaftlicher Leiter der Inklusiven Universitätsschule Köln.

Dieses Buch ist auch als E-Book erhältlich
(ISBN 978-3-407-29474-6).

Das Werk und seine Teile sind urheberrechtlich geschützt.
Jede Nutzung in anderen als den gesetzlich zugelassenen Fällen
bedarf der vorherigen schriftlichen Einwilligung des Verlages.
Hinweis zu § 52a UrhG: Weder das Werk noch seine Teile dürfen
ohne eine solche Einwilligung eingescannt und in ein Netzwerk
eingestellt werden. Dies gilt auch für Intranets von Schulen
und sonstigen Bildungseinrichtungen.

Lektorat: Christine Wiesenbach

© 2016 Beltz Verlag · Weinheim und Basel
Werderstr. 10, 69469 Weinheim
www.beltz.de

Herstellung: Lore Amann
Satz: Markus Schmitz, Büro für typographische Dienstleistungen, Altenberge
Druck: Beltz Bad Langensalza GmbH, Bad Langensalza
Umschlagabbildung: © Andreas Kindler, getty images
Umschlaggestaltung: Michael Matl
Printed in Germany

ISBN 978-3-407-62940-1

Inhaltsverzeichnis

Vorwort 9

1. Teams als Ausdruck einer neuen Lernkultur 13

    1.1   Der Wandel der Lernkultur von der Moderne in die »flüssige Moderne« 13

    1.2   Diversität bedeutet Heterogenität im Lernen und Teams als Lösung 27

    1.3   Teams und Individuen: Ausgangspunkte, Probleme, Ambivalenzen 32

    1.4   Teams als Ressource und Lösung eines effektiven Lernens 37

2. Modelle des Teamteaching: Vom Einzelkämpfer zum Teamplayer 39

    2.1   Was ist Teamteaching? 39

    2.2   Formen des Teamteaching im Überblick 42
    2.2.1   Eine/r unterrichtet und führt, eine/r beobachtet 45
    2.2.2   Eine/r unterrichtet und führt, eine/r assistiert 46
    2.2.3   Eine/r unterrichtet und führt, eine/r fördert differenziert ... 47
    2.2.4   Mehrere unterrichten, führen, assistieren und fördern 49

    2.3   Lernen und Lehren in Teams in Kleingruppen 50

    2.4   Teamteaching-Aktivitäten auf einen Blick 54

    2.5   Was sind gute Voraussetzungen für Teamteaching? 55

    2.6   Warum lässt sich Teamteaching nicht einfach verordnen? ... 56

3. Teamteaching in der Lehre und im Lernen 60

    3.1   Effektives Lehren und Lernen benötigt Teamarbeit 60

    3.2   Teamteaching in verschiedenen Lernformaten 72

4. Voraussetzungen für Teams in der Praxis 80

4.1 Beziehungen und Teams 80
- 4.1.1 Beziehungen, Interaktionen und Rollen 80
- 4.1.2 Kooperation und Kommunikation: Lehrteams und Lernteams 83
- 4.1.3 »Good Work« 89
- 4.1.4 Was bringe ich in das Team ein? 93
- 4.1.5 Wie finde ich den richtigen Partner/die richtige Partnerin? 95
- 4.1.6 »Good Work«: Schlussfolgerungen für gute Teamarbeit 96
- 4.1.7 Präsenz zeigen, Grenzen achten 98
- 4.1.8 Beziehungen haben Vorrang – Die Bedeutsamkeit des Klimas innerhalb von Teamprozessen und wie man es gestalten kann 100

4.2 Teams in der Organisation 103
- 4.2.1 Bewusster Umgang mit Heterogenität – was sind gute Teams? 104
- 4.2.2 Unterstützung durch die Leitung: Strukturen, Ressourcen, Barrieren, Hilfestellungen 107

4.3 Teamteaching: Vorbereitung 111
- 4.3.1 Entwicklung und Leitbild, gemeinsames Verständnis guten Lernens 112
- 4.3.2 Gemeinsame Regeln zur Team- und Lernarbeit 114
- 4.3.3 Gemeinsame Ziele und Kompetenzerwartungen 118
- 4.3.4 Gute Arbeitsteilung, geteilte Verantwortung, geteiltes Vertrauen 120
- 4.3.5 Raum und Zeit zur gemeinsamen Arbeit 129
- 4.3.6 Gemeinsame Feedbackkultur 129
- 4.3.7 Offen für Austausch nach außen 134
- 4.3.8 Einstiegsfragen für eine effektive Vorbereitung der Teamarbeit 135

4.4 Kein Team ohne Konflikte 138
- 4.4.1 Warnliste: Wie machen wir es Teams von vornherein schwer? 138
- 4.4.2 Gute Teams – ungünstige Teams 141

5. Teams in der Praxis 143

5.1 Teamteaching: Planung 143
- 5.1.1 Gemeinsames Vorgehen (Logbuch Planung) 144
- 5.1.2 Zeitliche Planungsmodule von täglich bis jährlich 146
- 5.1.3 Planungsmodelle kompetenzorientiert einsetzen 151
- 5.1.4 Kompetenzniveaus für heterogene Gruppen mit Meilensteinen planen 156
- 5.1.5 Planung auf Lernformate beziehen 160
- 5.1.6 Methoden, Medien, Lernmaterialien planen 161
- 5.1.7 Begleitung, Beratung, Beurteilung planen 162

	5.1.8	Verteilung der Aufgaben	165
	5.1.9	Raum für Situationsbezug	168
5.2		**Teamteaching: Durchführung**	**169**
	5.2.1	Rollen mit der Lerngruppe klären	169
	5.2.2	Umsetzung nach dem gewählten Teamteaching-Modell	170
	5.2.3	Umsetzung nach Haltung und gemeinsamen Regeln	171
	5.2.4	Situative Anpassung der Planung	172
5.3		**Teamteaching: Evaluation**	**175**
	5.3.1	Umsetzungsanalyse der Vorbereitung und Planung	175
	5.3.2	Umsetzung des Teamprozesses (Rollen, Kommunikation, Beziehung, Wirksamkeit, Organisation)	180
	5.3.3	Feedbackkultur (Wann, Wie, Wie oft, Konsequenzen)	185
	5.3.4	Fallbezogene Arbeit und kollegiale Beratung	189
	5.3.5	Äußere Beratung, Supervision, Coaching	192

6. Teams in der Inklusion ... **194**

	6.1	Inklusion als Herausforderung an alle	194
	6.2	Teamteaching als Notwendigkeit in der Inklusion	196
	6.3	Multiprofessionelle Teams	197
	6.4	Teams zwischen Inklusion und Exklusion	203

Verzeichnis der Schaubilder ... **208**

Literatur ... **209**

Vorwort

Teamteaching ist Ausdruck einer neuen Lernkultur, die alle Formen der Aus-, Fort- und Weiterbildung im Erziehungs- und Bildungssystem betrifft. Beim Teamteaching findet ein Wechsel in der Lehre und im Lernen statt, die das relativ autonome Handeln einer einzig verantwortlichen Lehrkraft mit überwiegend frontalen Methoden überwindet. Warum hatte sich das alte Modell der relativ autonomen Lehrkraft, die ihrerseits allerdings z. B. weisungsgebunden und abhängig von Richtlinien, Lehrplänen, festgeschriebenen Rollenerwartungen ist, über sehr lange Zeit durchgesetzt? Von heute aus wissen wir, dass bei dieser Entwicklung nicht die Lernenden mit ihren unterschiedlichen Voraussetzungen und Lernbedürfnissen im Vordergrund der traditionellen Unterrichtung standen, sondern Fragen einer ökonomisch günstigen Durchsetzung von bestimmten Bildungserwartungen der Gesellschaft in Form von Gruppenunterricht im Gleichschritt. Unterricht in allen Formen geschah schon »von der Kanzel« aus als eine Form, die Massen zu bedienen und die für alle gleich auszurichten war. Die Bildungsexpansion der Moderne erzwang dann spätestens im 20. Jahrhundert ein Verfahren der Lehre, das sowohl kostengünstig als auch gut kontrollierbar sein sollte, was zunächst zu großen Klassen und Lehrmethoden führte, die auf Disziplin und staatlich kontrollierte Inhalte setzte. Bis heute sind Lehr- und Lernräume oft Kasernen nachempfunden, in denen alles im Gleichschritt und im gleichen Takt zu erfolgen hat. *One-size-fits-all* ist das Grundmodell des Lehrens und Lernens in der Schule, in der Ausbildung und war es auch lange Zeit in der Fort- und Weiterbildung. Es führt in letzter Konsequenz dazu, dass für die Lernenden, die sich nach oben und unten nicht an den Durchschnitt anpassen können oder wollen, ein selektives System entsteht, das in der Zuweisung von Berufen und Erfolgen umfassend an den äußeren Bedürfnissen der Wirtschaft, des Staates und kulturellen Strömungen im *Mainstream* ausgerichtet ist, aber deutlich weniger an den unterschiedlichen Kräften und Potentialen der Lernenden selbst.

Die Entdeckung der Teamarbeit in der Moderne seit den 1960ern, zunächst vor allem in der industriellen Produktion, markiert einen Wendepunkt, der weniger aus Menschenfreundlichkeit entstanden ist, sondern aus Überlegungen der Effektivität. Eine Wirtschaft und Gesellschaft, die nicht bloß seriell Dinge reproduziert, die auf wissenschaftlich-technischen Fortschritt ausgelegt ist, die sich kreativ stets neu erfinden muss und in der im Zuge solcher Entwicklungen kreative, kooperative und kommunikative Kompetenzen immer notwendiger werden, die zugleich als Konsumgesellschaft immer neue Waren und Dienstleistungen anpreist und verkaufen will, ist notwendig auf breite und differenzierte Kompetenzen angewiesen. Sie lassen sich nicht mehr hinreichend in frontalen Unterrichtsmodellen abbilden, da diese das Lernen selbst zu sehr reproduktiv auslegen und Lernressourcen im Sinne eines effektiven *Learning by doing* verschwenden. So hat die Teamarbeit in sehr unterschiedlichen Formen immer stärker

Einzug in alle Aus-, Fort- und Weiterbildungen gehalten. Das Teamteaching jedoch hat nicht gleichermaßen gewinnen können, da es im Gegensatz zur Teamarbeit der Lernenden immer mit einer Kostenerhöhung verbunden ist.

Was spricht heute für Teamteaching? Wie können die höheren Kosten gerechtfertigt werden? Es sind aus unserer Sicht mindestens drei Gründe zu nennen, die dem Teamteaching, ähnlich wie der Teamarbeit, langfristig zum Durchbruch auch in der Breite des Erziehungs- und Bildungssystems verhelfen werden:

(1) *Teamteaching ist effektiver für das Lernen*: Die Lehr- und Lernforschung ist nie frei von den Voraussetzungen und Erwartungen eines Zeitalters. Gegenwärtig wird das Lernen sehr stark individualisiert aufgefasst, wobei zugleich erkannt wird, dass Lernende unterschiedliche Voraussetzungen und Bedürfnisse haben. Die Abhängigkeit von nur einer Lehrkraft mit der Bevorzugung bestimmter Lehrstile erweist sich als kontraproduktiv für viele Lernende. Zudem sind aus Tradition die Lerngruppen in der Regel zu groß, um ein individualisiertes Lernen tatsächlich hinreichend stattfinden zu lassen. Wird die Individualität der Lernenden ernst genommen, dann erscheint sofort die Heterogenität der Lerngruppe als Problem. Sie ist aber nur ein Problem, wenn eine Lehrkraft – überfordert durch die Fülle an Anforderungen – *one-size-fits-all* praktiziert. Sie wird zu einer Chance für das Lernen, wenn möglichst viele Perspektiven, unterschiedliche Zugänge zum Lernen, zahlreiche Ergebnisse im Lernen gefordert und gefördert werden. Dies gelingt der einzelnen Lehrkraft nur im seltenen Fall allein. Die beste und günstigste Chance für individualisiertes Lernen bietet dagegen heute das Teamteaching.

(2) *Teamteaching ist professioneller*: Individualisiertes Lernen, das zugleich soziale, kooperative und kommunikative Kompetenzen mit beachtet, bedarf neuer Lernformate jenseits des Frontalunterrichts. Auch wenn Instruktionen nach wie vor wichtig sind, so muss das Lernen stärker selbstwirksam für die Lernenden aufgebaut werden. Hier ergänzen sich Instruktionen, Selbstlernmaterialien, Projekte, Lernaufgaben nach Interesse und Neigung (Reich 2014). Die einzelne Lehrkraft ist professionell schnell überfordert, wenn sie ein solches umfassendes Lernarrangement individuell vorbereiten und planen will. Die Lehrkräfte selbst benötigen Teamarbeit als eine wesentliche Voraussetzung ihrer heutigen professionellen Rolle. Von dieser Teamarbeit sollte nicht nur die Vorbereitung, Planung und Auswertung der Lernergebnisse betroffen sein – was heute Standard einer professionellen Aus-, Fort- und Weiterbildung wäre –, sondern auch die Durchführung wird als Teamteaching professioneller. Dies liegt schon darin begründet, dass die Lehrkräfte hier nicht mehr allein gelassen sind, sondern Sicherheit – auch kollegiale Kontrolle – in einem System wechselseitiger Verantwortung für eine Lerngruppe erfahren.

(3) *Teamteaching ist chancengerechter*: Lehrkräfte haben sehr unterschiedliche Voraussetzungen und Ausbildungen, ihre Kenntnisse und Kompetenzen schwanken erheblich. Kontinuierliche Teamarbeit ist daher wie eine ständige Weiterbildung. Und sie begrenzt zugleich kooperative und kommunikative Eigenheiten, weil die Lehrkräfte sich ähnlich zu ihren Lernenden immer auch als Team verhalten und entwickeln müssen, was ihre pädagogische Kompetenz stärkt und ihnen Sicherheit im pädagogischen Handeln geben kann. Diese Vorteile schaffen schon aufseiten der Lehrkräfte bessere Chancen für alle. Auf der Seite der Lernenden ist Teamteaching unabdingbar, wenn überhaupt hinreichend chancengerecht vorgegangen werden soll. Es ist insbesondere für heterogene Lerngruppen und in der Inklusion eine Notwendigkeit, um der Vielzahl der Bedürfnisse der Lernenden genügend zu entsprechen. Je mehr Inklusion tatsächlich gelingen soll, desto notwendiger ist Teamteaching. Aber es lässt sich nicht ohne Voraussetzungen, auf die wir breit in diesem Buch zu sprechen kommen, verwirklichen.

Dieses Buch soll vor allem die praktische Seite des Teamteaching fokussieren, wenngleich dies nie in einem kontextfreien Raum geschehen kann. In Kapitel 1 sprechen wir daher die neue Lernkultur an, um verständlich werden zu lassen, warum Teamteaching heute so wichtig für alle geworden ist. Kapitel 2 beschreibt die gängigen Modelle des Teamteaching, die für alle Formen der Aus-, Fort- und Weiterbildung relevant sein können. Kapitel 3 verbindet das Teamteaching mit der Teamarbeit. Kapitel 4 beschreibt die Voraussetzungen und Kapitel 5 die Praxis des Teamteaching. In Kapitel 6 wird auf den Zusammenhang von Teamteaching und Inklusion ergänzend eingegangen.

Dieses Buch ist Ausdruck einer Teamarbeit. Wir haben dabei unsere Erfahrungen in Teams in der Lehre, Beratung und Begleitung von Studierenden an der Universität zu Köln und Konzeptionen und Durchführungen in der berufspädagogischen als auch erwachsenenpädagogischen Weiterbildung einfließen lassen. Nach gemeinsamer Konzeption dieses Buches hat Meike Kricke die Ursprungstexte zu Kapitel 2 und 5 geschrieben, Kersten Reich zu Kapitel 1, 3 und 4. Kapitel 4.3 und 6 wurden gemeinsam verfasst. Der Text geht auch auf zahlreiche gemeinsame Teamteachingerfahrungen zurück. Für die Verbesserung des Textes danken wir unserer Lektorin Christine Wiesenbach. Aus Gründen der Geschlechtergerechtigkeit wird auf die ausschließliche Verwendung der männlichen Sprachform verzichtet.

Auf der Seite des Methodenpools (www.methodenpool.de) gibt es unter dem Stichwort Teamteaching Arbeitsmaterialien aus diesem Buch zum Herunterladen, weitere Literaturangaben und hilfreiche Links zum Thema.

1. Teams als Ausdruck einer neuen Lernkultur

Wo früher einzelne Meister (*master*) den Neulingen (*newcomer*) gegenüberstanden, wo Lehrkräfte oder Dozierende ein gesammeltes Wissen einer Zuhörerschaft präsentierten und dozierten, wo frontale Unterrichtsformen bevorzugt wurden, da kommt es heute verstärkt zu einem Lernen in Teams, die sowohl auf der Lehrseite – hier noch eher selten als Teamteaching – als auch auf der Seite der Lernenden – hier immer öfter als Arbeit in unterschiedlich großen Gruppen (Teams) – erfolgreich arbeiten. Wie ist es zu diesem Wandel gekommen? Was sind Hintergründe des Wandels der Lernkultur in der neueren Zeit? Warum kann ein Team mehr als ein Einzelner? Und warum sind die einzelnen Teammitglieder dennoch alle für sich wichtig? Mit welchen Entwicklungen sollten wir in naher Zukunft rechnen?

1.1 Der Wandel der Lernkultur von der Moderne in die »flüssige Moderne«

Das Bild des Lehrens und Lernens in der Moderne trägt typische Züge, die schon oft beschrieben wurden. Meist enthalten sie folgende Merkmale:

> **Beispiel: Einzelunterricht**
> Die Glocke klingelt. Der Lehrer betritt seine Klasse, er schließt die Tür hinter sich. »Seid bitte ruhig!«, so lautet die Eingangsermahnung, die stets nach Bedarf wieder geäußert wird. Im glücklichen Fall gibt der Lehrer sein Ziel für die Stunde bekannt, so dass die Lernenden ungefähr wissen, was sie erwartet. Oder er fängt einfach an, und es gehört zur ersten Rätsellösung herauszubekommen, worum es überhaupt geht. Er beobachtet die Klasse, die in Reihen an Tischen und Stühlen sitzt. Er steht in Front und an der Spitze, die Tafel hinter sich, das Klassenbuch vor sich, sein Notizbuch für Beobachtungen und Beurteilungen stets zur Hand. Er kann auch große Gruppen kontrollieren, indem er stets alle gleich anspricht, für Disziplin sorgt, Konsequenzen androht und einhält, Bestrafungen für Abweichungen dosiert und gezielt einsetzt, die Aufmerksamkeit stets auf sich konzentriert und bindet. Er wünscht sich eine homogene Gruppe mit gleichen Ausgangsvoraussetzungen, er erwartet ein gleiches Niveau, Verhalten und eine Anpassung, die für seine Lehre passt. Er allein verteilt Lob und Tadel, sorgt für Erfolg oder Misserfolg. Allein der objektive Abschluss, der in Noten und Selektion ausgedrückt ist, zählt für das spätere Leben. Er berechtigt für Zugänge oder verhindert sie. Nichts soll von dieser Objektivität ablenken. Das Klassenzimmer ist karg und sparsam ausgestaltet. Nichts soll vom Wissen, vom Wort der Lehrkraft, von der frontalen Disziplinierung verloren gehen. Der Lehrer spricht laut und deutlich, er gibt einen gleichen Takt für alle vor. Tempo, Stoffmenge, Aufmerksamkeit, Auffassung, Durchführung, Erwartung, Kontrolle – alles muss für alle gleich passen. Wer nicht mitkommt, der ist selber schuld. Die Moderne gibt gleiche Chancen für alle. Sie unterstellt, dass alle – auch in ihren Voraussetzungen – gleich sind.

Ein solches Lernen ist in der Moderne eine Chance wie ein Risiko. Als Chance ist Lernen eine individuelle Verpflichtung zur Teilhabe in der Gesellschaft. Hier scheint das Lernen für alle gleich zu sein. Aber ein Blick in den Hintergrund zeigt, dass die einen – die aus den gut gestellten, gebildeten Familien kommen – es immer besser treffen als die anderen, die schlechter dran sind – die aus armen, durch Migration gekennzeichneten, durch Arbeitslosigkeit oder soziale Sorgen betroffenen Familien mit Risiken kommen oder besondere eigene Bedürfnisse haben. Ein gerechtes Schulsystem nach den Gleichheitsansprüchen der Moderne würden wir daran erkennen, dass es die negativen Voraussetzungen der schlechter gestellten Lernenden möglichst weit ausgleichen kann. Statistisch würde es hier auffallen, dass Armut oder Migration keinen deutlichen Zusammenhang mit den Schulabschlüssen haben. Doch ist das so?

Vergleichen wir skandinavische Länder mit Deutschland, dann fallen die Unterschiede extrem auf: Während es in Deutschland einen unmittelbaren und großen Zusammenhang zwischen sozialer Herkunft und Schulerfolg gibt, und zwar so groß wie in keinem anderen Industrieland der Welt, so ist ein solcher Zusammenhang gerade in skandinavischen Ländern viel geringer. Im Blick auf die Ideale der Moderne ist dies verwunderlich, denn auch Deutschland hat sich einer Gleichbehandlung aller Menschen, einer hohen Chancengerechtigkeit für alle politisch und sogar gesetzlich verschrieben. Verwunderlich ist es auch, dass die sogenannten Hochbegabten ebenso vernachlässigt werden, obwohl die Moderne gerne ihrem Mythos huldigt. Aber auch sie werden bloß gruppenbezogen und nicht individuell behandelt und gefördert. Vielfach erfahren sie dabei ebenso eine Exklusion von der Regelgruppe, was ihnen Chancen der Kommunikation und sozialer Entwicklung verbaut. So gesehen erfüllt die Moderne weder ihre Versprechen auf soziale Gerechtigkeit noch auf besondere Förderung selbst der »Begabten«. Dabei sind diese Phänomene aber nur Ausdruck eines Systems und einer Ordnungsvorstellung, die im Grunde alle Menschen betrifft. Woran liegt das? Und warum gelingt eine Veränderung dieser Ordnung heute in einigen Ländern besser als in anderen?

Zunächst müssen wir näher auf wesentliche Faktoren der Moderne schauen, um diese besser zu verstehen. Der Soziologe Zygmunt Bauman (1993) hat Charakteristika der Moderne und unserer heutigen Lebenssituation besonders anschaulich und genau beschrieben. Er hebt hervor, dass die Moderne insbesondere von einer Ordnungsvorstellung getragen ist, wie wir sie im Beispiel mit dem Lehrer eben skizziert haben. In dieser Ordnung ist alles hierarchisch und nach Zuständigkeiten geregelt. Es muss etwas erreicht, hergestellt, produziert werden, das einer bewussten Intention entspringt, die für alle Menschen gleich gelten soll. Hier atmet das Erbe der Aufklärung. Menschlicher Fortschritt gilt als Verwirklichung einer höheren rationalen Ordnung, die durch ein kontinuierliches und fortschrittliches Projekt und möglichst ständigem Fortschritt verwirklicht wird: die Industrialisierung, den materiellen Wohlstand, die rechtliche Festschreibung von erwünschten Verhaltensweisen, die Erziehung im Gleichschritt, die vermeintliche Gleichbehandlung, die Sicherung des Privatbesitzes, die Akzeptanz der Unterschiedlichkeit in der formalen Gleichheit – dies alles scheinen besonders wichtige

Punkte zu sein. Diese Ordnung folgt klaren Unterscheidungen. Dabei sollen Praktiken, Routinen und Institutionen regelhaft geschehen und eindeutige Entscheidungswege aufzeigen. Die Menschen erscheinen jeweils als Teil einer Zuständigkeit, einer Gruppe, einer Ordnungsvorstellung. Sie sind zugehörig oder nicht zugelassen, sie besitzen bestimmte Eigenschaften und Merkmale, die ihnen Berechtigungen geben oder verweigern. Die mündliche Zusage oder familiäre oder freundschaftliche Beziehungen verlieren ihren ehemals großen Berechtigungsstatus und werden durch formale Prozeduren ersetzt: Objektivierte Abschlüsse, Prüfungen, Zeugnisse usw. drücken Ordnung aus und erschaffen sie. Inklusion und Exklusion sind dabei Gegensätze, die deshalb entstehen, weil in der Moderne immer wieder »homogene Gruppen« gebildet werden, die sich nach Leistungen, Verhalten, Auffälligkeiten usw. von anderen unterscheiden, um die Ordnung zu optimieren. Denn die je als Ziel entworfene und vorausgesetzte Ordnung verspricht Klarheit, Transparenz, eine Ergebnisvoraussage und Ergebniskontrolle. Sie scheint für alle gleich zu gelten, ermöglicht dabei aber offensichtlich (natürlich?) vorhandene Unterschiede. So hat man unterschiedliche Schulformen von der Haupt- über die Realschule bis zum Gymnasium gebildet, um die vermeintliche Ordnung der Berufe nach Arbeiter, Angestellten und Führungs-Eliten abzubilden, dabei zugleich Institutionen geschaffen, die über lange Zeit eine Ordnung bewahren sollten, obwohl sich die Anforderungen in der Moderne selbst schneller gegenüber solcher Ausgangslage verflüssigt haben. Heute gilt für das Lernen, dass sowohl die Veränderungen der beruflichen Welt als auch die Bildungsexpansion die ursprüngliche Ordnung in Frage stellen, die neueren Entwicklungen zeigen die alte Ordnung immer mehr als überholt und unproduktiv an.

Diese Widersprüchlichkeit gilt grundsätzlich für die Erwartungen an den Erfolg der Moderne. Schauen wir von heute rückblickend auf die Erfolgsgeschichte der Moderne: Sie hat nicht nur eine umfassende Ordnung mit mächtigen Routinen und Institutionen geschaffen, nicht nur den materiellen Reichtum in den industriell produzierenden Ländern vergrößert, sondern auch Umweltzerstörungen und Altlasten gebracht, sie hat nicht nur zum Durchbruch von Fortschritt geführt, sondern dabei auch Rückschritte wie Kriege und Krisen hinnehmen müssen, sie hat die Bildung zwar enorm erweitern helfen und dennoch Bildungsunterschiede verstetigt. Damit tritt eine Ambivalenz der Moderne hervor, die wir in allen Lebensbereichen beobachten können. Dies gilt insbesondere auch für die Lernkultur.

Seit der Moderne gibt es das heute eher paradox erscheinende Bestreben, eine Ordnung des Lernens zu schaffen, die gegen jegliche Ambivalenz, Unentscheidbarkeit, Vieldeutigkeit, vermeintliche Beliebigkeit, Unübersichtlichkeit und Widersprüchlichkeit kämpft, obwohl gerade diese Herausforderungen durch den Prozess der Moderne und die Ordnungssuche selbst immer wieder hervorgebracht werden. Gerade für das Wissen hat die Moderne eine Ordnungswelt erzeugt, die wir uns wie einen übergroßen Aktenschrank vorstellen können (Bauman 1993, S. 2). Alles Wissen soll abgespeichert und zwischen Aktendeckel eingeordnet werden, so dass die Akten die Welt enthalten, aber zugleich der Welt dadurch einen sehr begrenzten Platz zuweisen. Je mehr ein solches Ordnungssystem nach Vollständigkeit strebt, desto umfassender müsste die Weltabbildung sein. Die angestrebte Vollständigkeit eines Wissens suggeriert die Illusion, dass es möglich sei, die Welt und Wirklichkeit in einer Ordnung festzuhalten, wobei meist übersehen bleibt, dass diese Ordnung dadurch erst eine bestimmte und eingeschränkte Welt erzeugt. Kann dies überhaupt gelingen?

Die Moderne scheitert an ihrer großen Meta-Erzählung der umfassenden Ordnung, weil sie die Welt, die Veränderungen in den Lebensverhältnissen, der Umwelt, der Dynamik des Wandels, und vielen anderen Bereichen nicht kontrollieren kann. Je mehr beispielsweise das Wissen eines Zeitalters gesichert und behalten werden soll, desto heikler wird das Lernen auf Wissensreproduktion reduziert, was kreative und intelligente neue Prozesse begrenzt und verhindert. Die Ordnungswelt ist, so gut sie auch gemacht wird, deshalb über einen längeren Zeitraum betrachtet immer fragmentiert, was sie übersichtlich erscheinen lässt, aber auch die Schwäche enthält, bloß inhaltlichen Ballast als toten Stoff zwischen Aktendeckeln anzuhäufen, der für die aktuellen Lebensprobleme immer zu einem großen Teil untauglich bleibt. Fünf Grundzüge der Moderne erscheinen nach Bauman (2000, S. 25 f.) als besonders problematisch, und wir wollen diese auch für das Lernen herausheben:

(1) *Fabrik*: Ein typisches Symbol der Moderne sind Autofabriken, wie z. B. die Fordwerke oder Volkswagen. Ihr industrieller und produktiver Erfolg bestand darin, die menschliche Arbeit auf einfache, wiederkehrende und von anderen vorherbestimmte Tätigkeiten zu reduzieren, Routinen einer Fließbandproduktion herzustellen, wobei die Menschen dem Takt der Mechanik unterworfen und in einen Gehorsam gezwungen wurden, den diese Ordnung verlangte. Diese Ordnung zielte mehr auf mechanische Reaktion als auf eine breite Intelligenz der Arbeitenden, sie unterdrückte spontanes, kreatives und kritisches Handeln, um den Prozess der Produktion zu optimieren. Analog zum Fließbandmodell wurde im Lernen ein unendlicher Vorrat an Wissen produziert, der auf bestimmte Themenlinien und zugelassene Interpretationen unter dem Vorrang der seriellen Wiedergabe reduziert wurde. Die Lehrkräfte geben Takt, Geschwindigkeit, Rhythmen vor, sie organisieren das Wissen mittels Büchern und festen Formaten an Lektüren, Formeln und anderen Reproduktionsinstrumenten, um möglichst wenig Abweichungen von einer gedachten Ordnung entstehen zu lassen. In der Fabrik entstehen Autos, die sich in wesentlichen Merkmalen gleichen und graduelle Abweichungen in Größe, Qualität und Preis erkennen lassen. Das Schulsystem produziert analog Absolventen, die ähnlich konfiguriert sein sollen, wobei auch sie nach Leistungsklassen in wertvoll und weniger wertvoll unterschieden werden können. Die Art der Produktion im gleichen Schritt und Takt erfordert eine Leitung (hier Manager, dort Lehrkraft), die allein den Prozess vorbereiten, planen, steuern, kontrollieren und am Ende entlohnen oder belohnen kann.

(2) *Bürokratie*: In den Praktiken, Routinen und Institutionen gibt man am Eingang seine Individualität auf, um nach den Erwartungen und Regeln, die die Ordnung

sichern, zu handeln. Eine Hierarchie gibt eine Struktur von Anweisung, Anleitung, Orientierung und Erwartung vor, die für alle gleichgesetzt sind, aber nach autoritären Mustern von Ebene zu Ebene, von oben nach unten, nach klaren Hierarchien weitergegeben werden. Diese Ordnung wird in Büchern und Berichten festgehalten, es wird dokumentiert, was getan wurde, weil es getan werden musste, sei es als Klassenbuch, Zeugnis, Kommentar, Bestätigung usw., die wiederum Voraussetzung sind, um weiter im System als anerkannt verbleiben und agieren zu können. Die Bürokratien der Moderne sind machthungrige und nimmersatte Institutionen, die auf Perfektionierung drängen und damit immer mehr Zeit, Geduld, Anstrengung, Geld verschlingen. In ihnen drückt sich das grundlegende Misstrauen der Moderne gegen alle Akteure aus, denn die bürokratische Kontrolle zielt darauf, nicht nur die Plätze zuzuweisen, sondern vor allem zu überprüfen, ob die Platzhalter auch richtig funktionieren und nicht vom Plan abweichen. Für das Lernen in der Moderne ist dies ein grundsätzlich paradoxer Vorgang, denn einerseits wird als Ordnungsmerkmal die Mündigkeit des individuellen Lernenden propagiert, um ihn andererseits umfassend bürokratisch zu regulieren, damit eine moderne Auffassung von Mündigkeit (die zeitbezogene Definition dessen, was als vermeintlich gebildet und mündig gilt) autoritativ aufgezwungen und kontrolliert werden kann.

(3) *Panoptikon*: Für die Entstehung von Institutionen wie Gefängnissen, Kasernen, Schulen, Krankenhäusern sind nach Michel Foucault (1984) ein panoptischer Blick und eine gemeinsame Bauweise im Kasernenstil typisch, damit durchgehend alle Handlungen leicht beobachtet und die inneren Gedanken erraten oder entschlüsselt werden können. Die Ordnung der Moderne setzt nicht nur auf Fremdbeobachtung, sondern nutzt die Selbstbeobachtung der Akteure zur Gewissensprüfung, die in den verinnerlichten Erwartungen und Normen stets dazu aufruft, die eigene Selbstwirksamkeit kritisch zu berichten und zu verbessern. Für das Lernen ist dieser Aspekt besonders wichtig: Wenn die anderen den Stoff stupide auswendig lernen und damit erfolgreich sind, warum sollte ich es nicht auch tun? Wenn in einer Wissensabfrage aus unendlichen Vorräten geschöpft werden kann, warum sollte ich nicht denken, dass diejenigen die besten sind, die möglichst viel aus solcher Unendlichkeit wiedergeben können? Wenn ich als wissend gelten will, warum sollte ich nicht damit rechnen, dass ich die seltsamsten Fragen (vor allem meiner Lehrkräfte) gestellt bekomme? Der heimliche Lehrplan, den das Panoptikon erzeugt, besteht darin, dass nicht darüber gesprochen wird, warum etwas gelernt und gemacht wird, sondern dass es gemacht wird, weil es sich beobachten lässt. So entsteht ein Anpassungsdruck, dem nur diejenigen entgehen können, die den Blick radikal erweitern.

(4) *Big Brother*: Die Ordnung der Moderne bringt eine Überwachung hervor, die alle erreicht und niemanden ausnimmt. Diese Überwachung schläft nie, sie ist durchgehend, auch dort, wo man sie gar nicht vermutet, sie belohnt die Folgsamen und bestraft die Abweichler. Im Lernen wird die Überwachung dann perfektioniert,

wenn sie mit Selektion und Aufrückung verbunden wird. Auch im Lernen ist *Big Brother* stets anwesend: Die Lernenden werden nach Kriterien beobachtet und beurteilt, zu denen sie keinen Zugang, über die sie keine Mitkontrolle haben. Die Entscheidungen erscheinen als willkürlich, sie werden hinter den Schleiern der Überwachung vollzogen, die Lehrerzimmer bleiben abgeschlossen, die Konferenzen unzugänglich. Die Überwachung wirft Noten auf Zeugnissen aus, die deshalb so plausibel akzeptiert werden, weil sie von persönlichen Beobachtungen und Beschreibungen gereinigt sind und reduziert auf den Punkt bringen, was man in Bezug auf eine Leistung oder ein Verhalten im Vergleich zu anderen in höchst objektivierter Reduktion *ist*. So ist der erwarteten Ordnung an einen Rangvergleich aller Genüge getan, auch wenn das Ergebnis (oft mit viel konkretem und qualitativem Aufwand erhoben) nur eine Ziffer ist. Der menschliche Aufschrei gegen solchen Reduktionismus bleibt aus, zu sehr ist diese Ordnungsvorstellung der Moderne von allen verinnerlicht.

(5) *Konzentrationslager und Gulag*: Die perfide und unmenschliche Logik der Menschenvernichtung ist ein Unrecht, das in diesem Ausmaß mit der Moderne entstanden und Teil einer Ordnungsvorstellung ist, die auch das Grauen der Menschenmissachtung, der Verleugnung aller menschlichen und demokratischen Werte unter Laborbedingungen mit einschließt. Die Perfektion der Tötungsmaschinerie zeigt auf, dass der Schrecken selbst eine logische, bürokratische, verachtende Form angenommen hat, die mit Mitteln einer Kultur realisiert und umgesetzt wird, obwohl der andere Teil dieser Kultur der Moderne auf Partizipation, Demokratie und Menschenrechte drängt.

Nach Bauman sind diese fünf Grundzüge der Moderne weder zufällig noch austauschbar. Die ersten vier wirken bis heute fort, der Holocaust steht für die schlimmste Katastrophe, die aus der Ordnung der Moderne hervorgegangen ist (Bauman 1989).

Die Moderne selbst ist widersprüchlich: In ihr gibt es Akteure, die für mehr Teilhabe aller Menschen, für Beteiligung, Gerechtigkeit, Gleichheit und Freiheit streiten, während andere in autoritärer Unterwürfigkeit die einzige Chance sehen, ihr Leben oder ihren Lebensunterhalt zu verdienen. Bis heute sind wir im Leben wie im Lernen Kinder dieser Moderne, auch wenn sie weder ihre übertriebenen Erwartungen an einen Fortschritt für alle und ein Leben im Wohlstand noch die vermeintlich vollkommene Ordnung je erfüllen konnte. Dennoch haben sich die Ansprüche, auch an das Lernen, grundlegend gewandelt oder sind in Wandlung begriffen. Was ist geschehen?

Der Übergang der Moderne in die flüssige Moderne in den letzten Jahrzehnten (Bauman 1997, 2000) zeigt, dass die Ordnung selbst nicht gleich bleibt, die »harten« Fakten der Moderne und die damit verbundenen Annahmen erleben eine zunehmende Verflüssigung. Worin drückt sich diese Verflüssigung aus?

Zunächst ist zu betonen, dass die Moderne ihre auf Vollständigkeit angelegten Projekte niemals erfüllen konnte und kann. Der noch in der Aufklärung ausgesprochene Wunsch auf ständigen rationalen Fortschritt wird durch die widersprüchlichen Prozesse der Moderne selbst stets in Frage gestellt. Vielfach zeigte sich, dass der Fortschritt eher vom Wandel der Produktion, den gesellschaftlichen und sozialen Verhältnissen abhängig war, und weniger vom Grad der Aufklärung selbst abhing. Es gab und gibt zudem keinen Bereich der menschlichen Lebensverhältnisse, der in der Modernisierung nicht ambivalent erscheint. Nehmen wir den wachsenden materiellen Reichtum als Beispiel. Im Durchschnitt geht es allen Menschen in den Industrieländern im langen Zeitvergleich besser als früher, dennoch nimmt die Spaltung nach Arm und Reich dabei weiter zu. Im Grunde beherrschen Menschen die äußere Natur so gut wie noch nie, zugleich zerstören sie natürliche Ressourcen in bisher nicht gekanntem Ausmaß. Jedem Fortschritt könnte eine Niederlage, zumindest eine Infragestellung oder ein Risiko, an die Seite gestellt werden.

Für den Wandel der Lernkulturen sind insbesondere drei Prozesse in der Verflüssigung der Moderne wesentlich, die wir hier näher betrachten wollen, weil sie auch für das Teamteaching einen entscheidenden Rahmen abgeben:

(1) Veränderungen der Arbeitswelt

Die Fabrik hat sich grundlegend gewandelt. Von der Arbeit am Fließband mit hoher Arbeitsintensität ist sie in ihren technisch innovativen Teilen mehr zur Arbeitsproduktivität übergegangen und hat dabei die Bildung von Arbeitsteams hervorgebracht. Aus den festen Formen der Produktion mit entsprechenden Maschinen ist im Prozess der Automation die Arbeit selbst dynamisiert, flexibilisiert und mobilisiert worden. Dienstleistungsberufe treten neben die klassische Arbeiterschaft und dominieren heute den Arbeitssektor. Die Anforderungen an die Arbeitenden richten sich nun auf Kompetenzen, mit denen diese sich ständig selbst weiterentwickeln, miteinander kooperieren und kommunizieren sollen, um mit der Dynamik von Produktion und Vermarktung Schritt zu halten. Dies führt zu neuen Unsicherheiten, denn kein Job bleibt auf Dauer gleich oder scheint als gesichert: Berufe verlieren ihren festen Status und sind in ständigem Wandel, Fähig- und Fertigkeiten werden nur zeit- und aufgabenbezogen angefordert und wechseln schnell, die Zuverlässigkeit der Ordnungen steht unter dem Druck des Wandels und der Verwertbarkeit, eben noch verführerisch wirkende Karrieren erweisen sich am nächsten Tag als Sackgassen (Bauman 1997, S. 22). Der Kapitalismus selbst hat sich verflüssigt, wurde dereguliert, dynamisiert, wobei die Kosten mehr und mehr auf das Individuum verschoben erscheinen: Es soll lernen, sich der Dynamik anzupassen, vielfältige Kompetenzen anzueignen, die dem Markt zur Verfügung stehen, sich möglichst selbstwirksam entwickeln, um sich an die Welt anzupassen, wobei alle Risiken des Einsatzes bei ihm selbst liegen. Einerseits erhöht dies die Freiheiten des Individuums, andererseits legt es ihm die Risiken auf, wie Beck (1986) in seiner »Risikogesellschaft« beschreibt. Dabei gibt es neben dem Erhalt der Produktion nach den Mustern der Moderne zunehmend einen »leichten« Kapitalismus, den Bauman so beschreibt: »Nachdem die sperrige Maschinerie und die gewaltigen Fabrikarbeiterschaften verloren gegangen sind, reist das Kapital mit leichtem

Gepäck – einer Brieftasche, einem Laptop und Handy« (Bauman 2000, S. 150). Der leichte Kapitalismus sucht Profite in allen, möglichst leicht erreichbaren Formen, wobei die materiellen Formen immer mehr in den Hintergrund gedrängt werden, und die »wahren« Gewinne aus Spekulationsgeschäften aller Art resultieren. Ideen werden immer wichtiger. »Ideen werden nur einmal produziert, und sie bringen dann Wohlstand abhängig von der Anzahl an Menschen, die als Käufer/Klienten/Konsumenten angezogen sind – nicht jedoch von der Anzahl an beschäftigten Menschen, die einen Prototyp bloß nachmachen« (Bauman 2000, S. 151). Vor diesem Hintergrund verändert sich die Arbeit grundlegend. Kooperation und Kommunikation in Teamarbeit werden sowohl durch neue Anforderungen an die Individuen als auch an ihre Arbeit in Teams geknüpft (dazu ausführlich auch Reich 2013). Dabei wird deutlich, dass alle Formen der Beschäftigung, seien es die überkommenen Strukturen einer Industrie mit höherem Wandel in der technischen Innovation oder die verwaltenden, organisierenden, marktbezogenen Tätigkeiten mit Kosten- und Verkaufsdruck oder alle Arten von Dienstleistungen, neue Formen von Zusammenarbeit bedingen. Neben jeweils fachliche Expertisen bestimmter Arbeitsfelder treten Aufgaben, die eine hohe Abstimmung und Synergie mit anderen erforderlich machen. Teams sind vor diesem Hintergrund keine Ausnahme, sondern eine Regel geworden. Die Teamfähigkeit der Individuen wird stets schon vorausgesetzt und nach und nach wird erfahrbar, dass auch im Lehren und Lernen die Teamidee nicht nur auf Seiten der Lernenden Sinn macht und grundlegende Bedeutung hat, sondern auch die Lehrkräfte selbst betrifft.

(2) Emanzipation

Oft wird die Emanzipation des Menschen auf die Zunahme seiner individuellen Freiheit reduziert. Aber dies darf nicht übersehen, dass alle Formen der Freiheit immer vor einem historischen und sozialen Hintergrund geschehen, also kontextbezogen zu betrachten sind. »Freiheit kann nicht gegen die Gesellschaft erreicht werden« (Bauman 2000, S. 20). Während in der Aufklärung bis hin in neuere philosophische Ansätze noch der Wunsch besteht, durch kritische Vernunft nach universellen Verständnislösungen zu suchen, um diese Freiheit kritisch zu prüfen und zu fundieren, schlagen postmoderne Denker oder Beobachter wie Bauman, die auf die Verflüssigung der Moderne fokussieren, ein neues und anderes Bild vor. Für sie rücken die dunklen Seiten und Potentiale an die Seite der größeren Freiheit. Bauman z. B. schreibt: »Diese schwere/feste/kondensierte/systemische Moderne [...] ging [...] mit einer Tendenz zum Totalitarismus schwanger. Die totalitäre Gesellschaft des All-Umarmenden, der verpflichtenden und gestärkten Homogenität, lauerte stets und bedrohlich am Horizont – als ihre letzte Bestimmung, als niemals vollständig entschärfte Zeitbombe oder niemals vollständig ausgetriebenes Schreckensgespenst. Diese Moderne war ein verschworener Gegner jeder Zufälligkeit, Vielfältigkeit, Vieldeutigkeit, des Eigensinns und der Eigenart, indem gegen all diese Anomalien ein heiliger Abnutzungskrieg geführt wurde; und es waren die individuelle Freiheit und Autonomie, die gemeinhin als die hauptsächlichen Opfer des Kreuzzuges erwartet wurden« (Bauman 2000, S. 25).

Heute sind uns die Illusionen einer solchen Sicht bereits deutlicher geworden. Dies liegt an einem Wandel unserer Einstellungen zu materiellen Verhältnissen. War noch in der Moderne die Sphäre der Produktion die »Zauberdimension«, mit der aller Reichtum geschaffen wurde, so steht heute eher der Konsum im Vordergrund, weil er das Zauberreich für die Befriedigung aller Wünsche geworden ist. Die großen Meta-Erzählungen, die aus Begriffen wie Klasse, Kapital, Arbeit, Produktion, materieller Fortschritt und anderen vor allem herleiten wollten, wie der gesellschaftliche Reichtum und ein besseres Leben für alle produziert wird, rückt heute hinter die Konsumerwartungen zurück, die keine größeren Erklärungen brauchen, sondern im Wirken des Geldes ausreichend begriffen zu werden scheinen. Von dieser neuen Position aus wissen wir immer schon, dass es einen widersprüchlichen Fortschritt geben wird, weil wir mit dem, was wir begehren, immer neue Wünsche erzeugen, die nicht für alle gleich und vor allem nicht folgenlos für unsere Umwelt befriedigt werden können. Die Warenmärkte der flüssigen Moderne wurden von lästigen Ordnungsmustern befreit, um allein den Märkten und ihren deregulierten und privatisierten Formen ein Vertrauen zu schenken, das nicht auf kritische Vernunft, sondern auf Machbarkeit des Konsums gründet. Damit ändern sich grundsätzlich das soziale Leben, die Erwartungshaltung, die Wünsche der Menschen wie auch ihre Haltung gegenüber dem Lernen. Eine Emanzipation des Lernens will sich heute aus den traditionellen Zwängen der Moderne befreien. Aber wie geschieht dies? Für das Lernen wird sichtbar, dass es selbst in den Sog des Konsums geraten ist. Lernen soll möglichst auch nach den Mechanismen der Märkte funktionieren. Ich gebe Geld und tausche Wissen, ich wähle einen Einsatz und erwarte eine Gegenleistung. Lernsysteme kosten Geld, und ich gebe dieses Geld als Steuerzahler oder als privater Zahler. Ich bin im Schul- und Bildungssystem Kunde, und erwarte, als solcher behandelt zu werden.

Aber an dieser Stelle tritt die Moderne mit ihren Auffassungen von Ordnung und Untergebenheit noch vielfältig einer solchen, scheinbar emanzipierenden Kapitalisierung des Lernens entgegen. Sie behauptet, dieser Raum sei frei von Konsumwünschen und ein Ort der alten Ordnung mit traditionellen Rollen der Lehrkräfte.

Es ist wichtig für das Teamteaching als Ausdruck einer neuen Lernkultur, diesen Gegensatz von vornherein im Auge zu behalten, auch wenn er sehr unangenehm für die Akteure ist. Die alte Ordnung hat im Lernen immer wieder ihre Effizienz für die besser Gestellten, die Gebildeten, die Erfolgreichen bewiesen, aber zugleich auch ihre Ineffizienz, die Ungerechtigkeit von Leistungs- und Verhaltensbewertungen, die Spaltung der Lernenden in die Besser- und Schlechter-Gestellten dokumentiert. Es wurde Mündigkeit und Autonomie für alle versprochen, aber eine Disziplinierung des Wissens, eine Reglementierung der Wissensvorräte, eine Überbetonung der Reproduktion, eine Anpassung auf das zeitbezogene erwünschte Verhalten waren immer die Beigaben, die als notwendig hinzugezählt wurden. Die Emanzipation durch Aufklärung litt zudem an dem Widerspruch, dass sie zwar versprochen, aber meist nur für einige, und dann auch erst nach dem Lernen, hinter den Abschlüssen, wenn überhaupt, verwirklicht werden konnte. Hier dominiert sehr stark noch eine Ordnung, die den einzelnen Lehrkräften die vorrangige, relativ autonome Rolle des Unterrichtens und Lehrens in allen Formen zuschreibt und den Einzelkämpfer im Ordnungssystem gegenüber dem Team betont.

Die flüssige Moderne macht nun nicht alles besser, wenngleich anders. Wir erwarten, wenn wir die Veränderungen z. B. mit Bauman kritisch reflektieren, in einer Konsumgesellschaft wie der heutigen schon nicht mehr eine große Meta-Erzählung einer Emanzipation für alle im Sinne noch größerer Freiheit des Denkens und kritischer Reflexion, sondern müssen uns bereits von Anbeginn bewusst werden, dass die Menschen, wie beim Konsum, nach Vorteilen für sich streben, also Lernen immer auch mit individuellen und konkurrenzbezogenen Wünschen nach Zertifizierungen, Abschlüssen, Aufrückungen verbinden. Die im Lernen angeeigneten Kompetenzen müssen sich auf einem Arbeits- und Verwertungsmarkt tatsächlich bewähren, wenn wir im Konsum mit anderen und gegen andere mithalten wollen. Eine ambivalente Lern-Welt entsteht. Sie bietet uns im Konsum alle Vorteile, wenn wir teilhaben können, aber auch alle Nachteile, wenn dies nicht gelingt. Arm und Reich, Gebildete und Ungebildete, Abgestiegene und Aufgestiegene, Opfer und Helden der flüssigen Moderne sind sowohl in den Lernprozessen als auch in seinen sozialen, kulturellen und ökonomischen Resultaten allgegenwärtig. Bauman fasst solche Verhältnisse weniger nach gut oder schlecht auf, er moralisiert sie nicht, er konstatiert nur, wie sie gelebt werden. Wie sollten sich Menschen auch gegen eine Kapitalisierung des Lernens wenden, wenn verausgabte Zeit, Mittel und Aufwendungen einen Vorteil der Zertifikate, Abschlüsse und Einstellungschancen gegen andere erbringen? Wie sollte sich eine Mehrheit gegen den Kapitalismus und seine nicht immer erfreulichen sozialen Bedingungen wenden, wenn er selbst niedrige Zinsen zum Kauf einer Wohnung oder hohe Zinsen bei selbst einer kleinen Bankeinlage erwartet? Die Konstellation zwischen Individuum und Gesellschaft hat sich zumindest für größere Menschengruppen grundlegend gewandelt. Die Individualität selbst hat sich verflüssigt und ist durchdrungen von Kapitalisierungen der eigenen Handlungen (Reich 2013).

Bauman (2000, S. 38) spricht von einer »Individualität *de jure*«, in der die freiheitliche Ordnung der Gesellschaft und Märkte immer schon eine Individualisierung in Form von Rechten (der Freiheit wie der Verpflichtung) voraussetzt, in der aber auch erwartet wird, dass wir gemäß dieser Rechtsposition handeln und als Individuen agieren, wie es *de jure* erwartet wird. *De jure* vermögen wir *alles* in einer emanzipierten Gesellschaft zu sein, unsere Individualisierung zeigt sich als ein Möglichkeitsraum einer freien Gesellschaft. Die Möglichkeiten sind unübersichtlich, vielfältig, komplex. Wir sollen alles nutzen, was wir vermögen. Das ist auch die Erwartung, die andere an uns richten, also z. B. die Lehrkräfte an die Lernenden. Aber die »Individualität *de facto*« verweist darauf, was wir tatsächlich aus unseren Möglichkeiten gemacht haben, auf unsere Voraussetzungen, Fähigkeiten, Lernergebnisse, Chancen und Ressourcen, die wir nutzen und gegen andere durchsetzen konnten.

In der flüssigen Moderne wird vor diesem Hintergrund für das Lernen zunächst deutlich, dass nicht mehr einzelne Lehrkräfte alle Lernbedürfnissen befriedigen können. Die individuellen Möglichkeiten können nicht mehr leichthin wie in der klassischen Moderne von einem Repräsentanten, einer Lehrkraft, befriedigt werden. Das Teamteaching erscheint als eine wichtige Möglichkeit, auch in der Lehre und im Lernen, die Spaltung nach *de jure* und *de facto* nicht immer größer werden zu lassen. D. h. der einzelnen Lehrkraft nicht alle Spannungsverhältnisse und widersprüchliche Anforderungen im Zustand der Verflüssigung aller Normen, Werte, Erwartungen usw. aufzuladen, sondern eine Entlastung durch die Möglichkeiten der Differenzierung, Spezialisierung, Entschleunigung, eines persönlichen Eingehens auf unterschiedliche Lehr- und Lernbedürfnisse herbeizuführen. Da dies jedoch höhere Kosten verursacht und zugleich immer noch in beharrenden Ideen die Tendenz der Moderne nach einer alten Lehr- und Lernordnung vorhanden ist, bleibt das Teamteaching als Chance einer Emanzipation des Lernens im Sinne einer Verstärkung der individuellen Lernbedürfnisse selbst widersprüchlich und ambivalent.

Gegenwärtig setzen die Erziehungs- und Bildungssysteme noch mehr auf das Team in der Gruppe der Lernenden, weniger der Lehrenden, um Kosten zu sparen. Sehr oft wird dann für das individuelle Lernen argumentiert, dass die Lernenden selbst Schuld seien, wenn sie keine Fortschritte machen, dass sie sich bloß individuell anstrengen müssten, um erfolgreich zu sein, dass ihre Emanzipation doch nur darin bestehe, ihre Individualität *de jure* auch wirksam in eine Individualität *de facto* umzusetzen. Aus der Sicht des Lernens hingegen lässt sich argumentieren, dass die Individuen in ihren sehr unterschiedlichen Voraussetzungen und Startpositionen es allein gar nicht schaffen können, dass es auch nicht mehr ausreichen kann, wenn ihnen in großen Lerngruppen einzelne Lehrkräfte zur Seite stehen, sondern dass eine Emanzipation der Individualität in der Gegenwart immer ein eigenes Team von kooperierenden Lernenden wie zugleich auch ein helfendes Team von Lehrkräften zur Unterstützung voraussetzt. Die Individuen, die ein Team bilden, erzeugen eine heterogene Lerngruppe. Eine solche Gruppe erfordert auch auf Seiten der Lehre eine Heterogenität der Lehrkräfte in einem Team, weil allein so der Unterschiedlichkeit Lernender hinreichend differenziert entsprochen werden kann und genügend Ressourcen entstehen, um individuelle Förderungen jenseits des Gleichschritts zu organisieren.

Die Frage entsteht, wie viel Kosten eine Gesellschaft aufbringen will, um möglichst chancengerechte und faire Lernchancen für alle als Ausdruck einer demokratischen, emanzipierten Kultur in der Unterschiedlichkeit der Startpunkte, Ausgangslagen und Voraussetzungen zu bieten (weiterführend Reich 2013).

(3) Individualisierung

Die Verflüssigung der Lebensverhältnisse in der Gegenwart zeigt sich in der Rollenvielfalt, die ein Individuum einnehmen muss. Es agiert nie nur für sich, sondern stets in unterschiedlichen Gruppen bzw. Teams, die alle unter dem Druck ständigen Wandels und ständiger Neuanpassung an veränderte Bedingungen stehen:

- Individualisierung bedeutet nicht nur eine Zunahme der persönlichen Entscheidungsfreiheit, sondern auch eine wachsende Rücksichtnahme auf soziale Bedingungen, unterschiedliche Erwartungen unterschiedlicher Akteure im sozialen Feld, Selbst- und Fremdzwänge in den Erwartungen und im Rollenverhalten (z. B. Elias 1976). Individualisierung gilt dann als besonders erfolgreich, wenn der Konsum gesteigert werden kann. Der Maßstab für Erfolg ist selbst nicht mehr nur an Bildung gebunden (wenn er das überhaupt je einseitig war), sondern ziemlich vordergründig darauf gerichtet, ob jemand hinreichend Möglichkeiten hat, am Konsum teilzunehmen. Hier scheiden sich die Gewinner und Verlierer, die Helden und die Opfer. Oder kurz gefasst: »Divided, we shop« (Bauman 2000, S. 89).
- Individualisierung geht mit erhöhter Flexibilität, Mobilität und Disponibilität sowohl der Arbeitskraft als auch des Lernenden einher. Nichts ist mehr schlicht gegeben, alles ist Herausforderung.
- Die eigene Biografie muss konstruiert und stets wohl bedacht und nach außen beworben werden. Die Entbettung aus traditionellen Formen der Familie und Beziehungen bietet Vorteile schneller Befreiung, aber auch den Nachteil einer wachsenden Unsicherheit. So besteht für alle Individuen ein großer Druck, sich entsprechende soziale Gruppen als Rückzugsort und Schutzzone zu suchen.
- Die Sehnsucht der Individuen nach Übersicht, Autoritäten, Ratgebern und Beispielen für erfolgreiche Bewältigung wächst.

Diese Punkte zeigen, dass soziale Gruppen oder Teams den Prozess der Individualisierung durchgehend begleiten. Sie stellen eine Chance der Orientierung, Kommunikation über Ressourcen und Lösungen, der Kooperation zur Bewältigung des Drucks an die Anpassung an Erwartungen und Märkte dar, eine Chance, die helfen kann, mit den Anforderungen umzugehen. Eine Gesellschaft, die stark auf die Individualisierung fokussiert, vergisst leichthin, dass die Individualität nur auf der Basis einer sozialen Bezugsgruppe entwickelt werden kann.

Effektives Lernen vor dem Hintergrund der Individualisierung bedeutet, dass es sowohl Lernformate individuellen Lernens, wie z. B. Selbstlernphasen und Übungen, geben muss als auch Projekte und Teamarbeiten, in denen nicht nur Wissen und begrenzte Anwendungen vermittelt werden, sondern auch Kompetenzen, die Möglichkeiten einer Zusammenarbeit mit anderen erschließen und für das spätere Leben vorbereiten (Reich 2012a, 2014; Arnold/Schüßler 1998).

Stellen wir die Aussagen über die Arbeitswelt, die Emanzipation und die Individualisierung in einen Zusammenhang, dann wird erkennbar, dass es stets Gruppenbezüge gibt, in denen und mit denen wir verbunden sind. Diese Gruppenbezüge nehmen uns zwar nicht die Lasten und Chancen der Individualisierung ab, aber sie bieten einen Rahmen und ein Umfeld für diese:

- Familienstrukturen sind nach wie vor eine Basis unserer Individualisierung, auch wenn die Zunahme der Singlehaushalte von einer Erosion der Bindungen zeugt. In der Erziehung wird heute eine enge familiäre Kooperation und Kommunikation bevorzugt, und die Erziehungsstile sind idealtypisch nicht nur auf Individualisierung, sondern auch auf mitmenschliche Kommunikation und Kulturtechniken ausgerichtet.
- Arbeitsstrukturen sind fast überall durchgehend auf Teamarbeit orientiert, wobei selbst in hierarchischen Organisationen dies immer auch Aspekte einer Koordinierung und Kommunikation für erfolgreiches Handeln einschließt.
- Freundeskreise sind stets kooperativ und kommunikativ gebunden, mitunter von anderen auch stark abgegrenzt. Sie eröffnen Chancen auf Entspannung, Unterhaltung, Rückzug und Schutzräume.
- Weitere soziale Beziehungen eröffnen Netzwerke und Unterhaltung, Sport, spezifische Befriedigungen von Interessen und Neigungen, wobei auch hier Merkmale einer Gruppenzugehörigkeit entsprechend kooperativ und kommunikativ gelebt werden.

Es ließen sich unzählige Beispiele für den Zusammenhang von Individualisierung und Team anführen. Wählen wir eins exemplarisch aus:

> **Beispiel: Team im Lernen**
> Ich lerne in einer heterogenen Vierergruppe. Mein Team wurde nach Leistungsgesichtspunkten zusammengesetzt. Ich bin der leistungsstärkste Lerner in Mathematik. Zwei sind durchschnittlich, eine versteht nicht so viel von Mathe. Wir sind gehalten, einander zu helfen. Mit den Aufgaben bin ich in der Regel schnell durch. Aber dann kommen die Fragen der anderen. Ich erkläre es mit meinen Worten, aber sie haben keine Scheu – anders als bei der Lehrerin – ständig nachzufragen. Da komme ich mitunter auch an meine Grenzen. Aber ich freue mich auch, wenn alle ein Problem verstanden haben. Wir erhalten neben der Einzelnote auch eine Gesamtnote. Für mich ist es erstaunlich, wie sehr die anderen sich im Team verbessert haben. Noch erstaunlicher ist es, dass ich mich kaum noch auf Mathearbeiten vorbereiten muss. Auch ich konnte meine Leistungen steigern und verstetigen. Später im Beruf werde ich auf meine Erfahrungen, wie ich mit den unterschiedlichen Voraussetzungen im Team umgehen kann, zurückgreifen können. Meine Lehrerin sagt, dass ich eine gute Führungskraft werden könnte.

Dieses Beispiel steht prototypisch für eine Tendenz im Lernen, sowohl eine heterogene Lerngruppe einzusetzen als auch auf die Kompetenzen der Lernenden in der Zusammenarbeit zu setzen. Stellen wir uns nur vor, Lernende würden heute noch völlig isoliert und getrennt von anderen lernen. Sofort würden wir denken, dass dies welt- und lebensfremd im Sinne eher von Reproduktionen und wenig Nähe zu beruflichen Situationen erfolgt. Schon heute erscheint gerade die deutsche Schule als zu individualistisch geprägt, sie bereitet zu wenig auf Berufe und die Lebenswelt mit ihren tatsächlichen Anforderungen vor. Das Beispiel zeigt, dass insbesondere in heterogenen Lerngruppen auch die leistungsstarken Lernenden einen Zugewinn erfahren können.

Für die anderen ist dieser Zugewinn noch offensichtlicher, weil sie besonders dadurch profitieren können, dass sie sich nicht scheuen müssen, auch ihre vermeintlich »dummen« Fragen zu stellen. Im Lernen werden dabei zudem nie nur ein bestimmter Stoff, sondern immer auch ein Verfahren und ein weiterer kooperativer und kommunikativer Kontext gelernt. Die Einsicht in den Erfolg heterogener Lerngruppen hat sich weltweit in der Lehr- und Lernforschung als wichtiger Standard durchgesetzt, auch wenn die Länder diesem Standard in ihrem Vorgehen bisher noch sehr unterschiedlich entsprechen. Zusammenfassend kann gesagt werden: Kooperation und Kommunikation in sozialen Lerngruppen, die wir hier mit Teams gleichsetzen, sind in der Individualisierung, die heute stattfindet und erwartet wird, unentbehrlich geworden.

> **Beispiel: Team bei Lehrkräften**
> Heterogene Lerngruppen sind heute als notwendig für erfolgreiches Lernen anerkannt. Dies setzt für die Lehrkräfte voraus, dass sie auf die unterschiedlichen Lernbedürfnisse bei unterschiedlichen Lernenden (ein Teil davon auch mit Behinderungen oder Einschränkungen bei der gesetzlich vorgeschriebenen Inklusionspflicht) hinreichend differenziert eingehen. Ich bin Lehrerin einer Inklusionsklasse. Allein wäre ich völlig überfordert. Es müssen von unserem Lehrteam unterschiedliche Lernformate bedient werden. Wir erstellen Lernmaterial für ein Selbstlernzentrum, in dem die Lernenden für sich Lernaufgaben nach unterschiedlichen Niveaus individuell bearbeiten können. Wir planen Projekte, um für Lernteams mit übergreifenden Inhalten ein zusammenhängendes Lernen zu ermöglichen, in dem Ergebnisse kooperativ und kommunikativ erarbeitet, präsentiert und dokumentiert werden. Wir führen Werkstätten durch, in denen Lernende nach Interesse und Neigung lernen können. Und es gibt Instruktionen, die ich sowohl für die Groß- als auch für Kleingruppen nach Schwierigkeitsgrad unterschieden durchführe. Dies alles kann nur in einem Lehrkräfteteam umfassend vorbereitet, geplant und dann im Teamteaching durchgeführt und ausgewertet werden, weshalb an unserer Schule drei Klassen zu einer Lerneinheit zusammengeführt wurden. In dem Team arbeiten wir multiprofessionell zusammen (dazu ausführlich Reich 2014).

Was für die Vorteile von Teams bei Lernenden gilt, das gilt gleichermaßen für alle Lehrkräfte oder multiprofessionellen Teams. Angesichts der wachsenden Rollenvielfalt von Lehrkräften, die sie nicht mehr nur als Instrukteure oder Dozierende sehen, sondern auch als Lernbegleitung, Moderator/in, Helfer/in, Förder/in, Gestalter/in von Lernmaterialien, Lernkonzepten und Lernformaten, Beurteiler/in, Evaluier/in des gesamten Lernprozesses, kreative Designer/in von multimedialen Lernumgebungen usw., verwundert es nicht, wenn mittlerweile grundsätzlich Teams erforderlich sind, um die Komplexität solcher Aufgaben hinreichend effektiv zu bewältigen. Im Grunde ist das Teamteaching weltweit als erfolgreiche und notwendige Maßnahme anerkannt; alleine die Kosten verhindern sehr oft bisher eine umfassende Umsetzung. Sofern es empirische Befunde gegen den Erfolg von Teamteaching gibt, wird meist reine Wissensreproduktion als Erfolgsfaktor genommen, ohne hinreichende Vergleichsgruppen mit umfassendem Teamteaching zu erfassen, wobei Teamteaching ohnehin bisher zu wenig praktiziert (Richter/Pant 2016), zu wenig untersucht wird (Hattie 2009, S. 219), und die Frage, wie Lehrkräfte zu mehr Kooperation angeregt werden können, einer Sisyphosaufgabe gleichzukommen scheint (Gräsel/Fußangel/Pröbstel 2006). Fortschrittliche, d. h. effektive, auf mehr Chancengerechtigkeit hin orientierte, lernwirksame und nachhaltige Lernumgebungen erkennen wir am kontinuierlichen Einsatz von Teams. Sie haben den zusätzlichen Effekt, dass die Lernenden die positiven Seiten der Teamidee ungebrochen vorgelebt bekommen.

1.2 Diversität bedeutet Heterogenität im Lernen und Teams als Lösung

Die individualistisch orientierte Erziehung und Bildung in der Moderne sollte vor allem den Leistungserfolg in einem System von Einzelkämpfern sowohl bei den Lernenden als auch bei den Lehrenden sichern. In einer Welt der industriellen Produktion vom Fließband bis hin zu relativ autonom agierenden leitenden Angestellten wurde nach gegliederten und abgestuften Ausbildungen gesucht, die in möglichst homogenen Lerngruppen stattfinden. Die Masse der Lernenden besuchte die Volksschule, eine Elite das Gymnasium. Dabei gab es insbesondere vier Merkmale, mit denen beschrieben wurde, wie sich der Leistungserfolg bestimmen und die Gefahren der Heterogenität bannen lassen:

(1) *Motivation*: Sie hängt stark von bisherigen Lernerfahrungen ab und ist von persönlichen Neigungen, selektiven Interessen, aber auch Wünschen und Ängsten geprägt. Erfolgreich erscheint der von innen heraus Motivierte, gefährdet der nur äußerlich motivierte oder gar demotivierte Lernende.

(2) *Intelligenz/Begabung*: Sie scheint sich an den Ergebnissen des Lernens selbst zu beweisen, indem in einer Ranggruppe verglichen wird, wer die bessere oder schlechtere Aufmerksamkeit, Auffassungsgabe, Schnelligkeit und Begründungsfähigkeit von Urteilen, Merkfähigkeit, vor allem aber Testergebnisse hat. Auch wenn diese Leistungen eigentlich nichts über eine Intelligenz aussagen,[1] so besteht die grundsätzliche Tendenz, sie einer solchen zuzuschreiben und ein meist unreflektiertes Begabungskonzept der Beurteilung von Lernerfolgen zu unterstellen.[2]

(3) *Wissensstand*: Lernergebnisse, Messungen im Rangvergleich, unterschiedliche Lerntempi, unterschiedliche Bereitschaft zur Aufnahme des Stoffes werden herangezogen, um einen Durchschnitt an Lernerwartungen und Lernergebnissen gestuft nach Schulformen aus der Sicht bestimmter Schulfächer und zugleich

---

1 Strikt genommen sind Intelligenz und IQ das, was ausschließlich ein Intelligenztest misst. Die hier beschriebenen weiteren Leistungen haben deshalb mit Intelligenz keinen unmittelbaren Zusammenhang.
2 Begabung ist ein sehr offenes Konzept von Zuschreibungen, in das eine ganze Bandbreite von Erwartungen, Wünschen und Interessen gelegt werden kann. Im Schulsystem dient das Konzept oft der Bestätigung und Legitimierung des eigenen Tuns.

Wissenschaftsfächer als notwendigen Wissensstand zu fixieren. Der erwartete Durchschnitt (gegliedert nach qualitativ unterschiedlichen Schulformen) drückt sich in einem staatlich vorgegebenen Lehrplan und einem *One-size-fits-all*-Konzept aus, das zur Vermittlung einer solchen Bildung und Wissensreproduktion für effektiv gehalten wird.

(4) *Kulturtechniken*: Rahmenbedingungen der Wissensvermittlung und einer gelebten Motivation wie Durchsetzung von Intelligenz und Begabung erscheinen als Kulturtechniken, in denen die Sprache beherrscht, das Verhalten angemessen reguliert, die gegenseitigen Erwartungen komplementär gelebt werden. Die hier ausgedrückten Anpassungsleistungen werden durchgehend in Bezug zu den bisherigen drei Punkten gesetzt und können Mängel in diesen ausgleichen oder verstärken helfen.

In den vier Punkten drückt sich die Sehnsucht der staatlichen Ordnung als auch der Lehrkräfte nach Homogenität und klaren Regeln der Leistungs- und Verhaltenszuschreibung aus. Nicht nur der Staat in seiner Bildungspolitik, auch die Lehrenden in der Praxis gehen hier imaginär von einer gemeinsamen Gruppe von Lernenden, von einer Ganzheit aus, die im Blick auf Leistungen nach Durchschnitten beurteilt werden. Die Gleichmachung des individuell Unterschiedlichen wird als Objektivität von Leistungszuschreibungen konstruiert, auch um die vorgenommenen Bewertungsverfahren nach Rang und Aufrückung in massenhaften Ausbildungssystemen als gerecht zu proklamieren. Die vier Punkte drücken das Dogma des Einzelkampfes im Lernen (wie Leben) ebenso aus wie die Erwartung, dass eine gerechte und objektive Leistungseinteilung in unterschiedliche Schulformen als auch Leistungsbewertung in diesen möglich sei.

Kann ein solches System das erbringen, was erwartet wird? Grundsätzlich hat sich, so haben wir weiter oben bereits festgestellt, die Moderne verflüssigt. Dies bedeutet auch für die Arbeits- und Lebenswelt, dass neue Anforderungsprofile an das Lernen entstanden sind. Dabei zeigen sich zwei Entwicklungen besonders eindringlich: Die Bildungsexpansion aller Industrieländer belegt erstens, dass traditionell niedrig qualifizierte Ausbildungen immer stärker zurücktreten und eine breite, hohe Bildungsqualifikation für möglichst viele zum Standard geworden ist. Zugleich wird zweitens sowohl für alle Berufe als auch in der Lebenswelt erwartet, ein lebenslanges Lernen zu praktizieren, das von Kompetenzen wie Kooperations- und Kommunikationsfähigkeit getragen ist. Entsprechend erweisen sich sowohl traditionelle Konzepte des Einzelkämpfers als auch ein egoistisch konkurrenzorientiertes Verhalten nicht mehr als passend, auch wenn sie in Einzelfällen erfolgreich sein mögen (weiterführend Preisendörfer 2008). Vor diesem Hintergrund wollen wir die vier Punkte nochmals kritisch betrachten.

(1) *Motivation*: Die Lebenswelt der Lernenden und ihre bisherigen Lernerfahrungen sind in der Verflüssigung der Moderne nicht mehr nach bestimmten und abge-

grenzten Ordnungsmustern sinnvoll nach vorherrschenden Mustern der einfachen bis komplizierten Arbeit (etwa nach dem Modell Fließband, Verwaltung, Leitung) zu konstruieren, sondern sie zeigen sich als durchgehend vielfältig und dynamisch, weshalb auch persönliche Neigungen, selektive Interessen, Wünsche und Ängste unterschiedlich ausfallen. Dies hinreichend zu berücksichtigen, bedeutet, allen Lernenden unterschiedliche Anregungen und einen genügend breiten und offenen Rahmen zu geben, um individuelle Motivation und eigene Interessen ausbilden zu können. Voraussetzung dafür ist es, die Heterogenität der Lerngruppe als notwendigen Ausgangspunkt des Lernens zu konzipieren und darin eine Chance und nicht bloß ein Risiko zu sehen. Im Prozess der Individualisierung ist eine solche Umstellung für alle individuellen Lerner/innen günstig, denn jeder Lernende ist in seiner Persönlichkeit einmalig und auf ein Lehr- und Lernsystem angewiesen, das von dieser Einmaligkeit und weniger von einer Durchschnittserwartung in Motivation und Leistung ausgeht.

(2) *Intelligenz/Begabung*: Reduktionistische Konzepte wie der IQ oder ungenaue Vorstellungen wie Begabungsannahmen nach Herkunft sind heute grundsätzlich ungeeignet, um Lernen in konkreter Praxis jenseits schematischer Erwartungen noch zu begründen. Im Lernen selbst, in den konkreten Herausforderungen durch nach Schwierigkeit gestuften Lernaufgaben und unterschiedlichen Lernzugängen, kann erst die jeweils persönliche Exzellenz hervorgerufen werden, die ein jeder Lernender nach seinen aktuellen und potentiellen Voraussetzungen aufbringen kann. Dies macht es erforderlich, dass unterschiedliche Lernperspektiven, Lernzugänge und Lernergebnisse in großem Umfang, hinreichender Breite und mit unterschiedlicher Tiefe gelernt und gelehrt werden können.

(3) *Wissensstand*: Das *One-size-fits-all*-Konzept einer Bevorzugung der Wissensreproduktion muss durch ein Konzept des Kompetenzaufbaus ersetzt werden, das notwendig erscheinendes Wissen immer auch mit Fragen der Anwendung verbindet und bloßes Spezialwissen in den allgemein bildenden Ausbildungsformen grundsätzlich vermeidet. Die derzeitig stark dominierende Entkopplung von Schulwissen und notwendigem Lebensweltwissen oder vorbereitenden beruflichen Kompetenzen erweist sich hier als große Bedrohung des Wissens selbst: Je mehr totes Wissen reproduziert oder Spezialwissen einiger Fächer tradiert wird, desto mehr besteht das Risiko eines absinkenden Allgemeinwissens und einer Vereinseitigung durch Spezialisierung. Die Heterogenität der Lerngruppen kann helfen, gerade diesen Prozess anzuhalten und ihm entgegenzusteuern, indem stets gefragt werden muss, was ein bestimmtes Wissen für die unterschiedlichen Lernenden in seiner Zukunftsbedeutung meint. Zugleich kann so die Unterschiedlichkeit als Chance gesehen werden, individuelle Zugänge und Differenzierungen auf der Grundlage gemeinsamer Kompetenzen zu legen.

(4) *Kulturtechniken*: Der mono-linguale Habitus und der Ausschluss kultureller Diversität ist für das deutsche Curriculum bis heute wesentlich. Er dokumentiert sich auch darin, dass es Menschen mit Migrationshintergrund sehr schwer haben,

in der kulturellen Hegemonie erfolgreich gegen traditionelle Trends zu sein. Angesichts des Wandels in der Bevölkerungsstruktur ist dies jedoch notwendig ein Auslaufmodell, so dass eine rechtzeitige Umstellung geboten ist, um in der immer stärker vorhandenen Diversität die Unterschiedlichkeit der Kulturen hinreichend abzubilden und zugleich auf der Basis des Unterschiedlichen gemeinsame neue kulturelle Vorstellungen zu entwickeln.

Nehmen wir diese vier Entwicklungen im Zusammenhang, dann zeigt sich in der Lehr- und Lernforschung heute, dass die Heterogenität – die unterschiedliche Zusammensetzung der Lerngruppe nach Lernvoraussetzungen – keine Bedrohung mehr ist, wie in den Ordnungsvorstellungen der Moderne noch gedacht wurde. Wenn wir Chancen und Vorteile der Heterogenität betonen, dann geschieht dies, weil die Forschung bewiesen hat, dass heterogene Lerngruppen günstig sind, um Lernfortschritte für alle zu erzielen. Warum ist das so?

Die Erwartung an die Homogenität war auch früher schon immer eine illusionäre Annahme, die mehr der Legitimation einer Durchschnittsbehandlung und der vermeintlichen Objektivität der Bildung von Leistungsrangfolgen diente, aber nie den individuellen Unterschieden, selbst einer handverlesenen gymnasialen Schülergruppe, entsprach. Heterogenität in der Lerngruppe geht grundsätzlich von der Annahme aus, dass jede Lerngruppe eine Diversität von Lernenden hat. Die Heterogenität anzuerkennen bedeutet, keinen Zwang zu empfinden, eine imaginäre Vergleichsgruppe der Leistungsauslese oder bestimmter selektiver Praktiken mit Ausschlüssen und Bildungssackgassen bestimmen zu müssen. Dies ist kein Eingeständnis eines Scheiterns von Leistungsansprüchen, denn an der prinzipiellen Unterschiedlichkeit der Lernenden ändert auch kein Auswahlverfahren von Eliten oder besonderen Lerngruppen etwas. Jeder Mensch ist und lernt verschieden – die Einzigartigkeit des Individuums besteht selbst dann, wenn wir es nach bestimmten Eignungen in bestimmten Elite-Gruppen zusammenfassen. Aber die Produktivität des Heterogenen, das gegenseitige Lernen voneinander, das Eingehen auf die Leistungen und das Verhalten der anderen bei gleichzeitiger Suche nach eigenen Wegen, nach bestmöglichen Leistungen, das wird verschenkt, je homogener wir Lerngruppen zu bilden versuchen.

Beispiele für Heterogenität
Nehmen wir die besonderen und unterschiedlichen Bedürfnisse der Lernenden, dann gibt es vor allem fünf Grundannahmen, die Vorteile einer gemeinsamen Erziehung und Bildung auch größerer Gruppen von Lernenden in Heterogenität beschreiben:

1. Wir bilden in der Praxis eine möglichst homogene Lerngruppe. Was sind die Folgen für die Lernenden? Zunächst müssen wir verschiedene, vermeintlich homogene Lerngruppen bilden. Dabei sind die mit mittlerem oder schlechterem Leistungsniveau besonders ungünstig, weil sie nach unten abrutschen und zu wenig Anreize und Orientierungen für bessere Leistungen erfahren. Aber auch den leistungsstarken Lernenden hilft dies nicht entscheidend weiter, weil sie zu sehr in einer Konkurrenz untereinander verbleiben und zu wenig Kompetenzen entwickeln, wie sie anderen helfen können, wobei sie ihr Wissen und ihre Lernstrategien vertiefen und erproben können. Zugleich wird Teamfähigkeit als Schlüsselqualifikation mit vielen Aspekten trainiert, was wesentlich für Beruf und Lebenswelt ist. Insoweit ist eine heterogene Lerngruppe dann ein Gewinn für alle, wenn alle sich dabei in Richtung persönlicher Exzellenz entwickeln können.[3]
2. Bilden wir überwiegend homogene Lerngruppen, dann entsteht in der Praxis der negative Effekt, dass diese Gruppen sich gegeneinander entfremden und dass dadurch ihr soziales und kulturelles Lernen als auch ihr Verhalten zu sehr auseinanderdriftet. Die Folgen sind sowohl für die spätere Teamfähigkeit der Beteiligten als auch für das demokratische Miteinander problematisch. Erfolgreicher für demokratische und kooperative Ziele sind deshalb heterogene Gruppen, da in diesen kooperative und kommunikative Kompetenzen zusätzlich zum Wissenserwerb erzielt werden können.
3. Sofern homogene Lerngruppen gebildet werden, kommt es – je früher, desto schlechter in den Wirkungen – in zu vielen Fällen zu falschen Zuweisungen in den Bildungswegen. Dies ist für die Bildungsressourcen eines Landes negativ, weil zu viele Folgekosten durch eine mangelhafte Ausbildung größerer Personenkreise entstehen.[4] Da Bildung ein wesentlicher Indikator für gesellschaftliche Folgekosten in den Bereichen Gesundheit, Arbeitslosigkeit, aber auch im Verhaltensbereich im Blick auf Demokratie, Respekt vor anderen, Hilfsbereitschaft usw. ist, wirken heterogene Lerngruppen über möglichst lange Zeit besonders produktiv, um das spätere Zusammenleben zu erleichtern und Folgekosten zu minimieren. Dies gilt für alle Inklusionsbedarfe: Migration, Geschlecht, Armut, besondere (vermeintlich abweichende) Lebensorientierung, Behinderung (Wilkinson/Pickett 2010).
4. Wenn wir die Lernenden in Gruppen in nach unten abgekoppelte Schulformen (in Deutschland vor allem Haupt- und Sonderschulen) zuweisen, dann stigmatisieren wir nicht nur die Betroffenen, sondern verstärken dabei zugleich auch Tendenzen, dass diese Gruppen im Selbstwert und in der Motivation nach unten absinken. Die negativen Effekte sind deutlich größer als in Schulsystemen von Ländern, die eine Schule für alle über die ersten zehn Schuljahre anbieten. Der Gewinn bei den Aufsteigern ist andererseits nicht so groß, wie gemeinhin erwartet wird. Dies zeigt sich beispielsweise daran, dass die Gymnasien in Deutschland nicht die Spitzenleistungen im Vergleich zu den heterogenen Schulsystemen anderer Länder erbringen, die eigentlich zu erwarten gewesen wären.[5]
5. Selbst Differenzierungen von abgegrenzten Leistungsniveaus innerhalb einer Schulform (wie z. B. A-B-C-Kurse in Gesamtschulen) erweisen sich als wenig erfolgreich im Vergleich zu durchgehend heterogenen Lernstrukturen. Sofern in der Heterogenität die Möglichkeit besteht, unterschiedliche Kompetenzniveaus zu erreichen und alle hinreichend zu bestmöglichen Abschlüssen gelangen können, ist die Heterogenität keine Bedrohung, sondern heute der Hauptweg erfolgreichen Lernens, wie es die Mehrheit auch empirischer Studien belegt (z. B. Hattie 2009).

---

3 Insbesondere Slavin (1990, 1993) zeigt, dass heterogene Gruppen wirksamer als homogene sind (siehe auch Reich 2014, S. 107 ff.).
4 Dies ist besonders für die deutsche Situation negativ zu beurteilen, wie Wössmann (2004, 2007, 2009) argumentiert.
5 Siehe hierzu neben den PISA-Ergebnissen insbesondere auch OECD (2010, 2012).

Allerdings ist die hier beispielhaft dargestellte Sicht in gewisser Weise kontra-intuitiv zu Praktiken im Kapitalismus, »wo bei Einstellungen, Zulassungen oder Einkommensfestlegungen oft vereinfachende Maßstäbe angelegt werden, um eine scheinbare Gleichheit der Behandlung aller zu garantieren. Solche ›Gleichbehandlung‹ ist im Blick auf die subjektiven Voraussetzungen nie gerecht, weil sie die besonderen Umstände individueller Voraussetzungen vergessen machen muss, um in einem stark reduktiven Verfahren, z. B. über Noten, eine Aussage über den gesamten Entwicklungsstand einer Persönlichkeit zu machen« (Reich 2014, S. 106). Solche Reduktionen sind gegenwärtig typisch für die massenhaften Ausbildungsgänge, die durch die Vereinfachung auf Noten, Numerus Clausus, Creditpoints usw. scheinbar objektivierte Maßstäbe generieren, um Zugänge und Rangfolgen »gerecht« zu verteilen. Die Bildungssysteme interessieren sich nicht dafür, ob diese Reduktion aussagekräftig ist oder einen prognostischen Wert für tatsächlichen späteren Erfolg besitzt. Es geht vielmehr um einen bürokratischen Legitimationswert, der gesellschaftlich in der selektiven Notengebung anerkannt ist und der vorausgesetzt wird, um Selektion und Exklusion hinreichend rechtssicher zu praktizieren. Gesellschaftlich sind solche Praktiken durchgehend auch in der Arbeitswelt vorhanden, wenngleich dort zunehmend mehr auch auf wirksamere, auf Handlungen bezogene und durch Erfahrung erhärtete Bezugsnormen geschaut wird.

Es ist völlig klar, je mehr die Diversität der Lernenden anerkannt wird, je stärker heterogene Lerngruppen gebildet werden, desto mehr wird sich auch das Lernen und Lehren verändern. Die Arbeit in Teams steigt für die Lernenden in den letzten Jahrzehnten zunehmend an, was eine aufwändigere Vorbereitung, Planung, Durchführung und Evaluation aufseiten der Lehrenden erforderlich macht. Diese Veränderungen zwingen Lehrende dazu, sich ebenfalls in Teams zu organisieren, sei es auf der Ebene der frühkindlichen Erziehung, Schule, Hochschule, beruflichen Bildung, Fort- und Weiterbildung.

1.3 Teams und Individuen: Ausgangspunkte, Probleme, Ambivalenzen

In einem Zeitalter der Individualisierung und damit einer hohen Selbstverantwortung, die Einzelnen übertragen ist, wird zugleich erwartet, dass die Teamarbeit, die eine Kooperation und Kommunikation im Lernen, im Beruf und in der Lebenswelt sichern soll, aktiv durch alle Individuen mitgestaltet wird. Wann immer jemand daher in ein Team eintritt, so geschieht dies mit einem bestimmten Vorwissen, einer Haltung gegenüber der Teamarbeit bei gleichzeitigen individuellen Bevorzugungen. Da unterschiedliche Individuen in Teams mitarbeiten, wird es auch unterschiedliche Kompetenzen, Interessen, Bevorzugungen, Erwartungen und Wünsche geben. Wenn schon ein Ich aus vielen Ichanteilen besteht und wir immer wieder für uns mutmaßen, wie viele es sind, dann setzt sich ein Team aus einem ganzen Kosmos individueller Unterschiedlichkeiten zusammen, was es spannend, aber zugleich auch oft anstrengend macht. Das *Schaubild 1* nennt einige der Ausgangspunkte, d.h. mögliche Probleme und Ambivalenzen, wie wir sie in der Teamarbeit kennengelernt haben.

Unser Verständnis von Ich und Team geht vom Subjekt als einem aktiven Akteur aus, das nicht bloß auf Anweisung handelt, um angepasstes Verhalten zu zeigen. Dieses Subjekt hat bis heute eine Radikalisierung erfahren, weil und insofern es in allen Feldern der Handlung, in allen Praktiken der Lebensformen, in den Routinen als auch den Institutionen der Lebenswelt als Akteur, als aktiver Teil gesehen wird. Dieses Primat des Akteurs wirkt auf allen Ebenen seines Handelns: in der Planung, in der Durchführung, in der Rechenschaft, die es sich über alles abzugeben hat, in der Zurechnungsfähigkeit, die ihm von anderen darüber ausgestellt wird. In der heutigen Zeit sagt man als Akteur nicht: »Ich bin bloß ein Subjekt, ich kann nichts dafür«, sondern haftet für seine Subjektivität im Blick auf alle Handlungen. Mitunter reicht dies bis in die Selbstüberschätzung einer reinen Autonomie oder einer grenzenlos erscheinenden Freiheit. Im Team ist solche Autonomie und Freiheit aber immer begrenzt, weil jedes Subjekt als Akteur immer auch Teilnehmer eines Teams und einer gemeinsamen Verständigung ist. Mitunter scheint diese Teilnehmerperspektive in der des Akteurs aufzugehen, oft aber fallen beide auseinander. Der Akteur wünscht sich seine Freiheit, aber als Teilnehmer wird er an Regeln gebunden. Der Akteur wünscht sich eine Veränderung der Beziehungen, aber Beziehungen unterliegen bestimmten vorhandenen Mustern. Der Akteur will sich einer Institution oder einem Team nicht unterwerfen, aber Institutionen bilden Strukturen der verbindlichen Teilnahme. In dem Wechselspiel von Akteur/in und Teilnehmer/in drückt sich ein Grad von Beteiligung aus, der zwischen Engagement und Distanz schwankt (Elias 1990). Die Akteure sind als Teilnehmer/innen nicht immer gleich engagiert. Oft sind sie distanziert. Diese Wahl bleibt ein Freiheitsraum und drückt eine Autonomie aus. Als Beobachter/innen können wir in unserem Geiste Akteure und Teilnehmer/innen gegeneinander antreten lassen, ihre Spiele und Kontroversen betrachten, was uns eine weitere Freiheit und einen Spaß an der möglichen Veränderbarkeit geben kann, aber insgesamt zwingt uns sowohl unser Ich als auch das Team dazu, die drei Rollen irgendwie miteinander in Einklang zu bringen.

Wir beobachten uns mit unseren Ausgangspunkten im Team und schauen auf das Team, wie es auf uns wirkt. Dies wird immer wieder notwendig sein, denn im Laufe der Zeit verändern sich alle Positionen.

	Ausgangspunkte	Probleme	Ambivalenzen
Individuum im Blick auf das Team	• Welches Vorwissen bringe ich ein? • Welche Haltung habe ich zum Team? • Was sind meine Kompetenzen? • Welche Zuständigkeiten habe ich (intern)? • Gibt es eine dominante Rolleneinnahme als Beobachter, Akteur, Teilnehmer? • Wirke ich positiv auf das Teamklima? • Bin ich eher Treiber oder Mitläufer? • Gebe ich bereitwillig alle Ideen und Materialien dem Team? • Welche Macht und Hierarchie besteht? • Werde ich gerecht entlohnt?	• Im Grunde arbeite ich oft lieber allein. • Ich denke, ich bin kompetenter/weniger kompetent als die anderen. • Ich bin viel erfahrener/unerfahrener als die anderen. • Ich denke, dass sich andere durch meine Rolle als Treiber bedroht/als Mitläufer wenig angesprochen fühlen. • Ich soll mich als Teammitglied gleichberechtigt einbringen, aber eigentlich will ich leiten. • Mein Problem könnte sein, dass ich ...	• Ich bin mir unsicher, ob der viele Teamaufwand tatsächlich etwas bringt. • Ist es egoistisch, wenn ich manches lieber als anderes mache? • Es dauert alles so lange, ich würde es gerne schneller machen. • Wie erhalte ich Rückmeldung darüber, dass ich gute Arbeit leiste? • Was kann ich tun, um nicht immer nur der Störer zu sein? • Ich habe Spaß an Polarisierungen, aber es schadet dem Team. • Ich arbeite mit, aber eigentlich halte ich vieles für nicht richtig. • Meine Ambivalenz liegt darin, dass ich ...
Team im Blick auf das Individuum	• Welche Vorgaben gibt es? • Welche Erwartungen herrschen vor? • Was sind benötigte Kompetenzen? • Welche Zuständigkeiten hat das Team (extern)? • Gibt es Rollenoffenheit? • Wie wird das Teamklima gestaltet? • Wie ist die Teammischung? • Gibt es einen produktiven Austausch? • Welche Macht und Hierarchie besteht? • Wird gerecht entlohnt?	• Finden wir feste Teamzeiten, ohne alle Freiräume einzuengen? • Entwickeln wir Unterschiedlichkeit als Teamtugend? • Kommunizieren wir Probleme offen? • Gibt es Supervision? • Vereinbaren wir konkrete, gemeinsame Ziele? • Verbessern wir aktiv das Teamklima? • Wechseln die Rollen im Team? • Wird Macht hinterfragt und gibt es hinreichend Partizipation? • Unser Problem liegt darin, dass ...	• Ist das Verhältnis von Aufwand und Nutzen für alle gerechtfertigt? • Sollen wir die Teamidee propagieren, wenn es die Gesellschaft/unsere Institution so oft nicht tut? • Wie gehen wir mit Meinungen um, die keine Mehrheit im Team finden? • Wann können, wann müssen wir ein Team auflösen und ein neues bilden? • Es wird ungerecht entlohnt, aber das Team kann es nicht ändern. • Unsere Ambivalenz liegt darin, dass ...

Schaubild 1: Ausgangspunkte, Probleme, Ambivalenzen in der Teamarbeit

Dabei erleben wir oft schon von den Ausgangspunkten in der Teamarbeit her drei mögliche große Konfliktfelder:

(1) Das Ich passt nicht in das Team, das Team hat noch keinen Weg gefunden, jemanden zu inkludieren. Hier gibt es unterschiedliche Problemaspekte, wobei immer wieder die Passung von Voraussetzungen und Erwartungen erscheinen. Beide Seiten müssen prüfen, worin der Konflikt besteht und ob und wie er sich ausräumen lässt. Es muss aber auch zugestanden werden, dass weder ein Ich noch das Team durch unüberbrückbare Gegensätze überfordert werden sollten.
(2) Kein Team bildet einen machtfreien Raum. In der Form einer bestehenden Hierarchie wird Macht immer schon sichtbar abgebildet, aber Teams zeichnen sich auch durch zahlreiche subtile und unsichtbare Formen von Macht aus. Erfolgreiche Teams haben ihre Machtfragen geklärt und schaffen es, offen und transparent Entscheidungen zu treffen. Meist haben sie ein hohes Bewusstsein für Minderheiten und schützen diese im Sinne der Anerkennung auch eines alternativen, aber vertretbaren Ansatzes.
(3) Teamarbeit findet in unterschiedlichen Entlohnungssystemen statt. Dabei sind die Entlohnungen meist ungleich. In der Teamarbeit wird jedoch eine gleiche Arbeit, ein gleicher Einsatz und Aufwand von allen erwartet, umso mehr, je stärker ein Team der Gleichen miteinander kooperiert. Wird die Ungerechtigkeit der Bezahlung verschwiegen, wird sie oft zum Quell von Auseinandersetzungen unter der Oberfläche.

Im Laufe des Buches werden noch viele Aspekte und Perspektiven erarbeitet werden, die für das Gelingen oder Scheitern von Teamarbeit verantwortlich sind. Aber bereits zu Beginn wollen wir darauf aufmerksam machen, dass die Teamarbeit selbst eine durchaus ambivalente Angelegenheit in unserer Kultur ist. Im *Schaubild 1* haben wir einige Aspekte genannt. Auch hier wollen wir noch einmal drei größere Ambivalenzen zusammenfassen:

(1) Vom Individuum wird erwartet, dass es allein, selbstständig und selbsttätig, verantwortlich für sein Leben und seinen Erfolg sein soll, dass es selbstwirksam alle seine Handlungen betreiben und beurteilen lassen soll. Mit dem Team wird diese Erwartung teilweise wieder entzogen. Sei es im Lern- oder im Lehrteam, in beiden sollen die individuellen Beiträge mit denen von anderen zu einem gemeinsam erfolgreichen Ziel beitragen, wobei die individuelle Selbstwirksamkeit umfassend genutzt, aber weniger umfassend dem Individuum als Einzelleistung zurückgespiegelt werden kann noch soll. Damit entsteht für das Individuum eine große Ambivalenz in der Bewertung von Teamarbeit. Einerseits wird es zunehmend mehr in diese Arbeitsform getrieben, auch weil die Lehrkräfte immer mehr wissen, wie effektiv dies für das Lernen ist, andererseits hat sich jedoch an der Norm, das jede/r für sich selbst verantwortlich ist und sehen muss, einen »gesunden Egoismus« zu

leben, nichts geändert. Hierin drückt sich ein grundsätzlicher Widerspruch zwischen dem Individualismus in unserer Zeit, der immer stärker übergeneralisiert wird, und den notwendigen kooperativen und kommunikativen Verpflichtungen gegenüber den Mitlernenden, der Lebenswelt und der späteren Arbeitswelt aus, die gerne verschwiegen werden. In der Dominanz der Produktionsgesellschaft der Moderne wurden die Abhängigkeiten des Individuums von den Umständen, in denen es lebte, noch sehr viel stärker fokussiert, mit der Durchsetzung der Konsumgesellschaft muss das Individuum mit allen Widersprüchen, in denen es lebt, selbst klarkommen. Das Ich muss lernen, sich als egoistisches Ich zu verhalten und als Team-Ich eine weitere Sicht einzunehmen, um das Team nicht scheitern zu lassen.

(2) Der messbare Erfolg einer Leistung gipfelt nicht nur in allen Ausbildungsgängen, sondern auch im Beruf immer wieder in Beurteilungen, die dazu berechtigen, bessere Stellen und Bezahlungen zu erreichen, in Konkurrenz Karriere zu machen. Mit dem Team müsste sich diese Beurteilungspraxis verändern. Folgen wir den Wirksamkeiten eines guten und effektiven Lernens, dann machen Teams als sehr gute Lernumgebung für Individuen einen Sinn, wollen wir jedoch den Lernprozess auf die Bewertung und individuelle Benotung einzelner Teammitglieder zurückbrechen, dann zerstören wir recht schnell einen solchen Lernprozess und führen durch die Hintertür das egoistische Lernen wieder ein. Die Auflösung dieser Ambivalenz kann nur gelingen, wenn für Teamphasen Notensysteme aufgegeben oder zumindest stark relativiert werden. Je strikter andersherum ein Lernsystem auf individuelle Benotung setzt, desto weniger kann eine effektive Teamarbeit erwartet werden. Teams in der beruflichen Welt kennen diese Ambivalenz auch in Formen unterschiedlicher Bezahlung und Leitungsebenen. Der Unterschied wirkt hier jedoch anders, weil das Individuum bereits im Ernstfall, in der Arbeit, angekommen ist, und die individuelle Note nicht mehr in der Konkurrenz mit anderen benötigt, um sich einen Arbeitsplatz zu erkämpfen.

Es wird ein grundsätzlicher Widerspruch zwischen effektivem Lernen im Team und der Wirklichkeit von Rangvergleichen, Konkurrenz und Aufrückungen sichtbar: Das erfolgreiche Lernen folgt nicht Grundsätzen des Marktes, von Angebot und Nachfrage, von reduktiven Notensystemen auf der Suche nach vermeintlicher Objektivität der Leistungsmessung und Bildung einer Rangfolge. Lernen benötigt im Grunde genau die Freiheit von solchen Restriktionen und Reduktionismen, um für die Lernenden in höchstem Maße erfolgreich zu sein. Erziehungs- und Bildungssysteme benötigen daher einen Freiraum der Förderung solchen Lernens, aber selbst die besten solcher Systeme können am Ende nicht den Markt und Kampf um Studien- und Arbeitsplätze ausräumen, der zur Vereinfachung und Rück-Individualisierung aller Leistungen auffordert. Deshalb ist es für uns auch kein Zufall, dass die meisten und erfolgreichsten Ansätze von Lern- und Lehrteams dort existieren, wo beruflich fort- und weitergebildet wird. Hier holen

viele Betriebe das nach, was in den Ausbildungsgängen zuvor dem Altar der individuellen Leistungsabfrage geopfert wurde.
(3) In den Eigentumsrechten steht das private Eigentum nicht nur an materiellen, sondern auch an geistigen Dingen in der gegenwärtigen Gesellschaft unwidersprochen. Die Haltungen der Individuen sind durchgehend von einer solchen Einstellung geprägt. Im Team jedoch wird erwartet, dass alle ihre mitunter hart erarbeiteten ideellen Besitzstände an andere umverteilen, sogar ohne einen direkten materiellen Zusatznutzen daraus ziehen zu können. Der Widerspruch zwischen Lernen und kapitalistischer Verwendung wird deutlich. Beharren wir auf Besitzrechten, dann müssten wir radikal das Lernen individualisieren und die Lernenden voneinander nach Eigentumsklassen trennen. Damit machen wir das Lernen nicht nur ineffektiv, wir würden auch die private Nutzung maßlos übertreiben und von der übrigen Lebenswelt entfremden. Die Ambivalenz besteht heute im Kapitalismus ja vielmehr darin, jeweils für sich zu bestimmen, wann die private Nutzung erforderlich und geboten ist, und wann eine öffentliche, nicht profitorientierte, anderen Menschen helfende und solidarische Nutzung erreicht werden kann. Viele Studien zeigen, dass nur das Zusammenführen beider Nutzungen dazu führen kann, Befriedigung in der Ausbildung, Arbeit und Lebenswelt zu empfinden.[6]

1.4   Teams als Ressource und Lösung eines effektiven Lernens

Teams sind sowohl im Lernen als auch in allen Formen der Lehre eine wesentliche Ressource, um insbesondere für heterogene Lerngruppen ein effektives Lernen zu organisieren. Dabei müssen sie drei wesentliche Leistungen erbringen:[7]

- Erstens müssen sie sich symbolisch, d.h. über Sprache und gemeinsame Handlungsregeln darauf verständigen, was für sie als Team wertvoll ist, welche Ziele sie erreichen wollen, wie sie dabei vorgehen. Das Individuum mit seinen Eigenheiten, Besonderheiten und speziellen Fähigkeiten sollte immer im Zentrum der Überlegungen eines Lernens oder Lehrens im Team stehen. Das Lob des Individuellen im Blick auf die Leistungsfähigkeit des Teams ist sowohl für die individuelle wie auch für die Team-Zufriedenheit ausschlaggebend. Zugleich bedarf es – trotz der geschilderten Ambivalenzen im Verhältnis von Ich und Team – eines Lobs des Teams, um Alleingänge oder narzisstische Übertreibungen zu vermeiden. Leitungsfunktionen im Team und in der Schule sind dabei besonders sorgfältig durch Partizipation aller

---

6   Siehe dazu das Projekt »Good Work« von Gardner/Csikszentmihalyi/Damon (2002).
7   Zum Hintergrund des Symbolischen, Imaginären und Realen in der Pädagogik und Didaktik siehe insbesondere Reich (2010, S. 71 ff.).

Beteiligten zu prüfen und zu organisieren, damit die Leitung das Team und nie bloß Einzelne stärkt.
- Zweitens bedarf es einer imaginären Vorstellungskraft, sich und das Team als einen Vorteil zu schätzen und nicht als Nachteil zu dramatisieren. Das imaginäre Erleben der Vorteile ist hier wesentlich, denn wenn Teamarbeit nur Belastung, ermüdende Sitzungen und dauernde Konflikte bedeutet, wenn der positive Sinn nicht erfasst und gespürt, nicht emotional empfunden werden kann, dann sinkt der individuelle Einsatz erheblich ab. Wie in jeder Partnerschaft bedeutet eine gute Beziehung auch, umfassende Beziehungsarbeit im Team zu führen und gemeinsame Erfolgserlebnisse und Visionen zu ermöglichen. Diese werden zwar immer symbolischer Natur sein, also ein sprachliches Verständigen und Handeln miteinander einschließen, aber solche Handlungen sind Voraussetzungen für gute Bilder, für Imaginationen eines inneren Bildes gelingender Teamarbeit, für das gute Gefühl, morgens ins Team zu kommen und Entlastung statt Belastung zu spüren.
- Drittens jedoch wirkt immer das Reale, das hier als Begrenzung erscheint, indem unsere symbolischen Verabredungen oder imaginären Bilder und Gefühle stets von einer Wirklichkeit erreicht werden, die uns wegen unerwarteter Ereignisse erstaunt oder erschrickt und unsere eben noch geglaubte Sicherheit über den Haufen wirft. Ohne das Reale und das Unplanbare verlören wir die Spannung auf den nächsten Tag oder die nächste Minute, aber im Augenblick des Auftretens müssen wir unsere bisherigen Vorstellungen und Gewohnheiten überprüfen, verstören, neu organisieren. Teamarbeit ist etwas Lebendiges, weil hier Menschen Beziehungen führen, die sich nicht einfach nur bürokratisch verwalten lassen. Dafür wird Zeit und Raum benötigt. Und Teamarbeit setzt die Bereitschaft voraus, im Team tatsächlich arbeiten zu wollen und dies nicht als Last, sondern als Bereicherung erleben zu können.

2. Modelle des Teamteaching: Vom Einzelkämpfer zum Teamplayer

ALLEIN	**ZUSAMMEN**
Separate	**T**ogether
On his/her own	**E**veryone
Lonely	**A**chieves
On his/her own stage	**M**ore

2.1 Was ist Teamteaching?

Was ist ein Team? Sehr oft werden Menschen in der Erziehung, der Arbeitswelt und nicht selten auch der Freizeit mehr oder minder zufällig gruppiert, um dann etwas gemeinsam zu tun, ein gemeinsames Interesse zu verfolgen oder sich miteinander zu beschäftigen. Das sind dann eher Gruppen von Menschen, aber noch keine Teams. Ein Team zeichnet sich in der Regel dadurch aus, dass es

- für eine bestimmte Zeit,
- als eine eigenständige Gruppe mit einem gemeinsamen Arbeitsauftrag (einschließlich Zielen, gewählten Arbeitsmethoden),
- ein gemeinsam vorstellbares Arbeitsergebnis (einen Auftrag, ein Projekt usw.) verfolgt und erzielt.

Ein Team ist dabei in sich organisiert, es trifft Verabredungen und hat Regeln, es gibt Rollen im Team, eine kooperative und kommunikative Basis für die Teamarbeit, und es ist in der Lage, Entscheidungen zu treffen, die eine Aufgabenerfüllung bzw. Arbeitsbewältigung hinreichend ermöglichen.

Teamteaching findet statt, wenn sich zwei oder mehrere Personen die Verantwortung für den Unterricht bzw. Lernprozesse *aller* Lernenden bestimmter Lerngruppen teilen. Als Definitionsversuch schlägt Beninghof (2012, S. 7)[8] vor: »Teamteaching [co-teaching] […] ist eine koordinierte unterrichtliche Praxis, in der zwei oder mehr Erzieher/innen gleichzeitig mit einer heterogenen Lerngruppe in einem Regelklassenzimmer arbeiten«. In dieser Definition wird stark auf den Regelunterricht (in Schulen) abgehoben und gleichzeitig das Teamteaching auf das oft übliche Co-Teaching von zwei Lehrkräf-

---

8   Alle Übersetzungen aus dem Englischen sind von uns vorgenommen worden.

ten begrenzt. Die Autor/innen Villa, Thousand und Nevin (2013, S. 4) beschreiben das Teamteaching[9] generell als ein Setting, in dem es den Lernenden Freude bereitet, von mindestens zwei oder mehreren Personen zu lernen, die sich in ihrer Denkweise und in den Unterrichtsstilen unterscheiden. Weiter sehen sie Teamteaching als kreative Dialogplattform an, um sich mit anderen Lehrenden auszutauschen und Konzepte zu entwickeln, alle Lernenden in ihren Lernprozessen zu unterstützen. Teamteaching soll aus ihrer Sicht zu einem professionellen Entwicklungsprozess aller Beteiligten beitragen.

Teamteaching ist für alle Formen der Aus-, Weiter- und Fortbildung relevant. Wir finden Teamteaching in der pädagogischen Praxis immer wieder in drei Formen:

(1) In *Praktiken* ist Teamteaching das Zusammenwirken von zwei oder mehr Lehrkräften für eine bestimmte Zeit, für eine bestimmte Maßnahme, in spontaner Organisation, wobei es keinen verbindlichen, übergreifenden Plan und auch keine gesonderte Organisationsform wie Verantwortlichkeiten, Hierarchien, Nachweis gerechter Bezahlungen usw. geben muss. Teamteaching kann in der Praxis immer nach Bedarf, kurzfristig, nach Möglichkeiten und auf Wunsch der Beteiligten organisiert und durchgeführt werden.

(2) In *Routinen* wird das Teamteaching bereits wiederkehrend und nach bestimmten Regeln eingesetzt. Es wird für bestimmte Phasen, Lerngruppen, bei bestimmten Anlässen, Lerngegenständen usw. durchgeführt, was nicht mehr nur spontan, kurzfristig und nach konkreten Bedarfen und Wünschen geschieht, sondern auf Wiederholungen und bestimmte erwartete Wirkungen für bestimmte Anlässe setzt. Diese können noch relativ frei verabredet werden, indem z.B. bestimmte Lehrkräfte sich einigen, es mit Teamteaching zu versuchen, wohingegen andere noch ohne Team arbeiten. Sehr oft erwachsen aus solchen Routinen dann die Teams, die in einer Organisation oder Institution fest verankert werden.

(3) In *Institutionen* wie auch in Organisationen mit ritualisierten Abläufen und Verantwortlichkeiten wird das Teamteaching zu einer fest verankerten und geregelten Arbeitsform, die wiederum auf bestimmte Anlässe, Themen oder Gruppen begrenzt werden kann. Aber hier ist der Verbindlichkeitsgrad immer sehr hoch, denn es muss institutionell gesichert und geregelt werden, wer welche Verantwortlichkeiten übernimmt, welche Auswirkungen das Teamteaching auf das Arbeitszeitmodell hat und wie ein gerechtes Entlohnungssystem aussieht. Organisationen, z.B. bei Weiter- und Fortbildungen oder Institutionen wie Schulen, scheuen sich oft, Teamteaching einzusetzen, weil es in der Regel kostenintensiver als Einzelunterricht ist. Insoweit muss es immer besondere Gründe geben, das Teamteaching auf dieser Ebene tatsächlich einzuführen.

---

9 Villa/Thousand/Nevin (2013) verwenden auch begrifflich das »Co-Teaching«. Wir übersetzen diesen Begriff mit Teamteaching und erläutern weiter unten die Varianten solcher Teams.

Ein wesentlicher Grund, Teamteaching trotz der höheren Kosten als erfolgreich anzusehen, hängt damit zusammen, dass wir heute viel stärker als in früheren Zeiten darauf fokussieren, die grundsätzliche Heterogenität von Lerngruppen anzuerkennen und gleichzeitig zu betonen, dass alle Lernenden zu möglichst optimalen Lernergebnissen, unabhängig von den Benachteiligungen ihrer Herkunft, kommen sollten. Der darin liegende inklusive Gedanke drängt auf eine Erhöhung der Bildungsgerechtigkeit, wie sie auch aus den Menschenrechten abgeleitet werden kann (Reich 2012b). Es gibt aber noch einen weiteren Grund, der im Erfolg des Teamteaching selbst liegt: Empirische Studien sehen Teamteaching als Erfolgsfaktor erfolgreicher Aus-, Weiter- und Fortbildung in all ihren Formen. Gute Bildungsstrukturen zeichnen sich nachweislich durch eine stärker ausgeprägte Kultur der gegenseitigen kollegialen Unterstützung aus. Dies konnte besonders für das Schulsystem nachgewiesen werden.[10] Internationale Studien betonen einen höheren Lerneffekt nicht nur bei Schüler/innen mit speziellem Förderbedarf in Teamteaching-Settings (Beninghof 2012, S. 9), sondern für alle Lernenden, die von einer differenzierten und individualisierten Lehr- und Lernform profitieren können. Gerade im Rahmen der Herausforderungen, die an das Lernen und Lehren in inklusiven Settings gestellt werden, ist das Arbeiten in Teams eine wesentliche Voraussetzung einer gelingenden Umsetzung inklusiver Schulentwicklung (Florian/Young/Rouse 2010, *European Agency* 2012; Reich 2014; Richter/Pant 2016).

Was zeichnet Teamteaching aus? Teamteaching ist nach Perez (2012, S. 3) eine Handlungsform, in der

- statt einer einzelnen Lehrkraft mehrere Lehrkräfte gemeinsam agieren,
- ein kooperatives und gemeinsames Lernen auch der Lehrkräfte stattfindet,
- die Lernenden dadurch eine breitere und umfassendere Unterstützung als im herkömmlichen Unterricht erfahren,
- die Vielfalt der Lernmöglichkeiten durch mehr Differenzierungen gesteigert wird,
- nicht nur die Durchführung, sondern auch die Vorbereitung, Planung und Auswertung der Lernprozesse gemeinsam erfolgt.

Teamteaching kann auch als Zusammenarbeit von mehreren Professionen entwickelt werden – in integrativen/inklusiven Settings häufig von einer Regelschullehrkraft (z. B. Fachlehrer/in) und einer Lehrkraft mit sonderpädagogischer Ausbildung (Förder-

---

10 Siehe auch Bonsen/Rolff 2006, Bonsen/Berkemeyer 2011, Fussangel/Gräsel 2011, Lütje-Klose 2013, Lütje-Klose/Urban 2013, Rosenholtz 1991, Reich 2014, Richter/Pant 2016. Beim Sichten von Literatur wird deutlich, dass – international betrachtet – ein unterschiedliches Verständnis von Co-Teaching bzw. Teamteaching und dessen Formen aufzufinden ist (Beninghof 2012). Im US-amerikanischen Sprachgebrauch beispielsweise tritt das im Deutschen verwendete Teamteaching oft als Co-Teaching (*collaborative teaching*) auf, was den Praxisumsetzungen in der Regel auch entspricht, weil die Teams meist auf zwei Lehrkräfte begrenzt sind.

lehrkraft) – die gleichermaßen für den Lernprozess *aller* Schüler/innen einer Klasse Verantwortung übernehmen. In der betrieblichen Fort- und Weiterbildung wird Teamteaching gerne dort verwendet, wo verschiedene Fachdisziplinen in einem gemeinsamen Arbeitsvorgang beteiligt sind. Inbegriffen sind dabei der Vorbereitungs- und Planungsprozess, eine differenzierte Unterrichtsgestaltung und der Bewertungs- bzw. Monitoring-Prozess aller Lernenden. Dabei teilen sich beide (oder alle) Teammitglieder gleichermaßen die Leitung der Lerngruppe. Perez (2012) betont weiter, dass Teamteaching in der Regel in einem Raum stattfindet. Analog sind dies in der frühkindlichen Erziehung bis hin zur Erwachsenenbildung in der Regel Unterrichtsräume. Für das gemeinsame Lernen oder inklusive Lehr- und Lernsettings führt Perez weiter aus, dass es die Aufgabe *aller* beteiligten Professionen ist, Möglichkeiten der Förderung bzw. differenzierte Lernangebote für *alle* Lernenden zu schaffen.

Reich (2014) schlägt vor, in inklusiven Lernsettings mehrere Klassen zusammenzulegen, um dadurch grundsätzlich Teams in Lernlandschaften (mit zwei bis vier Klassen pro Lernlandschaft) zu organisieren, so dass Teamteaching auch mit mehr als zwei Lehrkräften zu einem grundlegenden Bestandteil des Lernens wird. Analog können auch in der Erwachsenenbildung größere Lerngruppen gebildet werden, um durch Teamteaching eine gezieltere Betreuung mit höheren Differenzierungsmöglichkeiten zu eröffnen.

2.2 Formen des Teamteaching im Überblick[11]

Besonders im Markt der Weiter- und Fortbildungsangebote hat Teamteaching schon seit längerer Zeit einen festen Platz, um insbesondere komplexe Kommunikations- und Kooperationsangebote durch Moderationen, Planspiele, Lern-Workshops und anderes mehr in allen Formen hinreichend zu begleiten. Je mehr Lehr- und Lernformen umgesetzt werden, die zu tatsächlichen individualisierten Lernfortschritten mit Handlungsbezug, einschließlich Änderungen von Haltungen und Einstellungen führen sollen, desto mehr finden wir in der Praxis auch Formen des Teamteaching.

Das öffentliche Bildungssystem tut sich dagegen mit dem Teamteaching sehr schwer. Erst mit der Umstellung auf ein inklusives Schulsystem erscheint die Chance einer grundsätzlichen Änderung (Richter/Pant 2016). Neben der Kooperation zwischen einer Lehrkraft und einer sonderpädagogischen Fachkraft als klassische Zusammensetzung des Teamteaching (*Co-Teaching*) in inklusiven Lernumgebungen gibt es auch Teamteaching-Settings, in denen drei oder mehrere Lehrkräfte zusammen in einem Klassenraum oder anderen Lernarrangements agieren (*Teamteaching 3+*). Diese Zusammensetzung kann beispielsweise aus einer (oder zwei) Lehrkräften, einer Sonder-

---

11 Dieses Kapitel nimmt Ideen von Katharine Perez (2012, S. 16 ff.) auf, die in Anlehnung an Friend (2008) sechs zentrale Modelle des kollaborativen Arbeitens erläutert: »One teach, one observe; One teach, one assist; Team teaching; Station teaching; Parallel teaching, Alternative teaching.«

pädagogin oder einem Sonderpädagogen und einer Assistenzlehrkraft bestehen. In inklusiven Settings ist vor allem das Arbeiten in *multiprofessionellen Teams als Teamteaching-Setting* zu nennen. Sie umfassen in der Regel immer mehr als zwei Personen. Die Professionen setzen sich hier beispielsweise aus der Schulpsychologie, Physiotherapie, Begabungsförderung, Sozialpädagogik, Unterstützungs- und Technologiearbeit bei Behinderungen, Assistenzhilfen zusammen (Beninghof 2012, S. 7). Im weiteren Sinne sind in inklusiven Settings aber auch andere Professionen, wie wir in Kapitel 6 zeigen werden, mit in den Teamteaching-Prozess einzubeziehen: Dazu zählen Therapeut/innen, Assistenzlehrkräfte, Verwaltungsangestellte und Hausmeister sowie das Personal außerschulischer Institutionen (Reich 2014). Inklusive Settings treffen für die frühkindliche Bildung und Erziehung zu, in der Erwachsenenbildung sind sie noch nicht sehr ausgeprägt, da für diese das Thema Inklusion bisher noch zu wenig beachtet wird. Im Zusammenhang einer gesellschaftlichen Erweiterung der Inklusion wird sich dies maßgeblich ändern müssen.

Teamteaching ist für uns ein Überbegriff für alle Formen des Lehrens, in denen von Einzelkämpfer/innen abgerückt wird. Die erste und einfachste Form dafür ist das Co-Teaching mit zwei Lehrkräften. Ein erweitertes Teamteaching (für manche Autor/innen auch das »eigentliche« Teamteaching) besteht aus drei und mehr Personen. *Schaubild 2* zeigt die verschiedenen Formen des Teamteaching im Überblick:

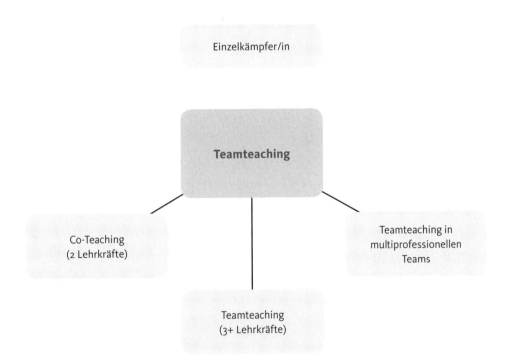

Schaubild 2: Formen des Teamteaching im Überblick

Als klassische Einzelkämpfer/innen agieren Lehrkräfte in den meisten Unterrichtssettings. Es gibt zwar immer wieder Berührungspunkte mit anderen, z. B. im Kollegium, insgesamt fühlen sich die einzelnen Lehrpersonen jedoch für *ihren* Unterricht, für *ihre* Lerngruppe, für *ihre* Klasse, für die Ziele und die zu vermittelnden Inhalte und ggf. individuelle Förderungen und Lernkontrollen in erster Linie allein verantwortlich. Der Begriff Einzelkampf, der in diesem Zusammenhang in der Praxis weit verbreitet ist, signalisiert die Anstrengung, die in solcher Lehre liegt: Eine Lehrkraft setzt sich gegen eine mehr oder minder große Lerngruppe durch, sorgt für Disziplin, für einen Lernfortschritt, ist verantwortlich dafür, dass die Lernergebnisse stimmen. Hier lastet ständiger Druck auf der Lehrkraft, z. B.: Habe ich genügend getan, um ein gutes Ergebnis zu erzielen? Kann ich mit einer Lerngruppe hinreichend umgehen, damit überhaupt gut genug gelernt wird?

Teamteaching gibt den Einzelkampf auf. Generell lässt sich festhalten, dass unter Teamteaching somit kein Szenario fällt, in dem eine Lehrkraft unterrichtet, während eine andere Lehrkraft beispielsweise kopiert, im Unterrichtssetting nur kurz assistiert, unterstützt oder das Unterrichtsgeschehen beobachtet – ohne genauen Auftrag oder Funktion. Von Teamteaching sprechen wir auch nicht, wenn die Ideen und Umsetzungen einer Lehrkraft im Prozess überwiegen, und nur ein Teammitglied stetig entscheidet, wann und wie gelehrt wird (wie es beispielsweise in Ausbildungssettings zwischen Mentor/in und Referendar/in oder Auszubildendem/ Auszubildender auftreten kann). Auch wenn mehrere Personen im Unterricht agieren, kann nicht automatisch von Teamteaching gesprochen werden. Wir wollen eine wesentliche Trennung zwischen dem klassischen Einzelkämpfertum im Lehrberuf und einem »neuen« idealen Verständnis eines gemeinsamen Arbeitens, Lernens und Lehrens festhalten. Teamteaching im umfassenden Sinne wird erst dann umgesetzt, wenn es von spontanen Praktiken oder bereits vorhandenen Routinen in eine dauerhafte und sichere organisatorische bzw. institutionelle Form überführt wird, die klare Verantwortlichkeiten, Verbindlichkeiten, Rechte und Pflichten enthält.

Die folgenden Beschreibungen in *Schaubild 3* zeigen verschiedene Handlungen im Teamteaching:

1. *Eine/r* unterrichtet und führt, *eine/r* beobachtet (Kapitel 2.2.1)	Co-Teaching *(elementare Form)*
2. *Eine/r* unterrichtet und führt, *eine/r* assistiert (Kapitel 2.2.2)	
3. *Eine/r* unterrichtet und führt, *eine/r* fördert differenziert (Kapitel 2.2.3)	
4. *Mehrere* unterrichten, führen, assistieren und fördern (Kapitel 2.2.4)	Teamteaching *(ideale Form)*

Schaubild 3: Handlungen im Teamteaching (in Großgruppen)

Als eine wichtige Unterscheidung zwischen einer *elementaren* und einer *idealen* Form des Teamteaching werden die (überwiegend) getrennte oder gemeinsame Vorbereitung, Planung, Durchführung und Auswertung des Gesamtprozesses im Lernen und Lehren im *Schaubild 3* betrachtet. In der Praxis setzt sich das Teamteaching leichter als *elementare Form* mit zwei Lehrkräften durch, weil sowohl die Arbeitsorganisation, die räumliche Fixierung auf bestehende Lernräume wie Unterrichts- oder Klassenzimmer, und die Kosten wesentliche Rahmenbedingungen oder Grenzen bilden. Erweiterte Effekte des Teamteaching gibt es dann, wenn die Arbeitsorganisation ein größeres Team ermöglicht, das z. B. in einer schulischen Lernlandschaft unterrichtet, was die Kosten sogar begrenzen lässt. Dies gilt auch für die Erwachsenenbildung, hier in Form von Lernlandschaften durch unterschiedliche Raumsettings.[12] Diese Form bezeichnen wir als *ideale Form* des Teamteaching.

Nachfolgend betrachten wir die einzelnen Handlungen im Teamteaching näher. Dabei schauen wir zunächst auf die skizzierten Handlungen innerhalb einer Großlerngruppe (z. B. Klassenverbund oder Ausbildungsgruppe). Daran anschließend werden Modelle in der Praxis beschrieben, die für Kleingruppensettings besonders geeignet sind.

2.2.1 *Eine/r unterrichtet und führt, eine/r beobachtet*

Perez (2012, S. 17) beschreibt dieses Setting als guten Einstieg oder Vorbereitung in das Teamteaching bzw. in andere Co-Teaching-Formen. Denn in dieser Form können sich die Teampartner/innen durch das Beobachten im Klassenraum zunächst einmal besser kennenlernen. Auch kann diese Form sehr gut als Diagnostikrahmen bzw. Intervention für bestimmte Lernende oder Teilgruppen genutzt werden. Durch die teilnehmende Beobachtung kann der oder die beobachtende Lehrkraft dem Teampartner auch kollegiales Feedback zur Performance im Klassenraum geben. Vorab sollten hier, beispielsweise anhand eines gemeinsamen Beobachtungsbogens, Schwerpunkte der Beobachtung festgelegt werden. So können z. B. didaktische Settings, die Unterrichtsqualität usw. als Rückmeldungsschwerpunkte genutzt werden und einen Beitrag zur Unterrichtsqualität und -weiterentwicklung leisten. Die teilnehmenden Beobachtungen und die Einschätzungen der aktiven Lehrkraft sollten gemeinsam ausgewertet und dialogisch reflektiert werden, um daraus Handlungsalternativen zu entwickeln.

> Es ist darauf zu achten, dass sich die Lehrkräfte in den Rollen des Beobachtens und Lehrens abwechseln und beide Rollen ausgewogen teilen.

---

12 Zu den möglichen Raumsettings siehe »Schulen planen und bauen« der Montag Stiftungen (2012), ein Buch, dass die räumliche Konzipierung in die Beachtung des pädagogischen Auftrags stellt.

Konkrete Einsatzbeispiele:

- In kooperativen Lernsettings (Green/Green 2005) können sich die Beobachtungen beispielsweise auf die Arbeiten in den Kleingruppen beziehen: Wer übernimmt welche Rollen? Wie ist das soziale Miteinander der Lernenden? Wie werden die Aufgaben gelöst?
- Die beobachtende Lehrkraft identifiziert Lernende, die Schwierigkeiten in der Umsetzung von Aufgabenformaten haben und sucht im Dialog mit dem/der Teampartner/in und dem/der Lernenden nach orientierenden Impulsen oder alternativen Aufgabenstellungen. Auch können durch eine gezielte Beobachtung unterforderte Lernende gut identifiziert und durch ergänzende Aufgabenstellungen gefördert werden.
- Konflikte in Lernprozessen werden so frühzeitig erkennbar und es kann unmittelbar reagiert werden.
- Beobachtungen nahe am Lernen sind ein wesentlicher Schlüssel für möglichst unmittelbares Feedback an die Lernenden, was zur Sicherung auch eines eigentlich gut verlaufenden Lernprozesses unterstützend hinzutreten kann und zu Steigerungen des Lernerfolgs führt, bei Störungen im Prozess aber unabdingbar ist, um Lernerfolge überhaupt zu sichern.

2.2.2 Eine/r unterrichtet und führt, eine/r assistiert

Diese Form des Teamteaching bietet sich in Unterrichtssituationen an, in die einer/eine der Teampartner/innen eine spezielle Expertise einbringen kann. Diese Form eignet sich z. B. besonders für die Differenzierung von Lernprozessen und die Unterstützung von Lernenden mit unterschiedlichen Voraussetzungen und Bedürfnissen.

Im Rahmen dieses Modells übernimmt eine Lehrperson die Leitung des Unterrichtsgeschehens, die andere Lehrkraft assistiert und bewegt sich dabei möglichst dezent im Klassenraum. Durch das Bewegen im Raum erlangt die assistierende Person einen Überblick über die Lernsituation unterschiedlicher Lernender. Sie kann Lernenden beispielsweise Hilfestellung geben, Rückfragen beantworten und darauf achten, dass alle Lernenden am Unterrichtsgeschehen teilhaben können. Allein die Präsenz der Assistenzkraft wirkt sich in der Regel schon günstig auf die Einhaltung der Teamregeln der Gruppe und eine verbesserte Arbeitshaltung aus. Diese Form des Team- bzw. Co-Teachings kann daher eine sehr gewinnbringende Methode zur Verbesserung von Lernprozessen, insbesondere in Selbstlernphasen und bei Übungen, darstellen. Durch die Assistenz kann auch differenziert auf unterschiedliche Lernbedürfnisse einzelner Lernender eingegangen werden. Allerdings ist es wichtig, dass die Lehrkräfte hierfür ein miteinander abgestimmtes Zusatzlehrmaterial bereitstellen können. Wichtig ist in diesem Modell grundsätzlich, dass beide Lehrpersonen alternierend unterrichten bzw. assistieren, um ein Gleichgewicht in der Rollenverteilung und damit auch in der

Wahrnehmung der Lernenden (beide gelten als kompetent) zu gewähren. In der Regel ist das Assistieren (und Herumgehen) im Klassenraum, wie auch immer es gestaltet ist, für die Lernende kaum eine Quelle der Ablenkung.

Konkrete Einsatzbeispiele:

- Die Lehrkraft gibt eine Einführung in das neue Thema mit kleineren Übungen. Die Assistenzkraft schaut, ob alle die Übungen verstanden haben und richtige Lösungen erreichen.
- Die Lehrkraft bespricht mit den Lernenden beispielsweise im Mathematikunterricht Elemente der Bruchrechnung, während die sonderpädagogische Fachkraft im Klassenraum herumgeht und checkt, ob alle Lernenden mit den Aufgaben weiterkommen.
- In einem Training der Erwachsenenbildung organisiert eine Lehrkraft eine Kartenabfrage, während die zweite assistiert. Die eingesammelten Karten werden zu Wolken mit gleicher Thematik gemeinsam mit der Gruppe sortiert. Die Assistenzkraft achtet darauf, dass alle Teilnehmenden beachtet werden. Nach einer gewissen Zeit werden die Rollen gewechselt.
- Eine Lehrkraft gibt den Lernenden Einblicke in Lesestrategien, um schneller Inhalte erfassen zu können. Die andere Lehrkraft assistiert, überblickt das Unterrichtsgeschehen und gibt bei Bedarf Hilfestellungen.

2.2.3 Eine/r unterrichtet und führt, eine/r fördert differenziert

Dieses Setting ist für inklusive Schulen typisch. In dieser Form des Teamteaching lässt sich zunächst feststellen, dass in der Praxis häufig Fachlehrkräfte die Unterrichtsleitung übernehmen. Die Förderlehrkraft agiert daneben als Spezialist/in – häufig für bestimmte Förderschwerpunkte. Die Funktion der sonderpädagogischen Fachkraft hängt daher von der Zusammensetzung der Klasse ab und davon, welche identifizierten Förderbedarfe die Lernenden mitbringen. In diesem Setting ist es wichtig, differenzierte Niveaus des Lernens bei einem Thema bereitzustellen. Das erreichbare Niveau der unterschiedlichen Lernenden hängt von ihren Lernvoraussetzungen ab. Es muss darauf geachtet werden, dass die Lernenden ihr erreichbares Niveau durch die Förderung auch tatsächlich erreichen. Für die Qualität ist festzuhalten, dass diese Form des Teamteaching besonders effektiv ist, wenn der/die Lehrkraft und die Förderlehrkraft gemeinsam den Unterricht vorbereiten und planen. Das Unterrichtssetting sieht in diesem Modell vor, dass die Fachlehrkraft die Unterrichtsleitung übernimmt, während die Förderlehrkraft den Instruktionsprozess unterstützt und qualitativ fördert. Ziel ist es, dass alle Lernenden möglichst am Unterrichtsgeschehen teilhaben können. Die Aufgaben der sonderpädagogischen Fachkraft liegen insbesondere darin, einzelne Lernende zu unterstützen, darauf zu achten, dass möglichst alle Lernenden an dem Unterrichtsgeschehen teilhaben können, Möglichkeiten von Vertiefungsangeboten für den Unterrichtsstoff vorzubereiten oder Fragen in die Klasse einzubringen, die sich Lernende ggf. nicht zu stellen getraut haben. Neben Instruktionsphasen im Unterrichtsgeschehen mit verteilten Rollen, zirkulieren beide Teammitglieder im Rahmen von Arbeitsphasen im Klassenraum und nehmen eine fördernde Position für alle Lernenden ein.

Ein Stolperstein innerhalb dieses Modells kann eine eher passive Rolle sein, die vorwiegend eine Lehrperson einnimmt. Sollte dies in der Reflexion festgestellt werden, sind Strategien zu finden, eine ausgeglichene Rollenverteilung zu erreichen.

Effektiv einzusetzen ist dieser Ansatz, um im gemeinsamen Lernen das Curriculum für alle Lernenden zu realisieren. Denn in der Zusammenarbeit zwischen einer Lehrkraft und einem Sonderpädagogen/einer Sonderpädagogin können verschiedene Strategien und Förderpläne im Dialog entwickelt und Inhalte für die spezielle Situation der Lernenden angepasst werden. Auch findet sich dieser Ansatz häufig in Situationen, in denen die sonderpädagogische Fachkraft mit mehreren Lehrkräften kooperiert und nur geringe Zeiträume einer gemeinsamen Planung zur Verfügung stehen.

Zu erwähnen ist, dass nicht von einer Teamteaching-Form gesprochen wird, wenn in diesem Setting eine Lehrperson im Klassenraum sitzt und nicht weiß, welche Rolle oder Aufgaben sie im Unterrichtsgeschehen übernehmen soll. Auch sprechen wir nicht von Teamteaching, wenn eine Lehrperson den Unterricht leitet und die andere beispielsweise Noten schreibt, kopiert oder einen anderen Unterricht im Raum parallel vorbereitet. Diese Situationen können dann auftreten, wenn keine Zeiträume der gemeinsamen Vorbereitung und Planung und erforderlichen Abstimmungsprozesse zur Verfügung standen.

> Es wird nicht von Teamteaching gesprochen, wenn eine der Lehrkräfte »nur« fördert und keinen Einfluss auf das Gesamtunterrichtsgeschehen hat, um beispielsweise Situationen zu modifizieren oder ergänzend die eigene Expertise einbringen zu können. Dies würde dann eher als Assistenz-Lehren, nicht aber als Teamteaching bezeichnet werden.

Konkrete Einsatzbeispiele:

- Eine Lehrkraft präsentiert den Inhalt, eine andere erläutert Lernstrategien zur Umsetzung oder gibt visuelle Unterstützung für bestimmte Lernende.
- Eine Lehrkraft präsentiert den Inhalt, eine andere Lehrkraft sammelt Schlüsselbegriffe oder Kernaussagen mit den Lernenden, die dem Lehrvortrag nicht hinreichend folgen konnten.
- Eine Lehrkraft gibt eine Übung an die Lernenden, die andere hat Zusatzmaterial, das die Übung einfacher gestaltet oder komplexer entwirft, um differenzierte Förderungen zu ermöglichen.

2.2.4 Mehrere unterrichten, führen, assistieren und fördern

Der entscheidende Unterschied zwischen den beiden in Kapitel 2.2.2 und 2.2.3 beschriebenen Modellen eines zeitbezogenen und oft rudimentären Teamteachings hin zu einem umfassenden Teamteaching lässt sich darin sehen, dass neben einem gemeinsamen Vorbereitungs- und Planungsprozesses die Lehrpersonen auch auf der »Unterrichtsbühne« als Team auftreten. Was heißt das genauer?

Alle Unterrichtsaktivitäten und Dialoge sind gemeinsam koordiniert. Als Erfolgsfaktoren des Miteinanders zählen hier Vertrauen, Verbindlichkeit und die Vereinbarkeit der jeweiligen Haltungen und Einstellungen im Team. Voraussetzung der erfolgreichen Umsetzung liegen in festgelegten Zeiträumen für gemeinsame Vorbereitungen, Planungen, Nachbesprechungen und Reflexionen des Teamteaching. Zudem sollten sich die Teammitglieder kompetent in dem jeweiligen Themengebiet oder dem Unterrichtsthema zumindest mit Teilaspekten einbringen. Das Teamteaching gestaltet sich so, dass alle Lehrpersonen die Unterrichtsgruppe oder Klasse gemeinsam unterrichten, d. h. sie teilen sich Instruktionsphasen, Selbstlernphasen, Gruppenarbeiten usw. und die Begleitung ihrer Lernenden »simultan«.

> Teamteaching bedeutet das Ineinandergreifen verschiedener Lehrstile zweier oder mehrerer Lehrkräfte.

Konkrete Einsatzbeispiele:

- Im Unterrichtsgeschehen können die Lehrkräfte gemeinsam gleichwertig Inhalte präsentieren, anregende kritische Fragen einwerfen oder vor der Lerngruppe miteinander diskutieren.
- Schnelle Rollenwechsel sind im Teamteaching möglich, insbesondere dann, wenn bemerkt wird, dass der Unterrichtsprozess an bestimmten Stellen zäh, langweilig, unproduktiv wird.
- Teamteaching ermöglicht es, mehr Perspektiven in den Unterricht einzubringen, mehr unterschiedliche Lernzugänge zu schaffen und die Lernergebnisse nicht nur auf ein Format zu fixieren. Solche Differenzierungsangebote können gut vorher geplant und nachher in ihrer Wirkung reflektiert werden. Allerdings muss das Team sich gut abstimmen, um Chaos und eine unübersichtliche Struktur zu vermeiden, in der die Lernenden die Übersicht darüber verlieren, welches Angebot für sie gemeint ist.
- Im Teamteaching ist es auch zulässig, den Teampartner/die Teampartnerin zu unterbrechen, Inhalte zu ergänzen oder zu modifizieren.

- Lehrkräfte können sich wechselseitig als *Reflecting Teams*[13] einsetzen.
- Pro-Kontra-Gespräche können beispielsweise im Unterricht eingebaut und von den Lernenden in einem Rollenspiel präsentiert werden.

Als Qualitätsmerkmal erfolgreichen Teamteachings gilt, dass kein Hierarchie-Gefälle zwischen den Lehrenden vonseiten der Lernenden erkennbar ist. Lehrkräfte melden zurück, dass sie sich durch Teamteaching insgesamt zufriedener in ihrer Arbeit fühlen. Bei erfolgreicher Umsetzung der Methode berichten Lehrkräfte weiter, eine Reduzierung ihres Arbeitspensums zu spüren – bei einem gleichzeitigen Anstieg in der wahrgenommenen Effektivität ihrer Arbeit. Sie beschreiben Teamsituationen als inspirierend und ermutigend. Für die Lernenden wirken sich solche erfolgreichen Settings als motivierend auf den Lernprozess aus. Lernende bewerten die Situation positiv, von mehreren Lehrkräften in ihrem Lernprozess unterstützt zu werden.

Nochmals anzuführen ist an dieser Stelle, dass nicht von Teamteaching gesprochen wird, wenn sich Lehrkräfte im Lehrprozess »nur« abwechseln. Perez (2013, S. 20) beschreibt dieses Setting auch als »Tag-Team«, in dem die aktive Rolle abwechselnd eingenommen wird: »Du bist an der Reihe, ich bin an der Reihe«.« Auch sprechen wir nicht von Teamteaching, wenn zwei oder mehrere Lehrkräfte im Raum sind, eine Person lehrt und die andere beispielsweise die »Pause« zur Unterrichtsvorbereitung nutzt.

2.3 Lernen und Lehren in Teams in Kleingruppen

Teamteaching lässt sich besonders dann gut verwirklichen, wenn die Lernenden entweder mit Selbstlernmaterial einzeln oder in Kleingruppen arbeiten. Im Folgenden soll nach Perez (2012, S. 21 ff.) auf die oft vorkommenden Settings Stationen (Lernzentren), Paralleles Lehren, Alternative Lehr-Lernsettings (*Schaubild 4*) exemplarisch und zur Veranschaulichung näher eingegangen werden (in Kapitel 5 werden die unterschiedlichen Lehrformate noch einmal gesondert betrachtet):

1. *Stationen (Lernzentren)*	
2. *Paralleles Lehren*	Teamteaching in Kleingruppen
3. *Alternative Lehr-Lernsettings*	

Schaubild 4: Formen des Teamteaching (in Kleingruppen)

---

13 Reflecting Teams sind Beobachtungsgruppen, die gezielte Rückmeldungen über ihre Beobachtungen an eine größere Gruppe zurückmelden. Dabei wird eine spezifische Rückmeldemethodik verwendet (siehe ausführlich im Methodenpool unter www.methodenpool. uni-koeln.de/reflecting/reflecting_beispiel.html (Abruf: 09.03.16) und auch Kricke/Rohr/Schindler 2012).

(1) Stationen (Lernzentren)

Dieses Modell gestaltet sich in verschiedenen Lernzentren (Selbst- oder Gruppenlernzentrum), in denen jeweils Stationen zu Themenbereichen angeboten werden. Jede Station umfasst Lernangebote auf unterschiedlichen Niveaus, die bestimmte Aufgaben, Materialien und Checklisten beinhalten, aber vonseiten der Lernenden durch das Einbringen eigener Ideen auch erweiterbar sein sollten. Hier werden den Lernenden individualisierte Lernmöglichkeiten an den Stationen angeboten, die die Heterogenität der Lerngruppe berücksichtigen. Die Themenbereiche werden beispielsweise durch verschiedene Zugänge realisiert: Eine Lerngruppe kann durch aktive Methoden, wie Ausprobieren, lernen. Eine zweite durch E-Learning-Formate am Computer, eine dritte durch einen gemeinsamen Austausch oder durch Bewegungs- und/oder theaterpädagogische Elemente. So können multiple Zugänge genutzt werden. An jeder der Stationen unterstützen jeweils eine oder mehrere Lehrende den Prozess.

> Die Lernenden können die verschiedenen Stationen in verschiedenen Sozialformen erkunden: in Einzel- oder Partnerarbeit, Triaden (Dreiergruppen)[14] oder in Kleingruppen. Es wird insbesondere die Selbstwirksamkeit ihres Lernens gefördert.[15]

Konkrete Einsatzbeispiele:

Für das Arbeiten in (multiprofessionellen) Teams auf Seite der Lehrenden lassen sich viele Möglichkeiten beschreiben:

- Eine Lehrkraft betreut eine Station und gibt Hilfestellungen, eine andere Lehrkraft checkt den Lernprozess, eine andere (Assistenz-) Lehrkraft beobachtet den Gesamtprozess und kann mit einzelnen Lernenden bestimmte Inhalte, die für das Lernen an den Stationen von Bedeutung sind, wiederholen.
- Alle Lehrkräfte geben Feedback an die Lernenden. Wenn Schwierigkeiten auftreten, dann wird individuell oder gruppenbezogen reagiert. Möglich sind auch Zwischenstopps, um Lernhindernisse aus dem Weg zu räumen. Entscheidend ist, dass alle Lernenden nach ihren Möglichkeiten gefordert und gefördert werden.

---

14 Triaden bieten in Lernarrangements den Vorteil, dass bei Entscheidungsprozessen stets Mehrheiten und wechselnde Koalitionen möglich sind. Allerdings ist wie bei allen Gruppen darauf zu achten, dass sie nach Teamregeln arbeiten und keine/r von den anderen durchgehend dominiert wird.

15 Die Selbstwirksamkeit ist nach Hattie (2009) der mit Abstand wichtigste Erfolgsfaktor für gelingendes Lernen. Lernende sollten an Lernmaterialien erfahren können, was und wie sie lernen und inwieweit sie selbst zu eigenen Lernfortschritten beitragen können. Lehrende müssen das Lernmaterial entsprechend individualisiert für Lernende vorbereiten und hinreichend Feedback im Prozess gewähren (siehe auch Hattie/Timperley 2007).

- Zwei/mehrere Lehrende bieten an verschiedenen Stationen die zu vermittelnden Inhalte auf unterschiedlichen Niveaus oder in »Päckchen« an. Hier wird am besten mit Kompetenzrastern gearbeitet (Reich 2014, S. 267 ff.).

> Zentral ist bei diesem Modell, dass die Stationen und individuellen Zugänge an den Stationen von allen Beteiligten gemeinsam entwickelt werden.

(2) Paralleles Lehren

Beim parallelen Lehren und Lernen wird die gesamte Lerngruppe in Kleingruppen aufgeteilt. Die gleichen Unterrichtsinhalte werden anschließend in jeder Kleingruppe von jeweils einer Lehrkraft vermittelt. Zu berücksichtigen ist hier, dass die Vorbereitung der Unterrichtseinheit gemeinsam durchgeführt wird, so dass alle Lehrenden wissen, wie in den Kleingruppen der zu vermittelnde Stoff gelehrt und gelernt wird. Zur Differenzierung verschiedener Lernniveaus kann das Lernsetting in den Kleingruppen auch nach Breite, Umfang und Tiefe unterschiedlich ausfallen. Paralleles Lehren kann aber auch so gestaltet werden, dass die Kleingruppen zwar von unterschiedlichen Lehrkräften, aber auf die gleiche Art und Weise unterrichtet werden. Vor dem Hintergrund eines Beziehungslernens stellt das parallele Lehren in Kleingruppen eine gute Möglichkeit für die Aufnahme intensiver Interaktionen dar.

> Wir verstehen unter parallelem Lehren nicht, dass die sonderpädagogische Fachkraft oder umgekehrt die Lehrkraft beispielsweise einen vorgefertigten Unterrichtsplan erhält, an den sie sich bloß anpassen muss. Paralleles Lehren erfordert ein gemeinsames Konzept!

Auch in dieser Form des Teamteaching heißt es, sich dabei in der Vorbereitung, Planung, Durchführung und Reflexion um eine möglichst geteilte Verantwortung und Absprache zu bemühen.

Konkrete Einsatzbeispiele:

- Als Einführung in einen neuen Themenbereich diskutieren die Lernenden in Kleingruppen mit jeweils einer betreuenden Lehrkraft mithilfe der K-W-L-Technik: »das weiß ich bereits zum Thema (*Know*) – das möchten wir gerne wissen (*Want*) – das haben wir gelernt (*Learnt*)«.[16]
- Auf Grundlage von Diagnoseergebnissen oder Lernstandserhebungen innerhalb der gesamten Lerngruppe werden die Lernenden – je nach Intention – in Kleingruppen eingeteilt und von unterschiedlichen Lehrenden, beispielsweise bezüglich ihrer »Lernniveaus«, in Kleingruppen differenziert unterrichtet. Auf eine hohe Durchlässigkeit ist zu achten.

---

16 Die KWL-Technik und weitere Lernstrategien finden sich auf der Website »Study Guides and Strategies« unter www.studygs.net/texred3.htm (Abruf: 09.03.2016).

- In der Erwachsenenbildung wird die Arbeitsteilung bei der Herstellung einer Ware in der Produktion durch Kleingruppen simuliert. Jede Gruppe beschreibt die notwendigen Handlungsschritte. Am Ende wird gemeinsam diskutiert, wie der Prozess zusammengeführt werden kann, wobei insbesondere auf Stolpersteine der Zusammenführung eingegangen wird.
- Die sonderpädagogische Fachkraft spielt und probt mit einer Kleingruppe von Lernenden eine Szene aus einem Theaterskript, das in der Klasse gelesen wird; eine weitere Lehrkraft arbeitet mit einer anderen Gruppe an einer *Story Map* des Theaterstückes, in der die wichtigsten Geschehnisse der Geschichte aufgenommen werden.

(3) Alternative Lehr-Lern-Settings

Das alternative Lehrsetting kann auf zwei verschiedene Arten umgesetzt werden: In Setting 1 unterrichtet eine Lehrkraft den Großteil der Gesamtgruppe, während eine andere Lehrkraft mit einer Kleingruppe arbeitet. In Setting 2 unterrichten zwei (oder mehrere) Lehrende unterschiedliche Themen in verschiedenen Räumen. Die Gruppen von Lernenden wechseln nach einer bestimmten Zeit. Als Vorteile dieses Modells gelten:

- Durch das alternative Lehren erfahren die Lernenden unterschiedliche Lehrstile; multiple Lernwege werden angesprochen und der Heterogenität in der Gesamtgruppe wird Rechnung getragen.
- Durch das Aufteilen von Inhalten und Umsetzen verschiedener Methoden können aufseiten der Lehrenden eigene Stärken und Präferenzen in Didaktik und Methodik umgesetzt werden.
- In integrativen/inklusiven Settings kann durch das Lehren in unterschiedlichen Kleingruppen verhindert werden, dass sich Lernende mit sonderpädagogischem Förderbedarf separiert fühlen oder als »ausgegrenzt« wahrgenommen werden.

Konkretes Einsatzbeispiel:

- Eine Lehrkraft bespricht Schreibstrategien mit den Lernenden; eine weitere Lehrkraft sammelt Ideen für den Schreibprozess (Perez 2012, S. 25).

> Alternatives Lehren ist dann ungünstig, wenn die Lernenden ohne pädagogischen Plan bloß statisch in bestimmte Kleingruppen aufgeteilt werden. Es bedarf immer einer lernbezogenen Begründung, warum welches Setting gewählt wurde, und es muss reflektiert werden, ob dies hinreichend erfolgreich war.

Als »Gefahr« sehen wir hier beispielsweise die Zuschreibung, dass die Lernenden mit sonderpädagogischem Förderbedarf hauptsächlich von der sonderpädagogischen Fachkraft unterrichtet werden. Auch ist es kein alternatives Lehren, wenn die sonderpädagogische Fachkraft einen vorgefertigten Lehrplan erhält, der keine Modifikationen bezüglich einer alternativen Umsetzungsweise für Lernende mit sonderpädagogischem Förderbedarf zulässt.

2.4 Teamteaching-Aktivitäten auf einen Blick

Auf einen Blick führt Perez (2012, S. 27 ff.) verschiedene Ansätze auf, wie im Rahmen von Teamteaching-Modellen im Team agiert werden kann. Diese Abstufungen sollen an dieser Stelle in leichter Abwandlung zusammenfassend dargestellt werden. Sie finden sowohl in Settings mit der gesamten Lerngruppe als auch in Kleingruppen statt:

- *Multimodales Lehren in Individualgruppen*: Die Lernenden werden in Bezug auf ihre Vorkenntnisse zu einem Themenbereich, ihren Leistungen, ihren didaktischen und methodischen Bedürfnissen oder nach ihren Lernstilen/Wahrnehmungstypen (auditiv, visuell, kinästhetisch) in Kleingruppen aufgeteilt und von den Lehrenden unterrichtet. Wichtig ist, dass die Lehrenden rotieren, um alle Lernenden der Gruppe kennenzulernen. Auch sollten die Gruppen, je nach Absicht, nicht statisch bleiben, sondern auch in verschiedenen Kontexten variieren. Vorsicht ist bei einer dauerhaften Zuordnung zu bestimmten Typen geboten, da so leicht Unter- oder Überforderungen entstehen können. Zudem ist zu erkennen, dass die Einordnung in klare Lerntypen stets kritisch zu beurteilen ist.
- *Leitungs- und Ergänzungs-Ansatz:* In diesem Ansatz übernimmt eine Lehrkraft die Leitung im Lehr- und Lerngeschehen. Eine weitere Lehrkraft ergänzt die Instruktion mit Veranschaulichungen, Beispielen, Videos, Bildern, visuellen Hilfestellungen usw. Zudem kann die zweite Lehrkraft die Lernenden in ihren Lernfortschritten gezielt beobachten und überblicken, ob es bei einzelnen Lernenden noch Rückfragen oder Verständnisschwierigkeiten bzw. weiteren Informationsbedarf gibt.
- *Lehren im Duett:* Das Lehren im Duett kann als bester gemeinschaftlicher Ansatz des Teamteaching verstanden werden (ideales Teamteaching). In diesem Ansatz planen und lehren die Lehrenden konsequent gemeinsam und wenden verschiedene Teamteaching-Modelle im Rahmen ihrer Arbeit an. Alle Lehrenden sind gleichermaßen aktiv im Unterrichtsgeschehen eingebunden. Es erlaubt ihnen, eigene Stärken einzubringen und zu kombinieren. Für die Lernenden bedeutet dieser Ansatz eine hohe Varianz und Differenzierung im Unterrichtsgeschehen. Zur effektiven Umsetzung dieses Ansatzes muss ein ausreichendes Zeitfenster zum kooperativen Planen eingerichtet werden. Beim Einsatz dieses Ansatzes integrieren die Lehrenden spezielle Förder-Elemente in das generelle Unterrichtsetting. So kann individuellen Lernvoraussetzungen durch das Teamteaching besonders günstig begegnet werden.

2.5 Was sind gute Voraussetzungen für Teamteaching?

Es ist festzuhalten, dass für ein gelingendes Teamteaching nicht nur das Unterrichtssetting in den Blick genommen werden darf. Sprechen wir von erfolgreichem Teamteaching, dann tangiert der Teamgedanke das gesamte System/die Organisation. Perez (2013, S. 5) schlägt hierzu einen Rahmenplan vor, der die vier Bereiche Lehr-Lernkultur, (Schul-)Organisation, Zusammenarbeit sowie Lernen und Lehren umfasst. Darin verankert liegen die folgenden Voraussetzungen gelingender Teamarbeit:

1. Im Rahmen der Lehr-Lernkultur
   – ist eine gemeinschaftliche Zusammenarbeit grundlegend,
   – existiert ein gemeinsames Verständnis der pädagogischen Ziele einer inklusiven Schule.
2. Im Rahmen der (Schul-)Organisation
   – gibt es eine engagierte und informierte (Schul-)Leitung,
   – werden im Kollegium von multiprofessionellen Teams gemeinsam Curricula und Stundenpläne erstellt,
   – sind persönliche Weiterbildungsmöglichkeiten für die Lehrenden fest vorgesehen,
   – gibt es eine angemessene Ausstattung,
   – sind ausreichende Ressourcen (Materialien, Räume, Zeitfenster usw.) vorhanden.
3. Im Rahmen der Zusammenarbeit
   – gibt es feste Zeiträume zur Vorbereitung, Planung, Durchführung und Reflexion,
   – werden die Stärken und Talente jeder Lehrkraft berücksichtigt,
   – gibt es definierte Rollen und Verantwortlichkeiten,
   – gibt es Raum für individuelle Eigenschaften und persönliche Werte der Lehrenden,
   – werden alle zur Verfügung stehenden Ressourcen genutzt.
4. Im Rahmen des Lehrens und Lernens
   – wird gemeinsam geplant und ein Umsetzungsplan nach Zielen, Inhalten, Methoden, Materialien, Zeiten usw. entwickelt,
   – werden Inhalte gemeinsam modifiziert und adaptiert,
   – wird gemeinsam bewertet und benotet,
   – werden multiple Intelligenzen beachtet,
   – wird differenziert unterrichtet,
   – gibt es Lehrsettings mit der ganzen Klasse und in Kleingruppen,
   – werden realistische Erwartungen gestellt,
   – wird der Raum adäquat genutzt,
   – werden Routinen und Prozeduren sensibel festgelegt,
   – werden bestimmte Teamteaching-Modelle bewusst angewandt.

Für die geteilte Verantwortungsübernahme als Merkmal erfolgreichen Teamteachings verwenden Villa, Thousand und Nevin (2013, S. 4) das Bild einer Partnerschaft, in der die Partner/-innen

- sich gegenseitig vertrauen,
- an ihrer gemeinsamen Kommunikation arbeiten und jene weiterentwickeln,
- sich die alltäglichen Routinearbeiten teilen,

- gemeinsam Erfolge feiern,
- zusammen kreativ arbeiten, um Herausforderungen und Probleme gemeinsam zu meistern, und
- konstruktiv mit Konfliktsituationen umgehen und diese lösen können.

Auch Spieß (2004, S. 199) beschreibt Kooperation »durch den Bezug auf andere, auf gemeinsam zu erreichende Ziele bzw. Aufgaben, sie ist intentional, kommunikativ und bedarf des Vertrauens. Sie setzt eine gewisse Autonomie voraus und ist der Norm der Reziprozität verpflichtet«.

Als Gelingensbedingungen erfolgreicher Teamarbeit können wir als grundlegende Eckpfeiler hier festhalten:

- Bereitschaft zu kontinuierlicher Kooperation und zur geteilten Verantwortung für eine heterogene Lerngruppe.
- Eine pädagogische Haltung, die auf Wachstum aller Lernenden setzt und ihnen hilft, dies in persönlicher Exzellenz zu erreichen (fördernde und inklusive Haltung).
- Vertrauen in eigene Kompetenzen und in die der Team-Kolleg/innen.
- Teilnahme an Fortbildungen und eine Lehramtsausbildung/Trainer/innenausbildung, die sich an den tatsächlichen Bedarfen des Unterrichts orientiert.
- Hinreichend Zeit zur Vorbereitung mit administrativer Unterstützung.
- Ein »Wir-Gefühl« durch eine geeignete Lernumgebung in Form von Lernlandschaften und Lern-Clustern (*Homebase* mit Teamstationen), die von handlungsfähigen Lehrteams organisiert wird (Reich 2014, S. 314 ff.).

2.6 Warum lässt sich Teamteaching nicht einfach verordnen?

Nach unseren bisherigen Ausführungen wird deutlich, dass Teamteaching gewisser Ressourcen bedarf, um vielfältig und variantenreich eingesetzt zu werden, um dabei effektive Lehr- und Lernprozesse anzuregen, weiterzuentwickeln und zu fördern. Bisherige Erfahrungen zeigen vor allem aus internationaler Sicht, dass Kooperationen unter Lehrkräften als große Bereicherung angesehen werden können. Gerade für das gemeinsame Lernen in integrativen/inklusiven Settings gelten Teamteachingprozesse als Gelingensfaktor (u. a. Florian/Young/Rouse 2010, Reich 2014, S. 59 ff., Richter/Pant 2016). Für viele Lehrpersonen gestaltet sich der Unterrichtsalltag jedoch bisher häufig als eine »*One man show*«. Auch wenn es Absprachen im Kollegium, in der Stufe, im Jahrgangsteam gibt: Lehrkräfte in Deutschland sind es häufig gewohnt, die Verantwortung als Lerngruppenleitung, als Klassenleitung oder als Fachlehrkraft alleine inne zu haben. Auch in der Erwachsenenbildung wird oft aus Kostengründen kein Teamteaching umgesetzt, wenngleich hier im Verhältnis zur Schule bereits deutlich innovativer gearbeitet wird. Teamteaching anzuregen, das gestaltet sich insgesamt als kein einfacher Prozess. Es geht um einen Rollenwechsel, um ein anderes Verständnis des Lehrens und Lernens, den viele Lehrkräfte weder in ihrer eigenen Schullaufbahn, in ihrer Ausbildung oder bisherigen Tätigkeit erlebt haben. Die Ausführungen zu den einzelnen Teamteaching-Modellen zeigen, dass auch Settings, in denen mehrere Lehrkräfte im Unterrichtsraum agieren, nicht automatisch als kooperierende Teamarbeit gelten können. Als grundlegende Voraussetzung für gelingende Teamprozesse sehen wir die Haltung von Lehrkräften: Bin ich bereit, die Verantwortung für den gesamten Lernprozess mit jemandem zu teilen? Kann ich mich als ein »Partner/in« auf ein Teamgeschehen einlassen? Kann ich ehrlich direktes Feedback geben und annehmen? Bin ich bereit, mich in meiner Rolle weiterzuentwickeln? Kann ich auch einmal Kompromisse eingehen und von eigenen Vorstellungen abweichen?

Dies sind einige wichtige Fragen, die sich Lehrende zu Beginn eines Teamteaching-Prozesses stellen sollten. An ihnen wird deutlich: Teamteaching lässt sich nicht nur auf die Unterrichtssituation beschränken. Teamteaching wirkt sich auf die gesamte Lernkultur, das Klima in der Organisation, den Betrieb oder die Schule aus. Hinter der Zusammenarbeit, dem gemeinsamen Planen, der gemeinsamen Umsetzung und Reflexion bzw. Weiterentwicklung steht eine Haltung, die auf der Beziehungsebene stattfindet und aus unserer Sicht nicht einfach »verordnet« werden kann, sondern bewusst »gewollt« werden muss.

Neben dem Anspruch einer positiven Haltung beschreiben Lehrkräfte Schwierigkeiten der Umsetzung von Teamprozessen, wenn bestimmte Rahmenbedingungen nicht mitbedacht werden. Hier möchten wir einige Stolpersteine aufdecken, die uns von außen betrachtet, gerade für deutsche Lehr- und Lern-Situationen, in der Praxis immer wieder auffallen:

- Viele Lehrkräfte haben den Lehrberuf in Schule oder Erwachsenenbildung gewählt, weil sie den Status des Einzelkämpfers weniger als Nachteil, sondern als Vorteil sehen: Ihnen redet niemand rein, sie haben die Kontrolle über eine Lerngruppe, sie sind verantwortlich für Disziplin und Bewertung und erleben hinreichend Möglichkeiten, sich selbst zu behaupten. Dagegen sind Abstimmungen mit anderen zunächst zeitaufwändig, vielleicht lästig, in jedem Fall erscheinen sie als einschränkend. Gleichwohl täuscht dieses idealisierte Bild, denn Studien zur Lehrer/innengesundheit (z. B. Schaarschmidt 2005) zeigen hinreichend, dass gerade der Einzelkampf zu Belastungen führt, die viele Lehrkräfte resignieren oder krank werden lassen. Teams, so zeigen vielfältige praktische Erfahrungen, sind eine viel größere Lösungsmöglichkeit, als es sich die Einzelkämpfer vorstellen können. Aber es braucht zunächst immer den Mut, sich überhaupt darauf einzulassen.
- Vorteile des Teamteaching zeigen bereits viele Lehr- und Lernformen in der Schule und mehr noch in der Erwachsenenbildung. Aber ein Team braucht Zeit, und dagegen steht vor allem in der Schule das Stundendeputat. Erst wenn sich Lehrkräfte davon verabschieden und die Schule auch im Nachmittagsbereich mehr als ihren Arbeitsplatz ansehen, werden sie die Vorteile des Teams erleben können, um z. B. Vorbereitung und Planung nicht mehr allein zu Hause, sondern gemeinsam im

Team erledigen zu können, Unterricht als allein verantwortliche Person nicht mehr im ständigen Stress, etwas zu übersehen, durchzuführen, sondern mit anderen, die stützend und helfend zur Seite stehen, Unsicherheiten, wie mit Konflikten umgegangen werden soll, nicht mehr alleine vor der Lerngruppe austragen zu müssen oder mit anderen Handlungsmöglichkeiten für mehr Lernerfolg zu reflektieren – diese und viele andere Vorteile erleben Lehrkräfte nur, wenn sie das Wagnis Team tatsächlich eingehen.[17]

- Wird Teamarbeit von oben verordnet, dann wachsen eher die Widerstände dagegen und werden zu einer sich selbst erfüllenden Prophezeiung: »Ich habe euch doch gesagt, Teamarbeit funktioniert mit mir nicht«.
- Multiprofessionelle Teams setzen sich häufig aus verschiedenen Professionen zusammen, deren einzelne Expertisen gewinnbringend in die gemeinsame Arbeit einfließen. Es lassen sich auf Seiten der Professionen, aufgrund heterogener Ausbildungen, aber verschiedene Gehaltsstufen identifizieren: (Verbeamtete) Lehrkräfte (unterschiedlicher Besoldung) verdienen beispielsweise häufig wesentlich mehr als ihre Kollegen und Kolleginnen des sogenannten weiteren pädagogischen Personals. Im aktuellen pädagogischen Handeln werden vor diesem Hintergrund oft keine klaren Grenzen hinsichtlich der Zuständigkeiten gezogen. Dadurch können leicht Unmut und Unzufriedenheit erzeugt werden. Wünschenswert für multiprofessionelle Teamarbeit wäre deshalb, Teamteachingprozesse mit dem Ganztag immer zusammen zu denken, weil somit eine gemeinsame Verantwortung und Gestaltung des Lernprozesses von verschiedenen Professionen unterstützt werden könnte, die gleichermaßen Anerkennung erhielten. Die ganztägige Anwesenheit aller Beteiligten erleichtert zudem das Einrichten gemeinsamer Zeiträume zur Kooperation (Richter/Pant 2016).[18]

Die Ressourcenfrage taucht erneut an einer anderen Stelle auf:
- In Deutschland wird Teamteaching häufig in der klassischen Form des Co-Teaching zwischen Regelschullehrkraft und sonderpädagogischer Fachkraft praktiziert. Für den zeitlichen Einsatz werden die Deputate der Lehrkräfte herangezogen. Möchte man in anderen Konstellationen zusammenarbeiten, gilt es häufig auch, die Deputatsregelung durch eine ganztägige Anwesenheit am Arbeitsplatz zu überwinden und mehrere Klassen zusammenzulegen, um durchgehend Teams bilden zu können (Reich/Asselhoven/Kargl 2015).

---

17 Eine Studie zur Lehrerkooperation in Deutschland zeigt in diesem Zusammenhang, dass v. a. »vollgebundene« Ganztagsschulen eine gute Voraussetzung für Kooperationen darstellen« (Richter/Pant 2016, S. 26 ff.). Hier sprechen die befragten Lehrkräfte von günstigen Rahmenbedingungen, wie gemeinsam genutzte Zeiträume zur Kooperation (Richter/Pant 2016, S. 32).
18 Erfolge solcher Teamarbeit zeigen sich vor allem in ganztägiger Anwesenheit der Lehrkräfte, wie sie z. B. in Schweden verbindlich ist. Auch in deutschen inklusiven Schulen ist ein solches Modell möglich (Reich/Asselhoven/Kargl 2015).

- Angebote psychologischer Schulungen sollten für Lehrkräfte angeboten werden, in denen sie sich mit eigenen Haltungsfragen auseinandersetzen könnten. Teamprozesse sollten durch Supervisionen begleitet werden.
- In der bisherigen deutschen Lehreramtsausbildung gibt es zwar einige Ansätze zur Förderung von Teamarbeit. Vor dem Hintergrund eines inklusiven Schulsystems müsste aus unserer Sicht dieses Element jedoch noch viel stärker in alle Phasen der Ausbildung integriert und um die Komponente der Multiprofessionen erweitert werden (Kricke/Reich 2013). Lehramtsstudierende könnten sich beispielsweise mit Psychologiestudierenden oder Studierenden der Heilpädagogik oder frühkindlichen Bildung bereits im Studium zum Vorteil aller vernetzen.

Diese Ausführungen zeigen, dass Teamteaching nicht einfach von oben verordnet werden kann. Es bedarf auf Ebene der individuellen Lehrkräfte einer offenen und positiven Haltung, auf Organisationsebene bestimmter Rahmenbedingungen. In den folgenden Kapiteln wollen wir dafür Voraussetzungen und Elemente beschreiben, wie Teamteaching-Prozesse erfolgreich umgesetzt werden können, d. h. in die konkreten Voraussetzungen und Arbeiten in Teams einführen. Hier wird sich vieles von dem, was in Kapitel 2 bisher modellhaft skizziert wurde, konkretisieren. In Kapitel 3 werden wir auf das Verhältnis von Teamarbeit und Teamteaching eingehen. Wir werden nachweisen, dass beide Lehr- und Lernformen einander stark bedingen. In Kapitel 4 werden wir umfassend auf Voraussetzungen für Teams eingehen, um zu zeigen, dass es notwendige Rahmenbedingungen und Ressourcen für Teams im Teamteaching gibt. Anne Beninghof (2012) schlägt im Einführungsteil ihres Werkes »*Co-Teaching that works*« verschiedene Rahmenpläne zur effektiven Umsetzung von Teamteaching-Prozessen vor. Sie betont, dass diese Pläne als flexible Angebotsstruktur zu verstehen sind, die zur Entwicklung individueller Rahmenpläne vonseiten unterschiedlicher Teammitglieder genutzt werden können. Diesem Gedanken folgend haben wir insbesondere in Kapitel 5 Praxismaterialien und -handreichungen zusammengestellt, die Raum für individuelle Situationen bereitstellen und von einzelnen Teams weiterentwickelt werden können. Dies ist die offene Seite von Teamprozessen: Sie können auch nicht von der Fachliteratur verordnet werden, diese kann nur Vorschläge machen, Erfahrungen aus bisher erfolgreicher Praxis zusammentragen, aber die Teams selbst werden sie mit eigenen Leben erfüllen müssen. Und dies ist übrigens nach unserer Erfahrung die allerwichtigste Voraussetzung für gelingende Teamarbeit.

3. Teamteaching in der Lehre und im Lernen

Teamteaching wird meistens ausschließlich aus der Sicht der Lehrkräfte beschrieben, weil es deren Arbeit erleichtern, effektiver machen, qualitativ verbessern soll, um vor allem größeren und heterogenen Lerngruppen und dabei individuell unterschiedlichen Lernbedürfnissen zu begegnen. Wir möchten hier jedoch einen anderen Denkansatz in den Mittelpunkt stellen: Teamteaching ist vor allem ein Ausdruck von Teamarbeit. Teamarbeit ist in Lernvorgängen immer dann unerlässlich, wenn Lernende – welcher Art auch immer – neben reiner Wissenserarbeitung auch kooperative und kommunikative, soziale und komplexere Arbeitsvorgänge betreffende Handlungen durchführen und hierbei Kompetenzen für das Leben und den Beruf erwerben. Deshalb haben wir bereits in Kapitel 1 betont, dass Teamteaching wesentlich aus den Veränderungen der Arbeits- und Lebenswelt hinein in das Zeitalter der flüssigen Moderne, wie wir unsere Zeit heute bezeichnet haben, entstanden ist und so traditionelle Lehr- und Lernformen ergänzt und teilweise auch schon abgelöst hat. In diesem Kapitel geht es uns darum, zu zeigen, wie verschränkt Teamteaching aufseiten der Lehrenden und Teamarbeit (mit Anteilen von Teamteaching) aufseiten der Lernenden zu betrachten ist. Wir werden zunächst begründen, weshalb die Teamarbeit zentral in allen Lehr- und Lernprozessen geworden ist (Kapitel 3.1). Wir zeigen dann auf, in welchen Lernformaten das Teamteaching besonders notwendig ist (Kapitel 3.2). Für beide Schritte gilt, dass Lehrende und Lernende in einem erfolgreichen Lehr- und Lernkonzept umfassend miteinander interagieren. Für die Lernenden bedeutet dies z.B., dass sie eigene Aufgaben als Lehrende und Teammitglieder übernehmen können und sollten. Um dies zu verdeutlichen, beschreiben wir einführend, bei welchen Lehr- und Lernmethoden Teamteaching besonders erforderlich ist. Schließlich fassen wir in beiden Unterkapiteln auch zusammen, weshalb Teamteaching immer im Wechselspiel von Lehre und Lernen gesehen und konzeptionell entwickelt werden sollte.

3.1 Effektives Lehren und Lernen benötigt Teamarbeit

Sehr oft herrscht heute noch die Vorstellung, dass Lernen ein persönlicher, rein individueller Vorgang der Aneignung von Wissen und Verhalten ist, der durch die Begabung der Person, ihren Fleiß, ihre Aufmerksamkeit, ihre Ausdauer, ihr Durchhaltevermögen und ihre Motivation vorrangig geprägt wird. Nach diesem Muster erfolgte im alten China die konfuzianische Ausbildung, in der die Hauptwerke des Konfuzius, die angeblich alle Weisheiten der Welt enthielten, in Prüfungen abgefragt wurden. Der leichtere Teil der Prüfung war es dann, einen beliebig ausgewählten Satzbeginn zu Ende zu schreiben, als schwerer wurden Aufgaben eingeschätzt, die nur das Ende eines Satzes zeigten oder gar aus der Mitte des Satzes heraus vervollständigt werden mussten. Alle

Bewerber lernten zu Hause, zu den zentralen Prüfungen wurden sie in kleinen Holzhäusern eingesperrt, um die Aufgaben ganz allein und isoliert von der Umwelt zu lösen. Die Sieger erhielten feste Beamtenposten (Reich/Wei 1997).

Der kulturelle Kontext definiert, wie das individuelle Lernen organisiert und beurteilt wird. Im Gegensatz zum alten China kann in einer globalisierten Welt der flüssigen Moderne nicht mehr auf ein bloß individuelles Auswendiglernen gesetzt werden, auch wenn es bis heute noch manche Lehrende gibt, die in vielen Bereichen darauf vorrangig setzen wollen. Ein solches Lernen kann jedoch nur sehr partiell beim Wissenserwerb helfen, denn heute benötigen wir nicht mehr ein fundamentales Einzelwissen wie bei Konfuzius, sondern wir müssen zahlreiche unübersichtliche, nicht immer widerspruchsfreie Wissensbestände verarbeiten, die nur mit Verständnis für größere Zusammenhänge und einer Deutung ihrer Kontexte und Anwendungsmöglichkeiten hinreichend sicher und qualitativ ausreichend verstanden werden können. Dazu benötigen die Lernenden nicht nur eine Auseinandersetzung mit sich und ihrem textbezogenen Verständnis von etwas, sondern auch das Sprechen über den Gegenstand mit anderen, die Diskussion, die Rückfrage, die Einordnung durch Handlungen mit anderen, das Experiment und seine Besprechung sowie die unterschiedlichen Sichtweisen, die andere in Auseinandersetzung mit ihrer eigenen Deutung einbringen. Lernhandlungen sind immer auch interaktive, soziale, kooperative und kommunikative Prozesse, weil über diese die Breite, Tiefe und der Umfang von Themen und Inhalten erst erkannt und definiert werden können. Es gibt zwei Lösungen in der Bildungsgeschichte:

(1) Wir können die Verständnisarbeit der Lehrkraft überlassen, und sie gibt die vermeintlich richtige Lösung im Frontalunterricht an die Lernenden weiter. Die Lernenden lernen die Problemlösungen der Lehrenden. Dies ist bis heute eine dominante Lösung, weil sie viel Stoff in wenig Zeit vermitteln hilft. Aber sie widerspricht eben dem Grundsatz, dass Lernende erst dann tief genug einen Inhalt, ein Thema oder Themengebiet erfassen können, wenn sie es eigenständig und in Zusammenarbeit mit anderen – im *Learning by Doing* – für sich erschlossen haben. Geschieht dies nicht, dann mag das Unterrichtssystem zwar sagen: »Das haben wir doch gemacht!«, aber die lernende Person sagt, »das ist in meinem sozialen Leben nicht so wichtig und kann vergessen werden.«

(2) Je mehr Lernende individuell und in sozialen Gruppen, hier in der Teamarbeit, angesprochen sind, eigene Untersuchungen zu Inhalten und Themen zu machen, eigene Interessen und Wünsche einzubringen, hinreichend Zeit und Methoden zu finden, sich tatsächlich auf die Inhalte und Themen einzulassen, desto leichter wird es fallen, etwas zu verstehen, es zu erinnern, mit den daraus resultierenden Einsichten später auch zu arbeiten. Die Lernenden lernen so, Probleme zu lösen. Allerdings kann die Stoffmenge nicht so groß wie beim Frontalunterricht sein, und die Lehrkräfte müssen Formen finden, die Inhalte und Themen methodisch interessant als Probleme zu präsentieren und anschlussfähig an die Interessen der Lernenden zu gestalten.

Was bedeutet dies nun näher für die Bestimmung von Teamarbeit und Teamteaching? In *Schaubild 5* wollen wir Vor- und Nachteile ausgewählter Aspekte für den Frontalunterricht, die Teamarbeit und das Teamteaching darstellen:

	Frontalunterricht	Teamarbeit	Teamteaching
Stofffülle	*Vorteil:* Hohe Stoffvermittlung in wenig Zeit. *Nachteil:* Aktivität liegt überwiegend bei der Lehrkraft, es wird viel »toter« Stoff und Lernballast produziert.	*Vorteil:* Das handlungsbezogene Lernen wird besser behalten. *Nachteil:* Exemplarisches Wissen führt zu weniger Stoff.	Einsatz eher in der Teamarbeit als im Frontalunterricht; Teamteaching führt zu qualitativ besserer Stoffvermittlung.
Lernform	*Vorteil:* Kontrolliert, meist dozierend und fragendentwickelnd, muss durch Übungen ergänzt werden. *Nachteil:* One-size-fits-all erreicht nicht hinreichend alle Lernenden.	*Vorteil:* Aktiviert die Lernenden; erzeugt Methodenvielfalt; Peer-to-Peer-Lernen ist effektiv. *Nachteil:* Aktivität im Team nicht immer gleich; Effektivität muss kontrolliert werden.	Vorbildmodell für die Teamarbeit; ermöglicht gezieltes, auch individuelles Feedback; kann Nachteile wirkungsvoll ausgleichen.
Kooperation und Kommunikation	*Vorteil:* Lehrkraft steuert zentral das, was sie wünscht (Disziplin). *Nachteil:* Konkrete Formen der Kooperation und Kommunikation bleiben randständig.	*Vorteil:* Kooperation und Kommunikation werden umfassend erworben. *Nachteil:* Feste Zeitmodelle erscheinen als schwierig (weg vom Stundentakt).	Kann bei heterogenen Lerngruppen Kooperation und Kommunikation besser betreuen und Qualität der Arbeit steigern.
Vorbereitung	*Vorteil:* Liegt vollständig in der Hand der autonomen Lehrkraft. *Nachteil:* Die Qualität ist sehr abhängig von der Lehrkraft, sie kann leicht überfordert sein.	*Vorteil:* Nach guter Vorbereitung ist die Teamarbeit in der Durchführung für die Lehrkraft entlastend. *Nachteil:* Hoher Zeitaufwand in der Erstellung.	Unterricht verbessert sich in allen Formen, wenn er im Team vorbereitet und begleitet wird.
Beurteilung	*Vorteil:* Die Lehrkraft testet ihren Unterricht. *Nachteil:* Die tatsächlichen Fähigkeiten der Lernenden werden oft nicht erfasst.	*Vorteil:* Kompetenzen der Lernenden werden vielfältiger erkennbar. *Nachteil:* Kompetenzen lassen sich nur schwer in Noten ausdrücken.	Beurteilungen können objektiver und gerechter werden, wenn sie von einem Team und gemeinsam durchgeführt werden.

	Frontalunterricht	Teamarbeit	Teamteaching
Feedback	*Vorteil:* Wird meist pauschal, oberflächlich erhoben, Noten dominant. *Nachteil:* Individuelles Feedback wird kaum gegeben.	*Vorteil:* Es bleibt Zeit, die Ergebnisse bereits im Prozess zu würdigen. *Nachteil:* Einzel- und Gruppenleistung sind schwer zu unterscheiden.	Umfassendes Feedback gelingt im Teamteaching immer in besserer Qualität und Nachhaltigkeit (multiperspektivisch).
Vergessen	*Vorteil:* Die kurzfristige Merkleistung der Lernenden erzeugt die Illusion, etwas wirksam erreicht zu haben. *Nachteil:* Nach der Klausur wird Spezialwissen oft vergessen.	*Vorteil:* Die langfristige Merkleistung wird umso mehr erhöht, je engagierter gearbeitet wird. *Nachteil:* Auch Teamarbeit schützt nicht vor dem Vergessen.	Teamteaching hilft, eine individuelle Verankerung der Lernleistung durch unterschiedliche Zugänge und aufmerksame Begleitung und Förderung zu verbessern.

Schaubild 5: Frontalunterricht, Teamarbeit, Teamteaching

Es wird sichtbar, dass alle Vor- und Nachteile jeweils systembedingt gedacht werden. So sehen die Vertreter/innen des Frontalunterrichts die effektiv genutzte Zeit, die Dominanz der Lehrkraft und damit die durchgehende Steuerung des Unterrichtsgeschehens, die Vorbereitung und Planung aus einer Hand, die hohe Autonomie des eigenen Handelns, die gewonnene Macht durch die »Alleinherrschaft« im Unterricht, die Verobjektivierung allein durch Noten usw. gerne als wesentliche Vorteile dieser Art des Unterrichtens. Aber die Praxis zeigt, wie es zahlreiche empirische Wirksamkeitsstudien für das Lehren und Lernen erhoben haben, dass diesem gerne tradierten Selbstbild starke Nachteile aufseiten der Lernenden zur Seite stehen: Insbesondere der *One-size-fits-all*-Stil, der viel toten Ballast an zusammenhanglosem Wissen, das nicht angewendet werden kann, anhäuft, das mangelnde Feedback, die zu geringe Aktivierung eigener Selbstwirksamkeit im Lernen, die geringe Breite der kooperativen und kommunikativen Kompetenzen erscheinen als Nachteile, die das kostengünstige Verfahren mit viel Stoff in wenig Zeit zu einem teuren Folgemodell werden lassen. Hier ist es kein Zufall, dass die jeweils ältere Generation in einer Frontalkultur oft denkt, dass die jüngeren Lernenden nichts mehr hinreichend können. Es ist ein Ausdruck des Systems, dass dies von ihnen mit Blick auf die Arbeits- und Lebenswelt auch zu wenig verlangt wird.

Allerdings kann die Teamarbeit, obwohl sie viele Vorteile für ein zeitgemäßes, gehirngerechtes und anwendungsbezogenes Lernen mit breiter Kompetenzausbildung bietet, auch nicht alle Nachteile beseitigen. Exemplarisches Wissen führt zu einer begrenzteren Stoffvermittlung. Das muss hingenommen werden. Teamarbeit kann scheitern, wenn im Team zu ungleich gearbeitet wird bzw. wenn einzelne Teammitglieder nicht nach ihren Möglichkeiten gefordert sind oder mitmachen (Kapitel 4.4). Teamarbeit ist aufwändiger und kostet die Lehrkräfte mehr Vorbereitungs-, Planungs- und

Abstimmungszeiten. Aber dies mag weniger als ein Nachteil empfunden werden, wenn die Herausforderung von den Lehrkräften angenommen und mit den Lernenden gelöst wird. Dies gilt auch für die Aufgabe fester Zeitmodelle, da sich Lernen ohnehin zeitlich nicht immer gleich takten lässt. Klar ist aber auch, dass die zeitliche Vorbereitung der Lehrkräfte für die Teamarbeit darin besteht, nicht nur viele Lernaufgaben zu konstruieren, sondern auch geeignete Lernmaterialien auszuarbeiten und bereit zu stellen. Der Aufwand hierfür ist zunächst groß, aber in der Durchführung gewinnen die Lehrkräfte auch Zeit, um die Lernenden effektiv zu begleiten. Für Beurteilungen in der Teamarbeit sind Notensysteme zu einfach und für ein umfassendes individuelles und gruppenbezogenes Feedback nicht hinreichend geeignet. Dies gilt insbesondere für das Verhältnis von Einzel- und Gruppenleistungen. Aber dies entspricht auch der generellen Einsicht der Lernforschung, dass Notensysteme zu pauschal und reduktiv vorgehen, um tatsächlich Lernleistungen hinreichend zu beschreiben und zu verbessern. Das Vergessen des Lernstoffs gilt als Nachteil auch in der Teamarbeit, wenn Lernende nicht gewonnen werden können, sich tatsächlich umfassend und handlungsorientiert für den Stoff zu interessieren. Aber die Wahrscheinlichkeit, dass sie dies tun, ist in der Teamarbeit deutlich höher als z. B. im Frontalunterricht.

Nehmen wir im Vergleich die Nachteile des Frontalunterrichts, so lassen sich diese aus der Sicht der Lernforschung nicht in Vorteile oder Herausforderungen für ein besseres Lernen verwandeln. Weil die Lehrkraft hier dominant und ziemlich autonom agiert, bestimmt sie auch, was an Lernballast erzeugt wird, sie kann insbesondere bei größeren Lerngruppen nur einen *One-size-fits-all*-Unterricht durchführen, Kooperation und Kommunikation bleiben zu sehr auf der Strecke, die Qualität hängt von der Lehrperson eindimensional ab, Noten reduzieren die Beurteilungsbreite, individuelles Feedback geschieht selten umfassend, und die Vergessensrate bei solchem Unterricht ist meist sehr hoch. Dies sind Nachteile, die traditionell mit diesem Vorgehen verbunden sind, obwohl sie von der einzelnen Lehrkraft gerne in Vorteile umgedeutet werden.

Frontale Unterrichtsformen wie das Vormachen, Vorzeigen, Vortragen haben eine lange Tradition.[19] Im Abendland ist hier insbesondere die Predigt maßgebend gewesen, die eine kommunikative Einbahnstraße mit strikter Hierarchie darstellte. »Wahrheiten« wurden hier nicht diskutiert, sondern verkündet. Mit der Aufklärung beginnt eine andere Form der Didaktik, indem die frontale Methode von zwei Seiten eine Relativierung erfährt: Zum einen sollen die Wahrheiten, die von vorne gelehrt werden, nun nachweislich natürlichen Gesetzmäßigkeiten entsprechen und dabei anschaulich dargestellt werden (so besonders seit Comenius), zum anderen soll bei bestimmten Themen ein genaues Beobachten der Lernenden zum Zwecke des Nachvollzugs ermöglicht werden. Von diesen beiden Relativierungen her wurde die Frontalmethode nach und nach aufgeweicht.

Mit der Reformpädagogik beginnt ein deutlich anderes Lernverständnis und damit auch eine kritische Einschätzung des Frontalunterrichts. John Dewey hat die Ansprü-

---

19 Der nachfolgende Text stützt sich auf den Beitrag im Methodenpool von Reich (2016).

che an eine Didaktik der Moderne in folgendes Bild gefasst (Reich 2010, Kapitel 11): Die traditionelle Didaktik war die eines Klosters, eines gebundenen Systems, das elitär ausgerichtet war und sich mehr an der Vergangenheit und geschlossenen Weltbildern als am Alltag und der Zukunft orientierte. Sie war Ausdruck einer Schule, in der die Inhalte von den Methoden getrennt wurden, in der eine künstliche Isolation von der Lebenswelt stattfand, eine Buch- und eine Wissensschule dominierte, deren reproduktive Lernformen auf symbolische Geschlossenheit hinausliefen. Es handelte sich bei der Didaktik in solchen Schulen um ein formalisiertes Modell möglichst weitreichender Kontrolle, die als Reproduktion sicheren Wissens und scheinbar ewiger Wahrheiten verstanden wurde. Eine solche Didaktik musste in der flüssigen Moderne, wie wir in Kapitel 1 diskutiert haben, scheitern bzw. an ihre Grenzen kommen. Die Aufklärung mochte sich bemühen, wie sie wollte, ihr ging die Einheit verloren. Der Kapitalismus beschleunigte dabei die Entstehung von Didaktiken, die wir als »Wühltisch- oder Supermarktdidaktiken« bezeichnen können.

Wodurch zeichnen sich diese neueren Lehr- und Lernformen aber aus? Niemand weiß, welche zwischen all den vorhandenen Didaktiken nun die richtige ist. Es bleibt den Vorlieben überlassen, bestimmte Modelle zu wählen und sich gegen andere zu entscheiden. Es gibt keine hinreichenden überparteilichen Kriterien für die Entscheidungen für oder gegen eine bestimmte Didaktik, es sei denn wir rechnen Gewohnheiten, Statusbedürfnisse bestimmter akademischer oder politischer Kontrollgremien, kulturelle Moden bestimmter Bildungswünsche dominierender gesellschaftlicher Gruppen, Karriereerfordernisse von Wissenschaftler/innen im gegenseitigen Streit usw. dazu. Bei allen diesen Modellen sind zum einen eher geschlossene oder zum anderen offene Systeme entstanden. Die geschlossenen Modelle vertrauen im Grunde auf eine »modifizierte Klostermentalität«, also sie schauen in gewisser Weise zurück, wenn sie bestimmte Sichtweisen als die einzig richtigen propagieren: Sei es z. B. die Anthroposophie Rudolf Steiners oder eine ihrer Abwandlungen, die Weltsicht Maria Montessoris oder irgendein anderes geschlossenes Weltbild, also Ansätze, die in eine mitunter durchaus liebenswerte Gefangenschaft führen, deren Konstruktionen allerdings über kurz oder lang immer auch in eine gewollte Abhängigkeit nur einer reduzierten Sicht reichen. Dagegen werden offenere Modelle heute gerne bevorzugt, sie aber tragen den Nachteil, dass sie sehr schnell in die Beliebigkeit methodischer Setzungen im Sinne eines *anything goes* führen können.

Entscheidend für den passenden Einsatz eines offenen Konzeptes ist die Haltung der Lehrerin und des Lehrers. Eine solche Haltung erst sichert einen Einsatz, der den »Wühltisch« vermeidet, ohne in das »Kloster« zurückfallen zu müssen. Was aber macht eine solche Haltung aus?

David Finkel (2000) gibt in seiner Einführung »Teaching with your mouth shut« einige Ideen, die in Richtung Teamarbeit weisen, und die von uns im Folgenden mit eigenen Kommentaren versehen werden:

- *Unterrichten mit dem geschlossenen Mund*: Lehrkräfte sind oft Vielredner, zu ihrer Profession scheint der »offene Mund« notwendig dazu zu gehören, und dies mag den Besserwisser fördern, der sich in alles schnell und sicher einmischen will. Dagegen hat die empirische Forschung der letzten 25 Jahre mehr und mehr nachgewiesen, dass das Lernen komplexer verlaufen muss: Wer sich nach dem Unterricht noch länger an das Vermittelte erinnern soll und will, muss es aktiv angeeignet haben, auf neue Situationen übertragen können, Fertigkeiten im Denken und in der Problemanwendung gegenüber den Gegenständen entwickeln, Lösungsstrategien kennen und Fortschritte sowie emotionale Reaktionen gegenüber Wegen und Ergebnissen zeigen, die eigene Motivation steuern lernen und die Erwartungen und Verhaltensweisen ändern können. Für all dies aber ist eine vorwiegend frontale Methode denkbar schlecht geeignet. Wir benötigen zusätzliche Lernformate wie das eigene Lernen und die Teamarbeit, um uns heute dem Lernen umfassend genug zu stellen.
- *Bücher und verschiedene Texte das Erzählen übernehmen lassen*: Erzählungen, Parabeln, Metaphern, Rätsel und Paradoxien, sie alle können gute Lehrer/innen sein, weil sie konkret, auf andere Situationen übertragbar sind und unseren Geist anregen. Lehrende müssen oft nur Fragen stellen, um Antworten hervorzubringen, die die Lernenden wie von selbst produzieren. Aber dies setzt Lehrende voraus, die selbst das Staunen nicht verlernt haben, die wissen, wo man Erzählungen, Texte, Bücher, Bilder usw. findet, die für eine Lerngruppe genug Anregung besitzen, um als relevant für bestimmte Problemstellungen gelten zu können. Jedes Fach hat seine eigenen Texte, die relevant sein können, aber gerade dort, wo frontal ausgebildet wurde, konnten diese vielleicht bisher noch nicht kennengelernt werden. Wir müssen uns also selbst auf die Suche nach ihnen machen. Hierzu ist Teamteaching ein wesentliches Erfolgsinstrument, denn ein Team entwickelt mehr Kreativität und Fantasie, es hat ein größeres Wissen und bessere Ressourcen als Einzelkämpfer.
- *Lernenden das Sprechen überlassen*: Warum sollen die Lehrenden so viel Zeit selbst sprechen? Dies können oft die Lernenden tun, um dabei aktiv zu lernen. Alle Lernenden können und sollen möglichst oft zu Lehrenden werden. In der konstruktivistischen Didaktik heißt es, dass Lehrende und Lernende Didaktiker/innen sind (Reich 2012a). Dies aber bedeutet, dass die Lernenden auch als Didaktiker/innen gefordert und eingesetzt werden. Dafür ist insgesamt für alle Fächer eine forschende Einstellung maßgeblich. Wenn wir sprechen, dann ist es meist zu einfach, nur eine vorhandene Information wiederzugeben. Wir empfinden einen größeren Reiz und eine bessere Herausforderung, wenn wir ein Problem haben, für das wir eine eigene Lösung finden müssen. Das Unvorhersehbare, das Unvollständige und Überraschende reizt uns und unsere Teilnehmer/innen mehr, wenn wir als Lernende miteinander sprechen und die Rollen von Lehrenden und Lernenden stets vertauschen. Dies kann einzelne Lernende, aber auch Lerngruppen betreffen (im Methodenpool[20]

---

20 Siehe Kölner Methodenpool unter www.methodenpool.de.

finden sich hierzu zahlreiche geeignete Methoden). Die Teamarbeit kombiniert mit Teamteaching erscheinen dafür als besonders geeignete Formen.
- *Gemeinsam etwas untersuchen*: Warum soll ich das lernen? Diese Frage steht immer am Anfang eines Lernprozesses. Wenn ein Lernender das Problem nicht sieht, dann gibt es keine emotionale Reaktion, kein Interesse, und meist nur Zwang oder Gewohnheit können versuchen, die Instruktion zu retten. Die Kunst der Lehrenden besteht darin, nicht von außen zu motivieren, sondern überhaupt ein Problem und einen Lernsinn erkennbar werden zu lassen, damit auf Wunsch gelernt wird. Leider ist es in einigen Fächern schwer geworden, das Problem zu finden, da zunächst im Vordergrund steht, Regeln und Techniken zu erlernen, Informationen zu sammeln und zu bewerten, auswendig zu lernen oder auswendig Gelerntes in engen Auslegungen anzuwenden, bevor es überhaupt zu Problemen kommen kann. So müssen mathematische Grundfertigkeiten erworben, Vokabeln gelernt, Daten gesammelt werden usw. Hier könnte eine Untersuchungsmethode helfen, die im Prozess des Untersuchens die zu erwerbenden Regeln und Techniken usw. gleich einbindet und damit verständlicher werden lässt. Der Vorbereitungsaufwand für Lehrende steigt erheblich, aber der Nutzen ist, dass mehr Lernende das Lernen einsehen und besser lernen werden. Lehrende sollten fragend an jeden Stoff herangehen: Was können wir durch eine gemeinsame Untersuchung hervorbringen? Von dieser Leitfrage her lässt sich der ganze Unterricht immer wieder neu denken und auch methodisch gestalten.
- *Selbstständiges Schreiben und darüber kommunzieren*: Was man schreibt, das bleibt. Was man selbst geschrieben hat, dazu hat man eine andere Beziehung als zu einem fremden Text. Was man sich mit Mühe erarbeitet und geschrieben hat, um es anderen zu zeigen, das erzeugt eine noch höhere Lernwirkung, weil die Arbeit Anerkennung erfährt, wenn sie miteinander besprochen wird. In z. B. Portfolios wird dies heute methodisch immer deutlicher erkennbar. Wichtig dabei ist, dass das Schreiben alleine aber nie ausreicht, es muss immer auch über das Geschriebene kommuniziert werden, um den Lernenden weitere Handlungschancen zu eröffnen und so das Schreiben mit einem sozialen Sinn zu verbinden. Erst so schreiben wir wieder gerne. Dies gilt insbesondere dann, wenn wir etwas zusammen schreiben. Auch deshalb ist Teamarbeit unerlässlich in allen Lernprozessen geworden.
- *Experimente, die unterrichten*: Experimente stellen Erfahrungen bereit, die in allen Fächern möglich sind. Aus der Problemsituation heraus kann dann gelernt werden, weil und insofern die Lernenden ein Problem verstehen und lösen.[21] Finkel macht darauf aufmerksam, dass Experimente im weiten Sinne von *experience* nach Dewey

---

21 In der deutschen Didaktik hat dies insbesondere Martin Wagenschein betont und hierfür zahlreiche Beispiele gegeben.

aufgefasst werden sollten.²² Dies fordert komplexe soziale Situationen heraus, in der Dinge nicht nur erforscht, sondern auch breit und effektiv kommuniziert werden. Dafür ist Teamarbeit geeignet, die den herkömmlichen Zeittakt des Unterrichts auflöst und komplexe Fragestellungen bearbeitet. Die Lehrkräfte treten zwar in der Aktion zurück, aber sie müssen in der Auswahl der Gegenstände und der Frage- sowie Problemstellungen immer auch eine Vorarbeit leisten, um das *experience* nicht zu flach oder ungeeignet werden zu lassen. Dazu gibt es viele Methoden, wie z. B. Leittexte und Projekte, die dies besonders leisten können (siehe ebenfalls unter www.methodenpool.de).

- *Trennung von Macht und Autorität im Klassenzimmer*: Wenn Lehrende den Lernenden immer sagen (direkt oder indirekt), was sie zu tun haben, dann erzeugen sie (ob sie es wollen oder nicht) eine autoritäre Abhängigkeit (bis hin zu einem blinden Gehorsam). Oft wird dies durch eine Freundlichkeit verborgen, die die autoritäre Abhängigkeit verbirgt und verschleiert. Spätestens bei der Vergabe von Noten oder Strafen tritt sie dann doch hervor. Doch was geschieht, wenn ein Lehrender sich solcher Lehre verweigert? Der Kontext von Lehrenden und Lernenden in ganz gleich welchen Gruppen zeigt fast immer ein Machtgefälle zwischen dem, der etwas organisiert, und den anderen, die in einem strukturell vorgegebenen Setting lernen sollen. Dabei kommt es weniger darauf an, wie sich der Lehrende in seiner Rolle fühlt, sondern vielmehr darauf, was der Kontext an Machtpositionen bereithält. So wie sich die Lehrenden in Machtfragen verhalten, so erzeugen sie ein Verhältnis zur Demokratie und ein politisches Klassenzimmer oder eine politische Lerngruppe. Die Lerner/innen erfahren am Verhalten gegenüber Machtfragen immer implizit auch etwas über demokratische Chancen. Kritische Lehrende bevorzugen dabei die Offenlegung von Machtstrukturen (Dialoge über Positionen, Grenzen und Abhängigkeiten). Finkel schlägt vor, dass wir in Lehr- und Lernprozessen durchaus immer wieder (kontinuierlich und nicht bloß selten) Macht an die Lernenden abgeben sollten, ohne dabei die Autorität im Lehren und Lernen verlieren zu müssen (Finkel 2000). Mit Autorität ist hier im positiven Sinne gemeint, dass es eine durchgehende Verantwortung der Lehrenden für die Lernenden gibt. Diese Autorität gründet meistens in der institutionellen Macht, die Lehrende von ihrer Position her meist ohnehin nicht abgeben können. Aber sie können und müssen Teile der Macht dort bewusst abgeben, wo sie partizipativ die Lernenden eigene Sichtweisen entwickeln lassen wollen. Dies darf nicht in abgelegenen Themengebieten oder bei unwichtigen Fragen geschehen, sondern muss sich gerade auf die Fundamente des Lernens

---

22 Wie wichtig John Dewey als Klassiker eines neuen Lernverständnisses ist, machen Garrison/Neubert/Reich (2012, 2016) deutlich. Zu neueren Ansätzen siehe auch: »New Learning« von Cope/Kalantzis (2008) unter www.newlearningonline.com/kalantzis-and-cope (Abruf: 09.03.2016), insbesondere auch den »Learning by Design«-Ansatz unter www.newlearningonline.com/learning-by-design (Abruf: 09.03.2016).

beziehen: Ohne umfassende Partizipation der Lernenden fallen wir in autoritäre Unterwürfigkeit zurück.
- *Unterrichten im Team*: Teamteaching ist ein Ideal der neueren (konstruktivistischen) Didaktik, um mehrperspektivische Zugänge und multimodale Herangehensweisen zu erleichtern (Reich 2012a). Lehrende sind oft erstmal überfordert, wenn sie die einfacheren, frontalen Methoden aufgeben wollen, weil sie nun etwas tun müssen, was sie selbst in ihrer Lernbiografie meist zu wenig erfahren haben. Es gibt zwei Wege, das Unterrichten im Team zu entwickeln: 1. Teamarbeit der Lernenden, die sich in ihren Lerngruppen gegenseitig selbst unterrichten und so Teamarbeit und Teamteaching miteinander verbinden (u. a. Green/Green 2005), und 2. die Bildung von Lehrteams und ggf. weiteren Beteiligten zu einem Teamteaching in der Lehre mit gemeinsamer Vorbereitung, Planung, Durchführung und Reflexion. Beide Wege sind sinnvoll und sollten sich ergänzen.

In der unterrichtlichen Praxis lassen sich frontale Phasen und Teamteaching durchaus mischen. Frontale Methoden sollten aber immer kritisch begründet werden. Wenn wir sie einsetzen, so müssen wir uns der Grenzen des Einsatzes bewusst sein. Wollen wir allen Lernenden z. B. gemeinsam einen bestimmten, abgegrenzten, klar strukturierten Wissensbereich präzise vermitteln, Zusammenhänge von einzelnen Inhalten aufzeigen oder Zusatzinformationen zur Gruppenarbeit geben, dann könnten wir dies sinnvoll durch einen Lehrvortrag frontalunterrichtlich gestalten. Aber wir müssen auch wissen, dass wir dadurch bereits bestimmte Zeichen setzen und dem Lernen einen Hintersinn verleihen (im Sinne von »Seht, jetzt sage ich euch, wo es langgeht«).

Wann aber sind frontale Phasen sinnvoll? Dies ist eine kritische Frage an jede Lehrkraft und für jede Lerngruppe. Selbst diejenigen, die frontale Phasen total ablehnen, werden wir gelegentlich doch dabei ertappen können, dass auch sie etwas frontal abhandeln. Uns geht es darum, dass dies reflektiert und nicht bloß zufällig geschieht. Aus Sicht der Lernforschung geben wir Folgendes sowohl für den Frontalunterricht mit und ohne Teamteaching zu bedenken:

- Frontale Phasen können immer bei Informationsvermittlungen begrenzt eingesetzt werden, wenn man mit der Lerngruppe erörtert, warum so vorgegangen wird.
- Einführungen, Zusammenfassungen, Vertiefungen und Weiterführungen von Inhalten werden oft in frontalen Phasen realisiert. Dies sollte aber nicht nur die Lehrkraft vornehmen, sondern es sollten auch die Lernenden zum Zug kommen.
- Frontale Phasen kann es z. B. geben, wenn die Lehrkraft während der lernaktiven Phasen der Einzel-, Partner- und Gruppenarbeit oder bei handlungsorientierten Methoden einen Abschnitt einbauen muss, in dem der ganzen Lerngruppe fehlende Sachkenntnisse vermittelt oder Orientierungen gegeben oder wenn Lösungswege rechtzeitig problematisiert werden sollen. Auch wenn es sich um eine Aufgabe handelt, bei der die Lernenden auf sich alleine gestellt überfordert wären, kann man frontale Phasen einbauen. Das gibt es insbesondere auch im Teamteaching.

- Bei einer entsprechend entwickelten Gesprächskultur können die Lernenden in frontalen Phasen eine lebendige Interaktion mit der Lehrperson erfahren. Mimik, Gestik, Bewegung im Raum sowie die sprachlichen Gestaltungsmöglichkeiten der Lehrperson können den Kontakt lebendig machen, und sogar das emotionale Engagement kann für eine bestimmte (meist kurze) Dauer hoch motivierend sein. In diesem Zusammenhang ist allerdings die »Vorbild-Funktion« der Lehrkraft wichtig. Hier ist es entscheidend, dass frontale Phasen stets die Möglichkeit von Zwischenfragen oder kurzen Dialogen einschließen. Langfristig gesehen kann auch im Frontalunterricht eine Gesprächskultur aufgebaut werden: zuhören, ausreden lassen, aufeinander Bezug nehmen, sachlich bleiben, argumentieren lernen. Durch die Anleitung des Gesprächs kann die Lehrperson diese Regeln etablieren und immer wieder auf die Qualität des Gesprächs achten. Allerdings gibt es umso weniger Gespräch je länger die frontale Phase dauert! Im Teamteaching können mehrere Lehrkräfte für mehr Abwechslung und unterschiedliche Lernzugänge sorgen.
- Auch in frontalen Phasen sind Kontaktfähigkeit, Beziehungsfähigkeit, ein gerechtes Verhalten und ein angemessener Umgang mit Störungen und Konflikten zwischen Lehrenden und Lernenden wesentlich. Nur vor dem Hintergrund einer gelingenden Beziehung, d.h. eines offen kommunikativen Verhaltens der Lehrkraft und einer wertschätzenden Haltung mit dem Anspruch, alle Lernenden zu fördern, werden frontale Phasen als bereichernd für das Lernklima und Lernen insgesamt gesehen. Es ist allerdings für das Mischungsverhältnis von frontalen Phasen und Teamarbeit wichtig zu erkennen, dass in der Teamarbeit die genannten Aspekte deutlich besser zum Tragen kommen können.
- Lernende können in frontalen Phasen ebenso erfahren, dass über Sprache wichtige Informationen, aber auch zwischenmenschliche Belange vermittelt und geklärt werden können. Durch die aktive Teilnahme am Unterrichtsgespräch können sie sich sprachlich darin üben, ihr Wissen, ihre Fragen und zwischenmenschlichen Konflikte auf verbaler Weise auszudrücken. Hier hat die Lehrperson im sprachlichen Bereich einen großen Einfluss durch die Gestaltung des Unterrichts. Die Lernenden können und sollen in einem wertschätzenden und ermutigenden Klima ihre sprachlichen Kompetenzen an denen der Lehrkräfte messen und sich an einem gemeinsamen Dialog orientieren. Dabei entstehen wichtige Kompetenzen für das soziale Miteinander in Schule, Beruf und Privatleben. Dies bedeutet jedoch ganz klar, dass frontale Phasen immer mit Gesprächsphasen verbunden sein müssen! Dafür ist hinreichend Zeit einzuplanen. Eine Teamplanung erleichtert es, dies nicht zu übersehen.
- Frontale Phasen ermöglichen oft direkte Rückkopplungen mit einzelnen Lernenden. Sie sollten auf die Nutzung der Potenziale der ganzen Lerngruppe zielen, was aber mit dieser Methode nur sehr schwer zu erreichen ist. Deshalb ist der Wechsel in die Teamarbeit entscheidend. Zudem sollte eine Austauschbarkeit der Lehrkraft vorne ermöglicht werden (z.B. Lernende als Lehrende einsetzen).

- Die Teamarbeit hilft, eine frontale Monokultur zu vermeiden und den Pluralismus in einer Lerngruppe zu fördern. Bereits Dewey fordert für die Demokratie im Kleinen eine Gruppe, die als Gemeinsamkeit eine Unterschiedlichkeit in der Gruppe ermöglicht (Reich 2008). Dies sollte insbesondere bei der Mischung von frontalen und teambezogenen Lehrformen beachtet werden. Eine erlebte Pluralität mit Konsens und Dissens, wobei als Wir-Gefühl die Ermöglichung einer gegenseitigen kritischen Auseinandersetzung über Themen und Probleme entsteht, gilt als ein orientierendes Ideal neuen Lernens.
- Frontale Phasen neigen dazu, dass das soziale Klima einseitig auf die vorne agierende Person verschoben wird, so dass es zu einer Vernachlässigung der individuellen Lernbedürfnisse kommen kann, dass autoritative Bindungen und einfache Formen rezeptiven Lernens verstärkt werden, dass zu viel Stoff in zu kurzer Zeit eingepaukt und dass die Methoden- und Sozialkompetenz der Lernenden vernachlässigt wird. Diesen Punkten kann nur dann hinreichend entgegengewirkt werden, wenn die frontale Phase zeitlich begrenzt wird. Es muss immer wieder evaluiert werden, welche Aufmerksamkeit die Lernenden aufbringen können. Zudem müssen andere Methoden umfassend nach der frontalen Phase eingesetzt werden, die stärker handlungsorientierend wirken. Hier reicht es nicht aus, bloß kurze Einzel-, Partner- und Gruppenarbeit einzusetzen, sondern hier ist eine Methodenkompetenz zu entwickeln, die vor allem auf die großen handlungsorientierenden Methoden zurückgreift. Wichtig ist dabei, dass die Balance zwischen den einzelnen Methoden innerhalb der didaktischen Intentionen und institutionellen Rahmenbedingungen gehalten wird. Wenn die Balance kippt, landen wir bei einem überwiegend durch die Lehrkräfte gesteuerten Unterricht (wie es heute noch in vielen deutschen Schulen die Regel ist), bei einer lehrerzentrierten Kommandostruktur und beim »Beibringen« im Sinne des Nürnberger Trichters. Bekommt die Einzelarbeit dann als Ausgleich zur Frontalkultur zu viel Gewicht, haben wir eine Individualinstruktion und fallen letztlich in das traditionelle Modell des Hauslehrers zurück. Das ist angesichts heutiger Lebenserfordernisse rückschrittlich. Wird die Partner- oder Gruppenarbeit nicht umfassend in eine sinnvolle und auf die Lerngruppe abgestimmte Gesamtstruktur der handlungsorientierten Methoden eingebunden, dann zerfällt der Unterricht leicht in für die Lernenden nicht hinreichend überschaubare, unkoordiniert erscheinende und wenig aufeinander bezogene Teile, die nicht angemessen zusammengedacht werden können. Deshalb müssen sich Lehrende immer ein Gesamtkonzept aus frontalen und teamorientierten Phasen überlegen und die Wirkung ihres Konzeptes in ihren Lerngruppen, auch in seiner Wirksamkeit, evaluieren.
- Frontale Phasen sollten nie aus bloßer Bequemlichkeit der Lehrenden (weniger Vorbereitung, bloße Routine, disziplinarisch günstiger) noch der Lernenden (passives Ausruhen) eingesetzt werden. Auch wenn manche Lerngruppen Teamarbeit als anstrengend empfinden, so zeigt dies meistens, dass sie tatsächlich lernen. Allerdings wird die Gruppenarbeit nur dann hinreichend gut funktionieren, wenn die Me-

thoden und Ergebnisse der angewendeten Teamarbeit sich beflügeln, d. h. sich die Mitglieder der Lerngruppe tatsächlich längerfristig darauf einlassen zu können.
- Bei Präsentationen von Lernenden sind frontale Phasen unvermeidlich. Es ist für sie eine relativ einfache Form, anderen ihre Ergebnisse vorzustellen. Dabei können sie eigene Kenntnisse zu einem erarbeitenden Thema beitragen, gemeinsame Erfahrungen klären, Lösungswege ausprobieren, argumentierende Auseinandersetzungen führen oder kritisch-analysierende Stellungnahmen erlernen. Dies dann in eine didaktisch aufbereitete Präsentation oder die Präsentation eines Portfolios zu bringen, ist eine wesentliche Qualifikation, die heute in vielen beruflichen Bereichen grundsätzlich verlangt wird. In der beruflichen Praxis, in der lebenslanges Lernen gefordert ist, wird es dazu kommen, dass man an betrieblichen Weiterbildungen teilnehmen muss oder in diversen anderen Zusammenhängen Meetings mit vielen Vorträgen erlebt. Daher ist es wichtig, einen Vortrag für sich effektiv sowohl als Ersteller/in wie als Nutzer/in handhaben zu können. Im Erstellen wie im Zuhören geschult zu sein und zu wissen, worauf es ankommt, sind wichtige, geforderte Kompetenzen, z. B. die Informationen herauszufiltern, die für den eigenen Arbeitsprozess wichtig sind, den Kern des Vortrages zu erkennen, eine didaktische Gestaltung zu planen und durchzuführen, gezieltes Feedback zu Vorträgen geben zu können.

Durch die vorangegangene Aufzählung ist deutlich geworden, dass sich Teamarbeit und frontale Phasen im Unterricht sinnvoll mischen lassen. Dabei kann Frontalunterricht aber nur begrenzt effektiv sein. Diese Effektivität ist an einen zeitlichen, inhaltlichen und arbeitsökonomischen Rahmen gebunden, denn handlungsorientierte und lerneffektive Methoden brauchen einfach mehr Zeit, als ein herkömmlicher Unterricht oft gewähren kann oder will. In Deutschland gibt es in vielen Ausbildungsgängen insbesondere der Schulen und Hochschulen das Problem völlig überfüllter und damit auch unrealistischer Lehrpläne, die den Unterricht zu sehr in die Frontalmethode treiben. Wenn der Stoff nicht mehr handlungsorientiert zu lehren ist, verfallen Lehrende durch den Druck des Systems oft in frontale Muster, und alle Beteiligten wundern sich am Ende, warum die Ergebnisse nicht wie erwünscht ausfallen.

3.2 Teamteaching in verschiedenen Lernformaten

Im Dalton-Plan von Helen Parkhurst gab es in den 1920er Jahren ein Konzept des Selbstlernens in der Schule, das allen Lernenden eine Freiheit für die Auswahl bestimmter Lerngegenstände und Vertiefungen und eine Freiheit von den Restriktionen eines lebensfremden und künstlichen Schullebens, von bloßen Traditionen oder unterdrückenden Strukturen geben sollte. In der Praxis führte dies zu einer Konzentration auf Selbstlernmaterialien, die die Lernenden individuell und möglichst selbstbestimmt durchlaufen sollten. Die Wahlfreiheit der Lernenden schloss Fragen ein wie (Parkhurst 1924):

- Womit beginne ich, welches Thema wähle ich?
- Wie lange will ich alleine arbeiten? Suche ich mir einen Partner oder eine Partnerin für meine Arbeit?
- An welchem Ort will ich arbeiten?
- Welche Hilfsmittel stehen bereit und wie will ich sie nutzen?
- Wie viel Zeit verbringe ich mit den einzelnen Themen? Welche Eindringtiefe will ich für mich erreichen?
- Wie sieht mein Zeitplan genauer aus? Wann beginne ich, wann will ich fertig sein?

Diesen reformpädagogisch orientierten Wahlfreiheiten der Lernenden standen für die damalige Zeit revolutionäre Freiheiten der Lehrkräfte zur Seite. Sie sollten ihre Lerngruppe nach Niveaugruppen einteilen und die Lernaufgaben dabei differenzieren. Sie erarbeiteten eigene Studienmaterialien für die Lernenden, die an unterschiedliche Niveaus angepasst waren. Sie sollten möglichst viele Unterrichtsstunden (bis hin zur gesamten Zeit) dem Selbstlernen zur Verfügung stellen. Sie hatten Freiheit bei der Stundenfestlegung, der Konstruktion der Lernmaterialien, ihrer Kontrolle und der Variation der Fächer, die pro Tag gehalten werden sollten und sich nach Wochen auf ein erwünschtes Jahrespensum bezogen.

Neben dieser Freiheit war auch das soziale und kooperative Lernen ein Grundprinzip von Parkhurst. Sie wollte dies aber nicht aktiv organisieren, sondern überließ es überwiegend der Freiheit der Lernenden, denn die Selbstständigkeit der Lernenden ist bei Parkhurst ebenfalls ein oberstes Prinzip. In der Praxis führte das dann jedoch oft zu unausgewogenen Anteilen, weil sich die Entscheidung der Lernenden für Eigenarbeit deutlich dominant gegenüber der Entscheidung für die Lernform des sozialen und kooperativen Lernens zeigte. In einer Kultur, die stark auf das Individuum setzt und ihm einen eigenverantwortlichen Aufstieg in Konkurrenz mit anderen eröffnet, führte die völlige Freigabe des Lernens dazu – so zeigte der Dalton-Plan in seiner Praxis –, dass die Lernenden eher für sich arbeiten wollten und das Angebot des kooperativen Lernens zu wenig wahrnahmen.

Schauen wir heute auf diesen reformpädagogischen Ansatz zurück, so können wir erkennen, dass mit ihm dennoch bereits wichtige Grundprinzipien einer gelingenden Lernarbeit ausgesprochen wurden. Insbesondere die individuellen Lernfortschritte, die Lernende in der Praxis in den verschiedenen Themenbereichen der Dalton-Schule machten, sorgten für große Aufmerksamkeit auch in der damaligen Öffentlichkeit. Aber der Ansatz geriet in Vergessenheit, weil er der eher autoritär strukturierten Unterrichtsrealität des damaligen Zeitalters entgegenstand. Erst heute erkennen wir wieder, dass der Grundansatz, die Lernenden selbsttätig und selbstständig zu selbstwirksamen Lernkräften in der Konstruktion des eigenen Wissens und Verhaltens zu machen, eine wirksame und damit notwendige Position in der Gestaltung von Lernprozessen ist. Zugleich wird eine solche Lernform aber auch mit sozialen, kooperativen und kommunikativen Lernformen gemischt werden müssen. Dies geschieht nicht dadurch, wie Parkhurst noch dachte, den Unterricht völlig der Freiheit der Lernenden zu überlassen, sondern bedarf einer durchdachten Strukturierung im Verhältnis von Einzelarbeiten und Teamarbeiten. Zudem besteht das Problem, welche der möglichen Inhalte zu bestimmenden Themen des Lernens werden sollen. Wie aktuell können und müssen Lehrpläne sein und wie stark werden die Lernenden bei der Auswahl der Themen aus der Inhaltsfülle beteiligt, wie werden ihre Bedürfnisse berücksichtigt und wie wird das kulturell sich stets verändernde Kompetenzprofil breit und offen genug ausgelegt?

Eine durchdachte Strukturierung und Durchmischung bezeichnen wir als den Einsatz verschiedener Lernformate, die einander ergänzen und eine möglichst breite und kulturell aktuelle Bildung und Erziehung ermöglichen. Wir sehen die Notwendigkeit, mindestens vier Lernformate miteinander in Verbindung zu bringen (*Schaubild 6*):

Schaubild 6: Inklusive Methoden in Lernkontexten (aus Reich 2014, S. 315)

Neben der *Instruktion*, die wir für die frontalen Phasen des Unterrichts in Kapitel 3.1 ausführlich besprochen haben, treten die *Lernlandschaft* (oft auch als Lernbüro oder Lernwerkstatt bezeichnet), *Projekte* sowie *Werkstätten* oder *Arbeitsgemeinschaften* für das Selbstlernen hinzu.

(1) Lernlandschaften

Hier gibt es Selbstlernmaterial mit individuellen Aufgaben, die nach Niveaustufen unterschieden sind und mittels Kompetenzrastern den Lernenden helfen, eigene Pläne im Lernen zeitlich zu entwickeln, unter Kenntnis der erwarteten Kompetenzen Aufgaben zu erledigen und deren Erfolg selbstwirksam zu kontrollieren (wobei Lehrkräfte mit Feedback helfen). Sie sollen eine hohe Selbstregulation des Lernens erreichen. Gerade dieses Lernformat macht Teamteaching zu einer Notwendigkeit, denn durch die Individualisierung des Lernens wird in größeren Lerngruppen der Bedarf an Feedback so groß, dass eine Lehrkraft überfordert wäre, auf die unterschiedlichen Lernbedürfnisse aller hinreichend zeitnah einzugehen. Insbesondere in der Inklusion ist Teamteaching in diesem Format unerlässlich (Kapitel 6). Aber auch in der Aus-, Weiter- und Fortbildung in betrieblichen Maßnahmen nimmt dieses Lernformat einen zunehmend größeren Raum ein. Es lässt sich hier insbesondere auch mit Fernstudienmaterialien und E-Learning verbinden.

Nach Reich (2014, S. 321 f.) sind vier Bedingungen für ein solches Lernformat in der Schule oder analog in Weiterbildungen entscheidend:

(1) Die Lernlandschaft »ist kontinuierlich und mit größerem Stundenansatz (in der Schule mit mehr als 10 Stunden pro Woche) in den Stundenplan eingebaut und es gibt fachlich verantwortliche Zuordnungen, die Kompetenzraster für Lernende wie Lehrende als auch Lernaufgaben und zugehöriges Lernmaterial – z.B. Aufgabenblätter mit Basis- und Differenzierungsaufgaben, Lehrwerke (mit genauer Angabe in den Lernaufgaben, was daraus verwendet werden soll), Informationsmaterial, Selbstkontrollbögen – als auch eine Präsenz der Lehrkräfte während der Durchführung vorhalten.
(2) Der Übungs- und Anwendungsbezug ist so aufgebaut, dass alle Lernenden eine Chance haben, Qualifikationen auf unterschiedlichen Niveaus zu erreichen. Sie beteiligen sich an der Gestaltung des Arbeitsplans mit Pflicht- und Wahlteilen, wählen eine Kompetenzstufe, die sie zu erreichen wünschen. Ein Feedback gibt es bezogen auf diese Stufe. Wesentlich ist es hier, ein erfolgreiches Lernen zu organisieren und nicht Lernenden ihre Grenzen aufzuzeigen. Lernerfolge sind sehr wirksame Verstärker des Lernens.
(3) Die Lernlandschaft ist räumlich so ausgestaltet, dass alle Beteiligten einen Arbeitsplatz, Ruhe und Entspannung, Möglichkeiten für individuelle Pausen, Wechsel ihrer Aktions- und Sozialformen finden, um sowohl ein eigenes Tempo mit eigener Zufriedenheit als auch Beratung bei Schwierigkeiten zu finden. Beratungsangebote kommen nicht nur von Lehrkräften, sondern auch von Lernenden.

(4) Die medialen und materialen Ausstattungen sind entscheidend, um die Lernlandschaft tatsächlich zu einem wirksamen Selbstlernzentrum zu machen, das auf die spätere Arbeitswelt vorbereiten kann. Angesichts der Ressourcenknappheit deutscher Schulen muss in diesem Feld meist erst eine minimale Grundausstattung erstritten werden.«

Mittlerweile gibt es diesen Ansatz der Lernlandschaft in allen Aus-, Weiter- und Fortbildungen, in denen das selbstwirksame und eigenständige Lernen gefördert werden soll. Teamteaching erscheint dann als notwendig, wenn die Betreuungsrelation dieses erfordert. Dies gilt für mehrere Bereiche:

- Die Vorbereitung und Planung einer Lernlandschaft mit Lernaufgaben nach Niveaustufen, Kompetenzrastern, Lernmaterialien, Checklisten zu den Materialien ist sehr aufwändig und nur in einem Lehrteam zu erreichen.
- Die Durchführung erfordert ebenfalls ein Team, um hinreichend unmittelbares Feedback an die Lernenden zu geben und den unterschiedlichen Lernbedürfnissen zu entsprechen. Insbesondere für die Förderung unterschiedlicher Lernender sind einzelne Lehrkräfte schnell überfordert. Auch bei der Beurteilung von Leistungen ist ein Team hilfreich, um hinreichend Instrumente wie Zielvereinbarungs- und Fördergespräche einzusetzen (Reich 2014, 272 ff.).
- Die Reflexion und kontinuierliche Weiterentwicklung bedarf aus qualitativen Gründen eines Teams, um ein hohes Lehr- und Lernniveau zu erreichen.

(2) Projekte

Selbstlernformate sind immer mit kooperativen Lernformaten zu ergänzen, um Teamarbeit in den Lernprozess hinreichend einzubinden. »Projekte helfen,

- in ganzheitlicher Weise (möglichst mit allen Sinnen) und bezogen auf komplexe eigene Handlungen, die mit Erfahrungen (Erkundungen, Recherchen, forschendem Lernen usw.) verbunden werden, Lerninhalte intensiv zu verstehen, aktiv zu bearbeiten und handlungsbezogen eigene Interessen aufzubauen,
- enge Fachgrenzen zu überschreiten und Fachinhalte miteinander in thematisch interessanten und für die Schüler/innen relevanten Zusammenhängen, insbesondere durch einen Situations- und möglichst Lebensbezug außerhalb der Schule, zu erfahren,
- relevante Themen in Partizipation mit anderen auszuwählen, eigene Schwerpunkte zu setzen, Teamarbeit mit anderen zu erleben, eine Gruppe zu organisieren, Kulturtechniken zu erproben und soziale Verhaltensweisen zu entwickeln,
- ergebnisorientiert Arbeiten zu gestalten und vor anderen zu präsentieren,
- sich nicht nur vor einer Lehrkraft, sondern in einem gemeinsamen Lernprozess mit vielen Akteuren zu zeigen und zu ›bewähren‹« (Reich 2014, S. 323).

Im außerschulischen Bereich sind Projekte mittlerweile gut verankert, um komplexe und handlungsbezogene Lernaufgaben in Teamarbeit hinreichend umzusetzen. Die Vorteile der Projektarbeit liegen dabei in einer in der Regel guten Durchdringung des Inhalts durch Mischung aus Wissen und Anwendung, durch Erlernen von sozialen, kooperativen und kommunikativen Kompetenzen, durch den Druck, ein Ergebnis zu erzielen und zu präsentieren sowie durch das Erfolgserlebnis nach abgeschlossenen Arbeiten.

Im Schulbereich könnten Projekte eine ähnlich große Zeit wie die Selbstlernphasen einnehmen, um eine gute Mischung der Lernformate zu erzeugen. Hier hängt es ganz und gar vom Verhältnis Stoff und Zeit ab, wie dies geplant werden kann. Aber es muss auch vor Ort erkannt werden, dass es wenig Sinn macht, einem übervollen Lehrplan immer nachzugeben und die Lerneffektivität dadurch zu vernachlässigen. In der Weiterbildung sind Projekte in sehr unterschiedlichen Formen mittlerweile weit verbreitet (sie lassen sich auch mit Fallstudien, Erkundungen, Leittexten, Planspielen usw. gut verbinden, siehe dazu auch www.methodenpool.de).

Projekte sind angesichts der vielfach vernetzten Inhalte in einer globalen Welt eine Möglichkeit, inter- und transdisziplinär zu arbeiten und ein Zusammenhangswissen gegenüber bloßem Stückwerkswissen zu erwerben. Sie können ein Ausdruck forschenden Lernens sein, das nachhaltig die Lernbiografie beeinflusst.

(3) Werkstätten oder Arbeitsgemeinschaften

In einer Welt zunehmender Pflichtinhalte, die als wichtig oder entscheidend angesehen werden, tritt die individuelle Wahl von Inhalten nach Neigung und Interessen schnell in den Hintergrund. Zugleich ist sie jedoch wesentlich, um an die Bedürfnisse und Wünsche im individuellen Lernen heranzukommen. Nur so kann die Illusion der Gleichmacherei in Bildungssystemen unterbrochen und relativiert werden, indem es Menschen zu einem Teil gestattet ist, auch dem nachzugehen, für das sie sich besonders interessieren oder das ihnen kreative Räume eröffnet. In Weiterbildungen hat man dies schon länger dort erkannt, wo Wahlmöglichkeiten von Themen oder Ausbildungsspezialisierungen eröffnet werden. Das öffentliche Schulsystem muss sich hier eher neu orientieren – teilweise wieder an reformpädagogische Ideen anschließen oder internationalen Vorbildern folgen. Als günstig erscheint folgende Umsetzung: »Werkstätten oder Arbeitsgemeinschaften sind fester Bestandteil des Unterrichts, sie haben Pflicht- und Wahlteile (günstig sind z.B. acht Stunden in der Woche in vier Werkstätten), dienen jedoch hauptsächlich dazu, Dinge und Interessen auszuprobieren, Neigungen zu erforschen und Neues kennenzulernen. International ist es hier in Schulen üblich, eine ganze Reihe von Möglichkeiten bereitzustellen, die entweder bestehende Fächer vertiefen oder neue anbieten (wie z.B. Fotografie, Video, Tanz, Magie, Zirkus, die eigene Erstsprache usw.). Die Angebote sollten immer mit den Bedürfnissen der Lernenden abgestimmt werden. Die Schule legt feste Werkstattzeiten fest und unterbreitet Angebote, in die auch Eltern, das multiprofessionelle Team, Lehrbeauftragte von außen einbezogen werden. Es sollte darauf geachtet werden, dass die Pflichtteile zeitlich nicht über den Wahlteilen liegen. Besonders begehrt sind immer wieder Werkstätten aus den Bereichen neue Medien, Kommunikation und Streitschlichtung, Sportarten, Musik, Kunst, Handwerk, Forschung« (Reich 2014, S. 323 f.).

Wir haben in diesem Kapitel die enge Verknüpfung des individuellen Lernens, der Teamarbeit und des Teamteaching in vielerlei Hinsicht angesprochen. Dabei verknüpfen sich in den wesentlichen Lernformaten heutigen Lernens die Herausforderungen an den Einzelunterricht und das Teamteaching in vielfältiger Weise. Je mehr Teamarbeiten sich im Lernen durchsetzen, desto stärker sollten eigentlich auch Begleitungen durch Teamteaching erscheinen. Oft sind es Kostengründe, die dies verhindern. Aber im Sinne eines guten und effektiven Lernens wird Teamteaching immer notwendiger. Lehrkräfte sind schlichtweg überfordert, wenn sie ein differenziertes Lernmaterial bezogen auf heterogene Lerngruppen allein erstellen sollen. Sie sind zu wenig in der Lage, unmittelbar Feedback für die Lernhandlungen zu geben, und ihnen entgehen die Lernbedürfnisse der Lernenden zu schnell, wenn sie mit größeren Gruppen arbeiten. *Schaubild 7* fasst noch einmal wichtige Herausforderungen hinsichtlich der Lernformate Instruktionen, Lernlandschaft, Projekte und Werkstätten sowie weitere Methoden in Bezug auf die Lehrformen Einzelunterricht und Teamteaching zusammen:

Lernformat	Einzelunterricht	Teamteaching
Instruktionen (Frontalunterricht)	Klassische Rolle der Lehrkraft, die neben fachlicher Kompetenz eine gelingende Kommunikation und ansprechende Präsentation erforderlich macht; auch Lernende sollten diese Rolle einnehmen können.	Kann Instruktionen durch unterschiedliche Perspektiven und Lernzugänge qualitativ verbessern, verhilft bei der Vorbereitung, Planung, Durchführung und Reflexion wesentlich zur Qualitätsverbesserung.
Lernlandschaft (Lernbüro, Selbstlernzentrum, Lernwerkstatt)	Für einzelne Lehrkräfte sind Selbstlernmaterialien für unterschiedliche Kompetenzniveaus allein nur mit sehr hohem Aufwand zu erstellen und nur schwer im Einzelunterricht in hoher Qualität umzusetzen.	Notwendiges Verfahren, um Materialien hinreichend nach Kompetenzniveaus vorzubereiten, kritisch auf Eignung zu prüfen, umfassend zu planen, lerngerecht mit unmittelbaren Feedback für alle Lernenden umzusetzen, ausreichend zu reflektieren.
Projekte (diverse Variationen)	Lassen sich im Einzelunterricht mit hohem Aufwand in Vorbereitung und Planung durchführen, wobei die Betreuung der Gruppen jedoch aus Mangel an Zeit oft zu kurz kommt, einzelne Lernende können leicht übersehen werden.	Insbesondere bei fachübergreifenden oder größeren Themen notwendig, um eine hinreichende Qualität in Vorbereitung, Planung, Durchführung und Reflexion zu gewährleisten; sichert Qualität durch intensive Begleitung der Projektteilgruppen.
Werkstätten (Arbeitsgemeinschaften, Wahlunterricht)	Je nach Werkstatt als Einzelunterricht möglich, hängt vom Thema und der Gruppengröße ab.	Bei fachübergreifenden Werkstätten oder großen Lerngruppen hilft Teamteaching die Qualität der Arbeit zu sichern.
Weitere Methoden (Erkundungen, Planspiele, diverse Gruppenverfahren usw.)	Große handlungsorientierte Methoden werden leider im regulären Einzelunterricht sehr wenig praktiziert, weil der Aufwand in der Erstellung und die Zeit der Durchführung die einzelne Lehrkraft schnell überfordern.	Teamteaching kann eine höhere Methodenvielfalt ermöglichen, weil sich größere handlungsorientierte Methoden leichter vorbereiten und durchführen lassen.

Schaubild 7: Einzelunterricht und Teamteaching bezogen auf Lernformate

4. Voraussetzungen für Teams in der Praxis

Gute Teamarbeit in der Praxis hat wesentliche Voraussetzungen. Entscheidend für die Teamarbeit sind die Beziehungen, die zum Gelingen oder Misslingen, zur Teamfähigkeit oder Teamunfähigkeit, zu einer kongruenten Interaktion und Kommunikation oder zu Störungen in dieser beitragen. In Kapitel 4.1 werden wir auf wichtige Aspekte einer guten Beziehungsarbeit für Teams näher eingehen. Zugleich müssen wir als Voraussetzung aber auch die Organisation, die institutionelle und organisatorische Basis der Teamarbeit beachten, die Hierarchien, Abhängigkeiten, Organisationsformen, die Teamarbeit entlasten, fördern oder belasten und auch unmöglich machen können. Wir beschreiben unter Kapitel 4.2 notwendige Voraussetzungen gelingender Organisation der Teamarbeit. In Kapitel 4.3 gehen wir auf die wesentlichen Schritte ein, die bei der Vorbereitung des Teamteaching jeweils situativ zu beachten sind. Abschließend wenden wir uns dem Thema Konflikte in der Teamarbeit unter Kapitel 4.4 zu. Es wäre eine Illusion, zu glauben, dass Teamarbeit ohne jegliche Konflikte ablaufen könnte. Selbst ein sehr gut funktionierendes Team erfährt im Laufe der Zeit kritische Veränderungen, die aktiv und gestaltend zu bewältigen sind, um gute Teamlösungen zu entwickeln. Und ein Team, das bisher als schlecht oder wenig arbeitsfähig galt, kann es durch Konfliktlösungen mit Geduld und Durchhaltevermögen zu einer gelingenden und für alle befriedigenden Teamarbeit bringen, wenn die Konflikte nicht verschwiegen oder verdeckt, sondern ausgetragen und gelöst werden.

4.1 Beziehungen und Teams

4.1.1 Beziehungen, Interaktionen und Rollen

Wenn früher Lehrkräfte oder Berater/innen vor allem nach ihrer fachlichen Expertise und damit vorwiegend kognitiven Lernzugängen ausgebildet, ausgewählt und beurteilt wurden, so hat in neuerer Zeit ein radikaler Wandel stattgefunden. Sowohl aus der Lern- als auch der Hirnforschung ist mittlerweile bekannt, dass die emotionalen Zugänge und Ankerpunkte im Lernen von entscheidender Bedeutung sind, um Wissen und erwünschtes Verhalten auszubilden und möglichst dauerhaft zu erinnern und zu leben. Dabei beginnen die emotionalen Zugänge der Lernenden immer mit der Beziehung zu den Personen, die sie ausbilden. Entscheidend ist hier Sympathie sowie ein gutes und auf Verständnis aufbauendes Verhältnis, das jedoch nicht mit einer Laissez-faire-Haltung oder nachgiebigem Verhalten gleichzusetzen ist. Gute Beziehungen zwischen Lehrenden und Lernenden sind vor allem durch folgende Aspekte gekennzeichnet (Hattie 2009, S. 117):

- »Lehrende setzen angemessene und herausfordernde Ziele für die Lernenden,
- sie überprüfen kontinuierlich ihre Annahmen über den Erfolg ihres Unterrichts,
- sie haben ein tiefes Verständnis über ihren Unterricht und seine Wirkungen auf das Lernen,
- sie sind in der Lage, kontrollierend einzugreifen,
- sie haben eine hohe Leidenschaft für das Unterrichten und Lernen,
- sie verfügen über ein tiefes Verständnis ihres Stoffes,[23]
- sie sind in der Lage, zu improvisieren,
- sie bevorzugen problemlösende Verfahren,
- sie schaffen ein positives Lernklima, um Lernen zu ermöglichen,
- sie haben Respekt vor den Lernenden.«

Solche Listen sind nie vollständig. Bei Hattie fehlen z. B. Aspekte wie Humor, Witz, Ironie, auch Eigenschaften, die für eine bestimmte unverwechselbare, einmalige Persönlichkeit stehen, die Lernende je unterschiedlich anspricht und herausfordert. In Beziehungen ist es immer gut, Unterschiede zu erleben, die aus einer Einförmigkeit der Handlungen und Sichtweisen herausführen und Situationen spannend machen.

Voraussetzungen von guten Beziehungen im Team sind zunächst die individuellen Beziehungen, die alle Teammitglieder miteinander und mit den Lernenden eingehen können. Die im *Schaubild 8* genannten Aspekte sollten im Team immer wieder diskutiert werden, wobei die Blickrichtung der Diskussion die drei verschiedenen Perspektiven auf der individuellen Ebene, der Teamebene und für die Lerngruppe sichtbar werden lassen, bei denen Handlungs- und Veränderungsbedarf besteht.

Unklarheiten oder Ungenauigkeiten in der Teamarbeit entstehen sehr häufig, weil die Interaktionen der Mitglieder und ihre Rollen untereinander und miteinander ungeklärt und offen geblieben sind. Für die Interaktionen im Team haben sich die folgenden Profile als besonders günstig und teamfördernd herausgestellt:

- Eine offene, zugewandte Haltung, die gegenseitigen Respekt und Vertrauen ermöglicht, wobei eine gemeinsame, geteilte Vision eines guten Teams und guter Lernverhältnisse zusammen erarbeitet wird,
- eine dialogische, auf reziproke Kommunikation gerichtete Interaktion, die bei Verständnisschwierigkeiten in der Lage ist, über die Kommunikation zu kommunizieren (Meta-Kommunikation),
- eine systemische Sicht auf Ereignisse, in der unterschiedliche subjektive Bewertungen möglich sind und gegenseitig in einen produktiven Austausch treten können;

---

23 Damit sollte nicht gemeint sein, das Fachliche vor die Beziehungen zu setzen. Aber Lehrkräfte müssen den Stoff so verstanden haben, dass sie ihn hinreichend auf wesentliche Grundlagen und Anwendungen beziehen und dem Alter und den Lernbedürfnissen ihrer Lernenden entsprechend vermitteln können.

dabei die Bereitschaft, die Perspektive des anderen einzunehmen, um Prozesse in ihrer unterschiedlichen Wahrnehmung zu hinterfragen,
- Formen konstruktiver Kritik, in denen immer erst das Positive gewürdigt wird, bevor nach gemeinsamen Lösungen gesucht wird,
- Entscheidungsbereitschaft in Interaktionen, um nach gemeinsamen Lösungen und ggf. Mehrheitsentscheidungen zu suchen, um handlungsfähig zu bleiben.

Für die eingenommenen und gelebten Rollen bedeutet ein solches Interaktionsverständnis:

- die jeweilige Rolle nicht nur als Übernahme bestimmter erwünschter Verhaltensweisen zu sehen, sondern aktiv die eigene Rolle im Blick auf eine Verbesserung des Teams und der Lernverhältnisse einzusetzen,
- die Fähigkeit zu entwickeln, sich jederzeit auf Rollenwechsel im Team einzulassen,
- ein durchgehend positives Rollenbild im Blick auf die Möglichkeiten einer positiven Teamentwicklung einnehmen zu können,
- ein positives Rollenverständnis auszubilden, dass den Fähigkeiten aller Lernenden auf Erfolg vertraut, wenn die Qualität der Lehre dies ermöglicht,
- eine professionelle Rolle einnehmen zu können, um Ziele angemessen zu vertreten und Inhalte sachgerecht und zugleich kritisch zu vermitteln, ohne dabei als Besserwisser auftreten zu müssen,[24]
- die professionelle Rolle weiter entwickeln, indem Handlungsforschung betrieben wird, Daten gesammelt und ausgewertet werden, um sowohl die Teamarbeit als auch die Lernerfolge zu verbessern.

Auf folgende Beziehungsaspekte wird besonders geachtet:	kann ich individuell	kann das Team	können die Lernenden
Bevorzugung von dialogischen Formen, Formen aktiven Zuhörens, die in Ruhe und mit ausreichender Zeit praktiziert werden.			
Reziprozität in der Kommunikation und kommunikative Grundregeln werden gelebt.[25]			
Eine positive, fördernde, achtende und wertschätzende Einstellung wird gelebt.			

---

24 Reich (2010, S. 260) unterscheidet Besserwisser, die ihre Macht gegen die Lernenden ausspielen, und Mehrwisser, die ein effektives Lernangebot machen können. Auch Lernende können in bestimmten Bereichen Mehrwisser sein.

25 Grundlegende Kommunikationstheorien sind bekannt und werden aktiv praktiziert. Dazu gehören insbesondere Watzlawick/Beavon/Jackson und Watzlawick/Weakland/Fisch (1985, 1988), Schulz von Thun (1988), Reich (2010).

Auf folgende Beziehungsaspekte wird besonders geachtet:	kann ich individuell	kann das Team	können die Lernenden
Es gibt gemeinsame Teamregeln, die nicht nur das Verhalten regulieren, sondern immer auch persönliche Entwicklungen fördern helfen.			
Konflikte werden gemeinsam gelöst und alle Parteien kommen zu Wort.			
Es gibt hinreichend Gelegenheit, miteinander über die sozial-emotionalen Prozesse zu sprechen, Erfahrungen und Erlebnisse auszutauschen, unterschiedliche Perspektiven einzunehmen.			

Schaubild 8: Beziehungskultur

4.1.2 Kooperation und Kommunikation: Lehrteams und Lernteams

Teams benötigen eine umfassende Kooperation und Kommunikation, um zu gelingen. Dabei zeigt die Kommunikationsforschung, dass ein erfolgreiches Team immer dann besser gelingt, wenn die individuellen Teammitglieder bestimmte Eigenschaften ins Team mitbringen. Nach Reich (2012a, S. 21 f.) sind die folgenden besonders wichtig:

- »Eine Freude am menschlichen Kontakt, eine Offenheit für solche Kontakte und ein dialogisches Verhalten in der Kommunikation.
- Die Fähigkeit zur Anerkennung und Wertschätzung anderer in dieser Kommunikation, was insbesondere bedeutet, anderen Anerkennung im Blick auf ihre und nicht bloß die gespiegelten eigenen Voraussetzungen zu geben. Dazu ist ein eigener hoher Selbstwert erforderlich.
- Geduld und Durchhaltevermögen, weil in pädagogischen Prozessen fast nie etwas schnell und mechanisch geschieht.
- Die Bereitschaft zur Förderung und Unterstützung anderer, weil dies das wesentliche Kernziel aller pädagogischen Berufe ist.
- Die Bereitschaft zur eigenen Weiterentwicklung, weil auch der/die Pädagoge/in nicht ohne Krisen und Entwicklung bleiben kann.
- Eine forschende und neugierige Einstellung zu allem, was auf der Beziehungs- und Inhaltsseite erscheint, weil nur darüber eine mechanische Routine vermieden werden kann.
- Fantasie in der Gestaltung einer anregenden Lernumgebung, um Langeweile für andere und für sich zu vermeiden.
- Fachliche Kompetenz und inhaltlicher Forscherdrang, um hinter die Oberflächlichkeit der Stoffvermittlung zu blicken und den Sinn der Inhalte zu ergründen.«

Vor dem Hintergrund solcher Anforderungen kommt es im Detail der Kooperation und Kommunikation eines Teams besonders darauf an, die folgenden kooperativen und kommunikativen Strategien zur Verbesserung der Teamarbeit aktiv zu betreiben (*Schaubild 9*):

Aspekt	Team als Ganzes	Einzelne Teammitglieder
Gemeinsame Werte und Ziele	Eine Lernkultur, die auf Kooperation, gute Kommunikation und vielfältige Zusammenarbeit setzt. Dabei gibt es eine gemeinsame Vision sinnvollen Lernens bei gleichzeitiger Anerkennung von Unterschieden untereinander.	Eine positive Haltung zu einer aktiven Lernkultur, die sich aktiv im Team ausdrückt und vielfältig in die Kooperation und Kommunikation des Teams eingebracht wird. Eine offene Haltung, die Unterschiede aller Beteiligten als Stärke und nicht als Schwäche anerkennt.
Sprache	Bewusstheit darüber, dass Sprache Wirklichkeiten schafft und kontextsensibel gebraucht werden muss (z. B. gendersensible Sprache, Feedback an alle).	Arbeit am eigenen Sprachverhalten mit dem Ziel, diskriminierende oder ausschließende Sprachkonstruktionen abzubauen und positive Spracheffekte der Förderung aller zu erzielen.
Rotation	Die Rollen im Team sollen wechseln können. Rotationen helfen, gerechte und abwechslungsreiche Aufgabenverteilungen zu ermöglichen und das Team zu stärken.	Bereitschaft zu Rollenwechseln, wobei eigene Stärken erhalten und gelebt werden; offene Aussprache über individuelle und zeitbezogene Bedürfnisse.
Entscheidungen	Treffen möglichst gemeinsamer, mehrheitlicher Entscheidungen. Bei Leitungsvorgaben sollte es immer einen »offenen« Austausch über die Art und Durchführung von Vorgaben geben. Der nachweisliche Lernerfolg sollte immer ein letzter Entscheidungsmaßstab sein.	Jedes Teammitglied hat Führungsaufgaben im Blick auf Lernende. Kompromissbereitschaft bei Mehrheitsentscheidungen, aber auch ggf. Erprobung von begründeten Einzelmeinungen. Ermutigung für ein experimentelles Verhalten.
Unterschiedlichkeit	Ein Team ist dann besonders stark, wenn es unterschiedlich sein darf und kann.	Teammitglieder behalten ihr persönliches, von anderen unterscheidbares Profil.
Reflexion	Kontinuierliche Teamreflexion und kollegiale Beratungen als Schlüssel für erfolgreiche Teams. Bei größeren Konflikten Beratung von außen durch Coaching bzw. Supervision.	Reflexion der individuellen Erwartungen und Bedürfnisse im Blick auf die Teamarbeit und die individuelle Biografie. Arbeit an der eigenen Teamkompetenz.

Schaubild 9: Strategien zur Verbesserung der Teamarbeit

Die genannten Strategien zur Verbesserung der Teamarbeit gelten sowohl für die Lehrteams als auch die Lernteams, die im Unterricht als Lern- oder Arbeitsgruppen eingesetzt werden. In Kapitel 3 wird auf die besonderen Bedingungen der Teamarbeit bei Lernenden gesondert eingegangen.

In der Teamarbeit gibt es stets ein Wechselspiel von Inhalten und Beziehungen. Aus kommunikativer Sicht haben Beziehungen Vorrang, weil sie grundsätzlich das Klima eines Teams und damit auch des Unterrichts bestimmen. Dabei wirken Anerkennung, wechselseitige Akzeptanz der Unterschiede, kommunikative Sensibilität im Umgang miteinander, Respekt, Humor und Ironie (als Fähigkeit, auch über sich selbst lachen zu können) besonders förderlich. Eine reflektierte Beziehungsorientierung ist wichtig, um bei allen Beteiligten einerseits einen möglichst hohen Selbstwert zu erzeugen (nur wer sich selbst lieben kann, kann andere lieben), andererseits um eine wechselseitige Wertschätzung zur Grundlage der Beziehungen zu machen (in einem wertschätzenden Klima ist es leichter, Lob oder Fehler zuzugestehen und sein Verhalten zu ändern).

Nach Reich (2012a, S. 34) gibt es folgende Beziehungsgrundsätze, die auch für die Teamarbeit und die Teammitglieder gelten (*Schaubild 10*):

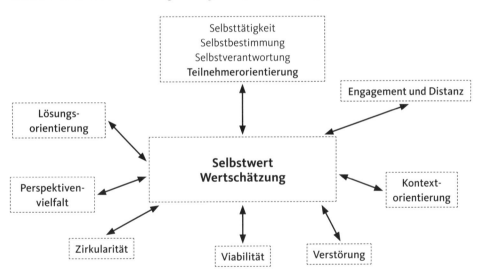

Schaubild 10: Beziehungsgrundsätze in der Teamarbeit

- *Selbstwert:* Der Selbstwert ist bei Menschen unterschiedlich groß. Ein hoher Selbstwert ist für die Teamarbeit besonders günstig, weil er es ermöglicht, uns einerseits kritisch betrachten zu können, um nicht in Ignoranz und Arroganz zu enden, uns andererseits aber auch zugesteht, mit unseren Mängeln umgehen zu lernen, um nicht über uns selbst zu resignieren. »Man kann Selbstwert nicht einfach erwerben, man kann ihn nie zweifelsfrei besitzen, und was man eben besessen hatte, verkehrt sich im nächsten Moment. Wir messen uns selbst einen Wert zu: Eine Wertschätzung für uns. Wir arbeiten an unserem Selbstwert, indem wir uns als Akteure be-

obachten und als Teilnehmer beurteilen. Je stärker wir die dabei eingenommenen Perspektiven innerlich wohlwollend koordinieren, uns in ihnen mit Gefühlen der Freude, der Anerkennung, einer – mitunter durchaus narzisstischen – Zuneigung bewegen, desto stärker mag dieser Selbstwert ausfallen und sich dann auch in Wertschätzung anderen gegenüber verwandeln können« (Reich 2012a, S. 34).
- *Wertschätzung:* Je höher der Selbstwert ausfällt, desto leichter mag die Wertschätzung gegenüber anderen sein. Wertschätzung fällt im Team dann umso leichter, wenn ich die Sichtweisen von anderen spiegeln und antizipieren kann. Dies bedeutet nicht, dass ich alle Ansichten von anderen teilen muss, es bedeutet aber, sie zu verstehen, und dass ich sie dann ggf. übernehmen oder mich klar davon distanzieren kann. Für die Teamarbeit ist es entscheidend, insbesondere die Grenzziehung zu anderen offen und konstruktiv zu vollziehen. Wertschätzung bedeutet, dass ich signalisiere, was ich vom anderen verstanden habe, was ich nachvollziehen kann, aber auch zu verdeutlichen, wo ich mich ggf. unterscheide. Auf dieser Basis der wertschätzenden Unterscheidung ist es möglich, dennoch ein gemeinsames Vorgehen zu vereinbaren.
- *Teilnehmerorientierung:* Teamarbeit zielt immer auf eine Orientierung zur Verbesserung der Arbeit mit Teilnehmer/innen, Lernenden bzw. Schüler/innen. Dabei steht die Selbstwirksamkeit des Lernens für die Beteiligten im Vordergrund, was besonders durch eine starke Selbsttätigkeit, eine große Selbstbestimmung und umfassende Selbstverantwortung im Handeln erreicht werden kann. Teamarbeit sollte in der Vorbereitung und Planung der Lehr- und Lernprozesse möglichst immer umfassend auf die Vorstellungen, die Wünsche und Erwartungen der Lernenden zurückgreifen und diese partizipieren lassen, um die Teilnehmerorientierung überzeugend zu praktizieren.
- *Lösungsorientierung:* Wenn wir uns im Team dauerhaft auf Probleme und deren Entstehung in der Vergangenheit fixieren, dann misslingt nicht selten eine Lösung für die Gegenwart. »In der Suche nach Ursachen verstricken wir uns in Beziehungen, anders als in sachlogischen Fragen, in der Regel in unerquickliche Schuldzuweisungen, die sich fast nie einfach ausmachen lassen. Selbst wenn wir hier einen Schuldigen fänden, so erzeugen wir mit solchen meist einseitigen Schuldzuweisungen sofort ein neues Beziehungsproblem, das sich negativ auf die Zukunft auswirken kann. Hier ist es geschickter, die Lösung zu favorisieren. Eine Lösungssuche schließt nicht aus, dass wir zunächst durch Rückmeldungen aller Beteiligten klären, wie ein bestimmtes Verhalten auf jeden Einzelnen wirkt. Nach dieser Bestandsaufnahme können wir konkret fragen, wie das Verhalten geändert werden muss, damit es allen besser damit gehen kann. In der Suche nach Lösungen können wir dann z. B. klären:
    - Welche Ressourcen sind zur Lösung vorhanden?
    - Welche Vor- oder Nachteile erreichen wir, wenn wir zu einer Lösung des Problems kommen?
    - Lohnen sich die Veränderungen? Für wen?
    - Welche Auswirkungen auf uns und andere hat diese Lösung?« (Reich 2012a, S. 36).

- *Engagement und Distanz:* Im Team wechseln in der Reflexion auf das eigene Tun ständig unsere Rollen. Je mehr wir agieren, desto blinder sind unsere Flecken. Als Beobachter/in unseres Verhaltens und in Spiegelung und Reflexion mit anderen können wir eine Distanz erzeugen und unser Engagement kritisch betrachten. War es wirklich so effektiv, wie wir in der Handlung dachten? Wie wirkte es auf andere? Als Teilnehmer/in eines Teams können wir überprüfen, inwieweit unsere Handlungen mit der Teamidee, den gemeinsamen Vorstellungen übereinstimmen oder wo es Abweichungen gibt. Wir müssen lernen, auf Engagement, d. h. unseren eigenen Meinungen und Einstellungen im Prozess, und Distanz, d. h. einer kritischen Beobachtung von außen (aber aus uns heraus, indem wir uns imaginär nach außen in andere hineinversetzen) zu schauen, um flexibel genug in der gemeinsamen Beziehungsarbeit zu sein.
- *Perspektivenvielfalt:* In der Teamarbeit ist Perspektivenvielfalt immer günstig, um eine Vielzahl an Möglichkeiten, Zugängen und Ergebnissen zu ermöglichen. Dabei ist ein hypothetisches Vorgehen wichtig, um eine vorschnelle Festlegung auf bestimmte Varianten zu vermeiden und offen für Neuerungen und die (eigenen) Weiterentwicklungen zu bleiben. Die Rückkopplung mit allen Teammitgliedern kann es ermöglichen, ein gemeinsames Verständnis zu erreichen, ohne individuelle Deutungen zu unterdrücken. Sie sind stets eine Möglichkeit in den unterschiedlichen Perspektiven. »Die Perspektivenvielfalt zu achten, dies ist deshalb besonders wichtig, weil hierin unsere Wertschätzung der Möglichkeit des Andersseins wurzelt. Eine solche Möglichkeit aber ist die Voraussetzung für Freiheit« (Reich 2012a, S. 37).
- *Kontextorientierung:* In der Teamarbeit müssen die Teams die Kontexte *definieren*, in denen sie ihre Vorbereitungen, Planungen, Durchführungen und Evaluationen gestalten. Es gehört zu den vorrangigen Zielen der Kontextorientierung, dass sich alle gleichberechtigt daran beteiligen, die relevanten Kontexte, die im Vordergrund stehen und beachtet werden sollen, einzubringen und gemeinsam zu diskutieren. Dabei sind insbesondere situative Veränderungen ebenso einzubeziehen wie auch bestehende Praktiken, Routinen und auch Institutionen, die als Kontexte in ihren Voraussetzungen und Wirkungen kritisch zu erörtern sind. Kontexte sind nie nur von außen (institutionell) gegeben, sondern werden in der gelebten Teamarbeit durch eigene Haltungen und Handlungen immer auch erzeugt und verstärkt oder abgeschwächt.
- *Zirkularität:* In der Teamarbeit gelten keine eindeutigen und strikten Kausalbezüge, die linear ein Verhalten festlegen oder Kommunikation beschreiben können. Alle Teammitglieder wirken zirkulär in ihren Handlungen, d. h. in Rückkopplungsprozessen auf- und miteinander ein. »Jede kommunikative Äußerung wird in einer Kommunikation Anlass für andere Äußerungen, die dann, wenn sie zum Kommunikator zurückkehren, wieder Anlass für neue Äußerungen werden. Jede Äußerung birgt eine potenzielle Anregung oder auch Verstörung des Systems in sich. Dies ist für menschliche Kommunikation typisch« (Reich 2012a, S. 37). Lineare Wenn-dann-Zuschreibungen sind für die Teamarbeit genauso ungünstig wie eine kausa-

le Haltung, die immer nach einer bestimmten Ursache oder gar einem Schuldigen fragt. Dagegen ist eine zirkuläre Sichtweise von Vorteil, die anerkennt, dass es immer eine Verwobenheit von Beziehungen gibt, die miteinander oder gegeneinander wirken. Eine zirkuläre Haltung kann Offenheit erzeugen, weil sie den Beobachter oder die Beobachterin selbst als einen Teil des Systems in seinen Veränderungsprozessen sieht. In der Teamarbeit sind dabei zirkuläre Fragen oft sinnvoll:[26]
- Was hast du empfunden, als Peter Ulrike eben persönlich angegriffen hat?
- Denkst du, dass es sinnvoll ist, wenn ich Frederik jetzt fragen würde, ob er gerne die Arbeit übernimmt?
- Wenn du die Schulleiterin wärst, würdest du dann Erika in ein anderes Team versetzen, weil sich Franz aus ihrem Team über ihre Arbeitshaltung beschwert?

Diese oder ähnliche Fragen öffnen im Team bei Anwesenheit aller Beteiligten einen Zugang zu mehr Informationen nicht nur über eine Situation oder einen Konflikt, sondern immer auch über die Wirkungen auf andere. Dies hilft gewohnte kausale Zuschreibungen zu überwinden und eine offenere Haltung und eine weitere Perspektive einzunehmen, die für eine erfolgreiche Teamarbeit unabdingbar ist.

- *Viabilität:* In der Teamarbeit definieren alle Teammitglieder einzeln wie auch in der Zusammenarbeit, was passend (viabel) für das Team und die Mitglieder ist. Hier kann es zwar sein, dass einzelne Mitglieder ein Thema, ein Vorgehen, einen Konflikt usw. als unpassend empfinden, aber sofern ein Mitglied eine Passung bzw. Relevanz nennt, dann ist diese auch gemeinsam zu erörtern. Das Team selbst ist mit allen Mitgliedern das Verständigungsgremium über alles, was passt oder als nicht passend erscheint. Dabei gibt es immer mehrheitliche Einigungs- und Abstimmungsprozesse, die es für die einzelnen Mitglieder diskutierbar werden lässt, wo sie sich anderen anschließen oder abweichende Meinungen vertreten. Die Schwierigkeit besteht hier vor allem in einer Abstimmung von individueller und kollektiver Viabilität, denn eine gemeinsame Passung ist zwar wünschenswert, aber sie ist auf Dauer nicht umfassend zu erwarten und würde ein Team auch seiner Dynamik berauben. Für erfolgreiche Teams ist es allerdings wichtig, dass sie gegenüber der Teamidee und wesentlichen pädagogischen Haltungen, die sie im Feld der Handlungen vertreten, eine hinreichende Passung, d. h. gemeinsame Ideen, Werte, Vorstellungen usw. finden.
- *Verstörung:* Kein Team kommt ohne Gewohnheiten aus. Besonders wenn es Erfolge gibt, halten Teams gerne an bestimmten Prozeduren und Haltungen fest. Hier wird es wichtig, auch Verstörungen zuzulassen, um ein Team in Bewegung zu halten. Für Lernvorgänge aller Art sind nämlich Gewohnheiten auf Dauer wenig innovativ, und sie erzeugen Stillstand an Stellen, in denen das übrige Leben längst Veränderungen erfahren hat. Kulturelle Veränderungen und individuelle Entwicklungen sprechen grundsätzlich gegen einen Stillstand aus Gewohnheitsbildungen heraus. Insofern ist

---

26 Siehe dazu weiterführend insbesondere Simon/Rech-Simon (1999) sowie den Methodenpool unter www.methodenpool.uni-koeln.de/download/zirkulaeres-fragen.pdf (Abruf: 09.03.2016).

es für die Teamarbeit immer günstig, wenn es Zweifler/innen und Antreiber/innen der Veränderung gibt. Ihr Blick oder ihr Vorgehen vermag im Moment verstören, zwingt das Team jedoch auch in die Auseinandersetzung und Weiterentwicklung. Sehr oft kommt solche Verstörung von außen, von den Lernenden, wenn hinreichend Partizipation betrieben wird. Verstörungen sollten deshalb als Chance und nicht als Bedrohung gesehen werden.

4.1.3 »Good Work«

Teamarbeit ist eine Arbeit, in der mehrere Menschen mit bestimmter Absicht Handlungen in einem gemeinsamen Kontext vollziehen. In der Regel geschieht dies gegen eine Entlohnung. In einer kapitalistischen Welt sind ein Lohn oder ein Einkommen in der Regel unabdingbar, um überleben zu können und ein eigenständiges, sinnvolles Leben zu führen. Damit entsteht aber auch zugleich die Frage, ob der Geldverdienst ausreicht, um hinreichend einen solchen Sinn zu beschreiben oder ob nicht noch andere Ansprüche an berufliche Handlungen hinzutreten. Howard Gardner, Mihaly Csikszentmihalyi und Damon haben in dem Projekt »Good Work« solche Ansprüche umfassend untersucht und auch für die Teamarbeit interessante Ergebnisse herausgefunden.[27]

Viele Menschen wollen ihre Arbeit gut verrichten, und sie sind zufrieden, wenn sie diese mit einem gewissen Stolz erfüllt. Gibt es dauerhaft Probleme mit dem Sinn der Arbeit, gibt es Hindernisse, die die Arbeitenden verstört, dann kann es häufig zu Berufswechseln, Kündigungen, »Burnout« kommen. Ausgehend von dieser Prämisse haben Gardner und andere umfassende Interviews mit mehr als 1200 Probanden aus verschiedenen Arbeitsfeldern durchgeführt, um herauszufinden, inwieweit Menschen in ihrer beruflichen Tätigkeit einen Sinn benötigen, der zusätzlich zur Entlohnung ihrer Arbeit einen Wert für die Tätigkeit erzeugt, der ihr etwas »Gutes« verleiht. Grundsätzlich hat es sich in dieser Forschung bestätigt, dass die Arbeitenden in der Regel gute Arbeit verrichten wollen. Dabei verstehen sie unter guter Arbeit vor allem Ehrlichkeit, Fairness im Umgang miteinander, Vertrauenswürdigkeit und auf ethischen Prinzipien basierende Zusammenarbeit. Eine hohe Rolle spielt auch das Motiv, für die Gesellschaft eine sinnvolle Arbeit zu verrichten. Allerdings unterscheiden sich die beruflichen Gruppen erheblich in ihren Möglichkeiten, diesen Ansprüchen zu entsprechen. So zeigt z.B. die Berufsgruppe der Genetiker/innen eine ziemlich gleich ausgerichtete Interessenslage, die darauf gerichtet ist, zum wissenschaftlichen Fortschritt als auch zur Verbesserung der Gesundheit und Ernährung beizutragen, was insgesamt eine positive Selbst- als auch Fremdwahrnehmung ausdrücken kann. Dagegen sind Journa-

---

27 Siehe dazu insbesondere Gardner/Csikszentmihalyi/Damon (2002) sowie Gardner (2007, 2010), ferner die Internetseite von Harvard unter www.thegoodproject.org/ (Abruf: 09.03.2016), die auf viele weitere Seiten aus dem »Good Project«, wie es heute heißt, verweist.

list/innen eine Gruppe, in der große Widersprüche und Gegensätze erkennbar werden, weil es sowohl kritischen als auch »dienenden«, angepassten Journalismus gibt, der in der Massenpresse als Sensationsjournalismus ein denkbar schlechtes und unethisches Bild abgibt. Dies führt im Gegensatz zu den Genetiker/innen zu deutlich mehr frustrierten Journalist/innen und damit zu einer sehr unterschiedlichen Ausprägung von »guter Arbeit«. Solche Gegensätze müssen nicht dauerhaft sein, der Journalismus hat wiederum anerkannte Untergruppen mit guter Arbeit, aber die Gegensätze zwischen Berufen zeigen, dass die jeweilige Berufswahl bereits ein entscheidendes Kriterium dafür ist, welche Zufriedenheit das Individuum oder ein Team im Blick auf die Kriterien der guten Arbeit erwarten können. Jüngere Interviewte zeigten allerdings auch, dass es durchaus in problematischen Berufsgruppen Veränderungspotentiale gibt (Fischman et al. 2004).

In der Arbeitswelt spielen zur Charakterisierung »guter Arbeit« nach den vorgelegten Untersuchungen weniger Geschlechterunterschiede oder religiöse Überzeugungen eine Rolle. Allerdings, so soll hier kritisch hinzugefügt werden, gibt es eine noch durchgehend vorhandene Diskriminierung von Frauenarbeit durch schlechtere Bezahlung und geringere Aufstiegschancen selbst bei gleichen Qualifikationen. Für die Teamarbeit zeigen die Untersuchungen, dass persönliche Exzellenz und Teamexzellenz nur gelingen, wenn es *erstens* ein gemeinsames Ziel und einen gemeinsamen Auftrag für das gesamte Team gibt, und das Team sich hierüber einig ist; *zweitens,* wenn es gegenseitige und gemeinsame Interessen aller Mitglieder gibt; *drittens,* wenn persönliche gegenseitige Führungseigenschaften wie zuhören können, flexibel sein, Anpassungsfähigkeit und den Willen zu Kompromissen zu haben, hinreichend ausgeprägt sind.

Auch wenn es das Ziel eines jeden Menschen in der Arbeit sein mag, sie möglichst gut zu verrichten und für sich persönlich ein Optimum an Leistung, Motivation, Bereitschaft zur Weiterentwicklung, Ablieferung guter Arbeitsergebnisse, Anpassung an Veränderungen, Bereitschaft zur Veränderung usw. zu zeigen, so gibt es immer wieder Hindernisse, dies tatsächlich verwirklichen zu können. Wesentliche Hindernisse sowohl für Individuen als auch Teams sind Arbeiten unter Kosten-Nutzen-Last, unter Einsparungszwängen, bei nicht hinreichenden Ressourcen für die Arbeit, einem schlechten Betriebsklima oder Rollenüberforderungen. Die Arbeit muss zum Stand der Persönlichkeitsentwicklung und zum jeweiligen Team passen, sie kann nur dann exzellent und engagiert ausgeführt werden, wenn sie den Ressourcen des Arbeitenden, dem Ausbildungsstand, den Befähigungen, den individuellen Voraussetzungen im Blick auf die Arbeit entspricht und weder unter- noch überfordernd ist. Auch wenn eine demokratische Gesellschaft hierfür eine Vorbedingung ist, so ist die kapitalistische Welt zugleich kein Paradies für alle Arbeitenden. Der Druck der Gewinnmaximierung spielt in vielen Berufen eine tragende Rolle und führt immer wieder zu Verknappungen von Personal oder Ressourcen. Dies gilt in besonderem Maße für die Teamarbeit, denn obwohl diese sehr effektiv in den Prozessen und Ergebnissen sein kann, so ist sie im Verhältnis zur Einzelarbeit in der Regel zunächst teurer. Besonders die Gier nach eigenen Vorteilen und die Furcht, den Job zu verlieren, weil andere mehr leisten, sind nach Gardner/Csikszentmihalyi/Damon (2002) zwei Hindernisse, die einer persönlichen Exzellenz, einem hohen Engagement und einer hinreichenden Ethik im Beruf entgegenstehen.

»Gute Arbeit« hat aber auch ihre individuellen Hindernisse. Es kostet Zeit und Energie, sich einer »guten Arbeit« zu stellen und nicht bereits auf halbem Weg stehen zu bleiben. In einer durchgehend ambivalenten Welt, wie wir bereits in Kapitel 1 herausgestellt haben, ist es zudem schwer, einen eigenen, in sich überzeugenden und durch Motivation ständig angetriebenen Weg zu finden, wenn es andere sehr leicht zu haben scheinen, an Geld und Erfolg zu kommen. Die durchgehende Illusion der gegenwärtigen Kultur besteht darin, es möglichst schnell mit geringem Aufwand zu viel zu bringen. Die Realität der »guten Arbeit« ist hingegen harte und oft ermüdende Arbeit. Der erforderliche Triebaufschub, um erst später den Erfolg zu ernten, ist in einer sehr schnelllebigen Welt auch durchaus riskant. Und er ist nach Gardner/Csikszentmihalyi/Damon (2002) von vier Bedingungen abhängig:

(1) der »*Begabung*«, die das Individuum mitbringt, was es als Erfahrung erworben hat und welche Werte es aus der Familie und Gemeinschaft entwickelt hat;
(2) den spezifischen *Anforderungen*, die der Beruf oder Job im sozialen Feld des Berufes enthält und die zum Individuum und seinen Einstellungen passen müssen;
(3) den *Beziehungen* zu anderen und zur Firma bzw. Institution, die eine Person an eine bestimmte Arbeit und ihre Organisation in einer beruflichen Kultur binden;
(4) den *Ausführungen* der Arbeit selbst, die mehr oder minder gut, effizient, sicher und erfolgreich gelingen mag, und der Anerkennung, dem Respekt, dem Status usw., die der Beruf oder Job gesellschaftlich erbringt.

Diesen vier Aspekten entsprechen vier Kontrollinstanzen, die sowohl persönlich als auch gesellschaftlich immer schon vorausgesetzt werden, wenn wir versuchen, eine »gute Arbeit« zu erreichen:

(1) *Persönliche Standards*: Eigene Erfahrungen, Werte und Vorstellungen werden unter Einfluss der anderen Standards in ein Selbstbild übersetzt, das sich aus einer Vielfalt von Erfahrungen und Rückkopplungen mit anderen zusammensetzt. Das Individuum muss mit seinen Umsetzungen eine persönliche Exzellenz, ein Engagement und eine ethische Haltung finden und leben. Die anderen Standards sind dabei als Eigenleistung immer in persönliche Standards zu übersetzen und zu integrieren.
(2) *Soziale berufliche Standards*: Im Beruf gibt es eine immer schon von anderen vorausgesetzte soziale Kontrolle, die von den tradierten sozialen Standards der gesamten Berufsgruppe gebildet und praktiziert werden. Gegenseitigkeit, Vertrauen, gemeinsame Wertvorstellungen, Einkommenserwartungen und berufliche Ethik werden hiervon maßgeblich bestimmt. Je nach Entwicklung kann es durchaus zu Widersprüchen mit den anderen Standards kommen, z.B. als besonders ausge-

prägter Status einer Gruppe (Ärzte) oder als unterbezahlte Gruppe trotz hohem Ausbildungsaufwands (Krankenschwestern und -pflegern).
(3) *Kulturelle berufliche Standards*: In einem umfassenden Sinn entstehen aus dem Berufsfeld kulturelle Deutungen und Vorgaben, die typisch für einen Beruf oder ein berufliches Feld sind. Hier wird in einem generellen Sinne die kulturelle Anerkennung und der Status von beruflichen Gruppen nach Wichtigkeit, Ausbildungsqualifikation, Einkommenshöhe, gesellschaftliche Wertigkeit usw. definiert. Oft werden hier Erwartungen tradiert, die durch gesellschaftliche Veränderungen längst überholt sind, aber in der Besitzstandwahrung von den Berufen vehement verteidigt oder bekämpft werden.
(4) *Ergebnisbezogene Standards*: Im Kapitalismus wird der Nutzen oder Output beruflicher Leistungen sehr oft am erzielbaren Profit gemessen, der aus solcher Arbeit gewonnen werden kann. Hier gibt es keine Gerechtigkeit in gleich verteilten Leistungserträgen, weil sowohl die Einkommenshöhen sehr unterschiedlich ausfallen als auch die unterschiedlichen Güter, Waren und Dienstleistungen, die produziert oder geleistet werden, sich sehr nach Qualität und Quantität unterscheiden.

»Gute Arbeit« wird dann wahrscheinlicher, wenn alle vier Kontrollinstanzen in eine Richtung weisen und nicht zu große Widersprüche zwischen ihnen entstehen. Dies bedeutet für das Individuum und die Teamarbeit, dass es immer größere Zusammenhänge – hier Kontrollinstanzen genannt – gibt, die je nach beruflichem Feld oder Job es wahrscheinlicher oder unwahrscheinlicher erscheinen lassen, eine Zufriedenheit durch gute Arbeit zu erreichen oder sie bereits unmittelbar durch die Berufswahl zu verfehlen. Wenn die Arbeit darauf ausgerichtet ist, eine eigene Gewinnmaximierung der Profite dadurch zu erzeugen, dass die Kunden hinters Licht geführt und mit Waren oder Dienstleistungen versorgt werden, die für sie ungünstig oder gefährdend sind, dann ist ein unethischer Gebrauch offensichtlich und damit auch eine schlechte Arbeit. Dies betrifft insbesondere die neuen Märkte mit Firmen und Berufen, die wenig Traditionen in der kulturellen und sozialen Kontrolle aufbauen konnten und auf schnelle Gewinne aus sind. In den Untersuchungen des »Good Projects« ist es interessant zu sehen, dass dies meistens auch mit einer Unzufriedenheit gegenüber der eigenen Arbeit einhergeht, die allenfalls durch sehr hohe Einkünfte kompensiert werden kann.

Nach mehr als 15 Jahren Forschung sind drei grundlegende Bedingungen guter Arbeit im Rahmen der »Good Projects« identifiziert worden:

(1) Gute Arbeit erlaubt es, *Exzellenz* zu zeigen und zu entwickeln. Exzellent ist eine Arbeit dann, wenn ich sie mit aller Kraft und Anstrengung verrichte, wenn ich mein Bestes gegeben habe. Eine solche Arbeit macht mich zufrieden, stolz und glücklich.
(2) Gute Arbeit ist bedeutsam und erlaubt *Engagement*. Engagement besteht dann, wenn ich mich wirklich um meine Arbeit kümmere und interessiert daran bin,

was ich tue und lerne. Dies erzeugt positive Gefühle gegenüber meiner Arbeit und meinem Lernen.
(3) Gute Arbeit hat einen *ethischen Hintergrund*. Ein ethischer Hintergrund bedeutet in den menschlichen Interaktionen, dass ich freundlich bin, unterstützend wirke, und mich offen und respektvoll anderen gegenüber verhalte, auch wenn sie gänzlich andere Voraussetzungen, Erfahrungen und Haltungen mitbringen. Eine ethische Einstellung vermeidet unethische, auf Ausbeutung und Unterdrückung anderer gerichtete Handlungen und ermöglicht eine gute Zusammenarbeit mit allen.

Diese drei Bedingungen guter Arbeit sind auch Bedingungen an ein gutes Team und seine Teammitglieder. Gelingende Teamarbeit zeichnet sich dadurch aus, dass alle drei Bedingungen möglichst umfassend erfüllbar sind und tatsächlich gelebt werden können. Was bedeutet dies für ein Team und seine Teammitglieder? Wir nutzen die Ergebnisse aus den Studien und erweitern diese mit eigenen Schlussfolgerungen in den drei nächsten Kapiteln.

4.1.4 *Was bringe ich in das Team ein?*

Die Mitglieder eines Teams sind entscheidend für eine gelingende Teamarbeit. Hier ist zu beachten, dass bestimmte Voraussetzungen erfüllt sein müssen, um geeignete Teammitglieder für die Arbeit zu gewinnen. Wir stellen aus der Fülle erfahrungsbezogener Untersuchungen und eigener Erfahrungen hierzu günstige und ungünstige Aspekte für eine »gute Arbeit« gegenüber. Sie können dem Teammitglied helfen, sich mit eigenen Voraussetzungen, mit Stärken und Schwächen im Blick auf die Teamarbeit, auseinanderzusetzen. Zu solchen Voraussetzungen gehören neben den Beziehungsgrundsätzen, die wir weiter oben herausgestellt haben, auch persönliche Eigenschaften bzw. Kompetenzen, die für eine gelingende Teamarbeit günstig sind.

Das Projekt »Good Work« zeigt sehr deutlich, wie wichtig es auch für die Persönlichkeit jedes Teammitglieds ist, nach Exzellenz zu streben, sich engagiert zu verhalten und ethischen Grundsätzen zu folgen. Dabei mischen sich diese drei grundlegenden Erfolgskriterien jeweils in sehr konkreter Form mit Kompetenzen, die wir hier auf einer konkreten Ebene des Verhaltens beschreiben wollen. Vor allem Offenheit im Umgang miteinander und zu den Themen, die im Fokus der Arbeit stehen, Flexibilität in den Herausforderungen im Team und in der Teamarbeit, Zeit für die zusätzliche Arbeit im Team, Vertrauen in die eigenen Stärken und die Stärken des Teams, Freude an der gemeinsamen Arbeit, Kongruenz im Verhalten in der Kooperation und Kommunikation, eine Arbeitsbereitschaft, auch unangenehme und aufwändige Arbeiten zu übernehmen, eine gemeinsame partizipative Haltung gegenüber den Gegenständen, Teilnehmenden, den Zielen, Inhalten und Methoden der Arbeit zu entwickeln, eine gemeinsame Vision auf ein »höheres« Ziel der Arbeit und auf eine kontinuierliche

Verbesserung der Teamarbeit zu richten, dies scheinen vorrangige Bedingungen und Voraussetzungen für Teammitglieder zu sein, um ein Team möglichst erfolgreich zu machen. Wir wollen dabei aber auch nicht vergessen, dass dies idealtypische Vorstellungen sind, die immer durch ungünstige Eigenschaften negativ beeinflusst werden können. Wesentlich ist es, dass jedes Teammitglied bereits für sich kritisch schaut, inwieweit es die ungünstigen Eigenschaften in günstige verwandeln kann und ob es überhaupt hinreichend vorbereitet und geeignet ist, in einem Team einen guten Beitrag zu leisten.

Schaubild 11 nennt günstige und ungünstige Voraussetzungen, die jedes Teammitglied für sich überprüfen und kritisch reflektieren kann, wenn es sich auf Teamarbeit und Teamteaching einlässt:

Was bringe ich mit?	günstig	ungünstig
Offenheit	Offenheit für die Perspektiven von anderen, Bereitschaft neue Sichtweisen aufzunehmen; Neugierde für andere/s; Bereitschaft für Veränderungen.	Fachliche Festgefahrenheit; Dominanz von scheinbar bewährten Routinen; Besserwissertum; Zweifel am Sinn von Veränderungen.
Flexibilität	Fähigkeit, die Rolle und Position in der Teamarbeit stets zu wechseln.	Bevorzugung bestimmter Rollen und Arbeiten; Rücksichtnahme auf eigene Bevorzugungen.
Zeit	Bereitschaft in der Vorbereitung, Planung, Durchführung und Auswertung hinreichend Zeit im Team zu verbringen.	Es wird lieber allein gearbeitet; grundsätzlicher Tenor ist, dass die alleinige Vorbereitung, Planung, Durchführung und Auswertung effektiver ist als im Team.
Vertrauen	Vertrauen in die eigenen Stärken und in die Stärken der anderen; Erwartung an positive gemeinsame Leistungen; gegenseitiges Vertrauen im Team.	Vermeintlichen Stärken anderer wird misstraut; geringe Erwartung an positive Teamergebnisse wird unterstellt; öfter Gefühl von Übervorteilung.
Freude	Freude, Spaß, Humor im Team sind durchgehend möglich; Erfolge, Fortschritte werden wahrgenommen und gefeiert.	Freude, Spaß, Humor sind nur gelegentlich sichtbar; es wird vor allem kritisch auf das geschaut, was misslingt, nicht perfekt ist, alleine besser gemacht werden kann.
Kongruenz	Es wird kongruent (Sprache und Körpersprache) kommuniziert und kooperiert; keine versteckten Botschaften, keine subtilen Machtspiele.	Was gesagt wird und wie es gesagt wird stimmt öfter nicht überein; Unbehagen oder Misstrauen wird indirekt kommuniziert; Machtspiele im Team werden mitgeprägt.

Was bringe ich mit?	günstig	ungünstig
Arbeitsbereitschaft	Jede/r übernimmt alle Aufgaben; Rotation bei Aufgaben ist erwünscht und wird geleistet; es besteht Interesse und Motivation an guten Ergebnissen.	Es herrscht eine Arbeitsteilung im Team, die zu starren Abläufen und Verantwortlichkeiten führt; die Ergebnisse hängen stark von der Arbeit einzelner Teammitglieder ab.
gemeinsame partizipative Haltung	Partizipation ist eine Grundhaltung, die das Team und die Teilnehmer/innen einschließt; Gemeinsamkeiten werden bei individuellen Unterschieden betont.	Hierarchien und Leitungsaufgaben durchziehen die Teamarbeit; es wird auf Unterschiede geachtet; ein Leistungsgefälle im Team wird beklagt.
gemeinsame Vision	Es gibt »höhere« Ziele, die erreicht werden sollen; es gibt eine Vorstellung gerechter, inklusiver, helfender Erziehungs- und Bildungsarbeit (»gute Arbeit«); die Vision wird von allen als sinnvoll empfunden.	Das Team ist aus Zweckgründen (oft von außen) zusammengesetzt; es gibt sehr eigene, im Team dann unterschiedliche Vorstellungen über sinnvolle Visionen; eine gemeinsame Vision kann nicht entwickelt werden.
...	Alles, was das Team voranbringt.	Alles was nervt, Zeit kostet, keine Wirkung zeigt, die Kommunikation behindert, ...

Schaubild 11: Was bringe ich für die Teamarbeit mit?

4.1.5 Wie finde ich den richtigen Partner/die richtige Partnerin?

Wird eine Möglichkeit des Arbeitens im Team eröffnet, heißt es unter Umständen, sich auf die Suche nach einem Teampartner/einer Teampartnerin zu begeben. Erfolgreiche Teamprozesse hängen neben der eigenen Haltung immer auch von der Konstellation eines Teams ab. Deshalb ist es günstig, wenn sich insbesondere kleinere Teams freiwillig bilden. Haben die Teammitglieder selbst die Möglichkeit, Einfluss auf die Zusammensetzung ihres Teams zu nehmen, so möchten wir anhand der folgenden Fragestellungen Möglichkeiten aufzeigen, wie ein geeignetes Team gebildet werden kann:

- Die Teammitglieder klären, dass und inwieweit sich alle bewusst für das Arbeiten im Team und für günstige Einstellungen im Sinne des »Good Work« in der Teamarbeit entscheiden.
- Zum Kennenlernen empfehlen wir, sich zunächst über die gegenseitigen Stärken auszutauschen. Die Teammitglieder erweitern ihre Selbsteinschätzungsebene dabei um die Fremdeinschätzungsebene und machen den anderen transparent: Was gelingt mir gut? Woran habe ich Freude? Wo liegen meine Stärken im Lehren und dem

Umgang mit den Lernenden? Mit Kolleg/innen? Ggf. mit Eltern? Wie sehen mich meine Lernenden, Kolleg/innen, Eltern?
- Alle tauschen sich über ihre Erwartungen im Prozess aus, bevor sie sich entscheiden, im Team zu arbeiten: Was erwarten wir von den Teammitgliedern? Welches Bild haben wir von funktionierender Teamarbeit?

Haben sich alle innerhalb ihres Teams gefunden, heißt es in einem zweiten Schritt, sich als Teammitglieder kennenzulernen und in einer gemeinsamen Vorstellung gelingende Teamarbeit zu verabreden und ihr zu begegnen. Teams, die schon länger zusammenarbeiten, müssen immer wieder daran arbeiten, ob und wie sich solche Vorstellungen verändern oder verändern sollten (Kapitel 4.3).

4.1.6 »Good Work«: Schlussfolgerungen für gute Teamarbeit

Aus den Ergebnissen der »guten Arbeit« lassen sich auch Schlussfolgerungen für die individuelle und die teambezogene Exzellenz, das Engagement und eine hinreichende Ethik ableiten, die hier als Anregungen an eine gute Teamarbeit im Mittelpunkt stehen sollen.

1. Exzellenz im Team:
   - Was können die einzelnen Teammitglieder besonders gut?
   - Woher wisst ihr davon? Wie kann das Teil der Teamarbeit werden?
   - Welche Handlungen zeigen für ein Team gute Arbeit und Exzellenz?
   - Was ist gute Arbeit für mich und für euch?
   - Wann ist gute Arbeit exzellent?
   - Woher weiß ich, dass ich mein Bestes gegeben habe?
   - Wie stelle ich fest, wie gut ich meine Arbeit mache?
   - Wie melden mir die anderen zurück, wie exzellent es ist?
   - Woher weiß das Team, dass es sein Bestes gegeben hat?
   - Wie werden die Erfolge des Teams gemessen bzw. festgestellt?
   - Welche Belohnungen gibt sich ein Team bei guter Arbeit, welche Konsequenzen, wenn es nicht so gut läuft?
   - Wie wird Zufriedenheit, Stolz und Glück im Team an das Teammitglied zurückgespiegelt?

2. Engagement im Team:
   - Was macht mein Engagement in der Arbeit und im Team besonders aus?
   - Was tue ich besonders gerne und mit viel Freude?
   - Was lerne ich besonders gern und was gebe ich gerne weiter?
   - Wie bringe ich das, was ich gerne tue und lerne, in das Team ein?
   - Welche Handlungen zeigen für ein Team ein hohes Engagement?
   - Warum sind diese Handlungen für das Team besonders wichtig?
   - Wie hilft das Team, solche Handlungen für alle attraktiv und interessant zu machen?
   - Woher weiß ich, dass mein Engagement hinreichend ist?
   - Was tue ich, wenn ich mich weniger engagiert fühle?

- Was tun die anderen, um mein Engagement zu stärken?
- Wie beraten wir uns im Team gegenseitig, um das Teamengagement möglichst hoch zu halten?
- Wann erlebe ich positive Gefühle während meiner Arbeit?
- Woran erkennen die anderen meine positiven Gefühle?
- Wie wirken die positiven Gefühle auf das Team?
- Was tut das Team, wenn die positiven Gefühle zu wenig in der Arbeit und im Team vorhanden sind?

3. Ethik im Team:
   - Warum ist das Anstreben guter Arbeit selbst bereits eine ethische Haltung?
   - Woran kann eine notwendige ethische Haltung im Arbeitsfeld als Notwendigkeit besonders festgemacht werden?
   - Was bedeutet in der guten Arbeit diese ethische Haltung konkret?
   - Gibt es neben der Offenheit, der Freundlichkeit, dem Respekt, Toleranz gegenüber anderen, der Hilfsbereitschaft noch andere wichtige ethische Haltungen im Arbeitsfeld, die alle teilen sollten?
   - Woran lassen sich unethische Handlungen im Arbeitsfeld erkennen?
   - Welche Vorsorge trifft das Team, um diese zu vermeiden?
   - Welche Konsequenzen gibt es, wenn unethische Handlungen von Teammitgliedern sichtbar werden?
   - Wie kann der ethische Teamgeist unseres Teams positiv in das Arbeitsfeld hineinwirken?

Diese oder ähnliche Fragen sind hilfreich, um insbesondere zu Beginn von Teamprozessen, und dann kontinuierlich, die Rollen miteinander zu klären und in ihre Bedeutung für eine gemeinsame »gute Arbeit« zu bestimmen. Es sind insbesondere die Bereitschaft zu einer umfassenden Kooperation und Kompetenzen zu einer gelingenden Kommunikation wichtig. Dies ist für neu gebildete Teams nicht immer eine leichte Aufgabe, weil es insbesondere durch die vorausgegangene schulische (und mitunter berufliche) Ausbildung oft schwerfällt, einen kooperativen Stil und gelingende Teamarbeit schnell auszubilden. Überall dort, wo frontale Unterrichtsmethoden vorherrschen und sich traditionell ausgebildet haben, bedarf es großer Anstrengungen, die Teammitglieder von den Vorteilen der Teamarbeit zu überzeugen. Gerade hier sind gemeinsame Diskussionen über die »gute Arbeit« und die gute Teamarbeit ein notwendiger Bestandteil, um Teamarbeit hinreichend einzuführen und effektiv zu gestalten.

Ein weiterer Punkt ist ebenso wichtig. In den »Good Project«-Studien zeigte sich auch, dass insbesondere der weit verbreitete Gebrauch der Massenmedien, der eine durchgehende Vernetzung suggeriert, nicht hinreichend für wirkliche Teamarbeit ist, die im persönlichen, engagierten sozialen Kontakt stattfinden muss. Konkret heißt dies, dass kein Team allein über soziale Netzwerke im virtuellen Kontakt hinreichend geführt und entwickelt werden kann. Der persönliche Kontakt, der in kontinuierlichen Treffen, im persönlichen Kennenlernen, in der konkreten Zusammenarbeit, in einer Anwesenheit vor Ort entsteht, ist unerlässlich für eine gelingende Teamarbeit. Technische und mediale Hilfsmittel können die persönlichen Beziehungen und das sehr konkrete Finden der Rollen im gemeinsamen Dialog miteinander nicht ersetzen, aber als begrenzte Werkzeuge ergänzen (wie z. B. Videokonferenzen).

4.1.7 Präsenz zeigen, Grenzen achten

Es ist aus der bisherigen Argumentation deutlich geworden, dass Teamteaching grundlegend neue Herausforderungen an Lehrkräfte und andere Beteiligte setzt. Die empirische Forschung zeigt, dass es dabei heute zunehmend weniger die fachliche Ausbildung ist, die vorrangig über den Lehrerfolg entscheidet (Hattie 2009, S. 113). Zwar sollte das Fachliche nicht auf einem schlechten Niveau erarbeitet sein, es bedarf einer hohen Qualität, angepasst auf die Anforderungen der jeweiligen Ausbildung, aber es ist ein großer Irrtum, es als ausschließliche, überwiegende oder dominante Größe anzusehen. Besonders dann, wenn das Fachliche weit über den Verständnishorizont als auch den Erwartungshorizont dessen, was für die Lernenden notwendig in der Vermittlung ist, hinausreicht, wird ein spezielles Fachwissen eher zu einem Hindernis im Lernen (weil zu komplex, zu kompliziert, zu abstrakt) als zu einer wirklichen Hilfe auch für die Lehrkraft.

Der am besten wirkende Faktor im Lernen, so sagt die empirische Forschung, ist die Selbstwirksamkeit, die Zuschreibung von Lernerfolgen in den Erwartungen der Lernenden wie der Lehrenden (Hattie 2009, S. 43 f.). Eine hohe Erwartung an die Wirksamkeit im Lernen mit dem und durch das Team ist im Sinne solcher Forschungsergebnisse erforderlich. Solche Selbstwirksamkeit ist durch Erwartungen und Haltungen geprägt (Perez 2012, S. 85), die betonen, dass

- alle Lernenden im Teamteaching gut und erfolgreich lernen können,
- gegenseitiges Zuhören, Vertrauen in die Arbeit der anderen, Unterstützung für alle, besonders geeignete Bedingungen für gelingende Teamarbeit sind,
- der gemeinsame Wille, Hindernisse im Lernen zu erkennen und zu beseitigen, sowohl die Lernenden als auch das Team voranbringt,
- die Unterschiede der Lernenden kein Hindernis, sondern eine Chance für ein Lernen mittels Teamteaching sind,
- unterschiedliche Teammitglieder im Teamteaching helfen können, unterschiedliche Lernende individuell anzusprechen und für sie in Lehr- und Lernvorgängen hilfreich zu sein,
- die Teamarbeit es ermöglichen kann, die Beobachtungen der Lernenden in einer Handlungsforschung zu erweitern und Entscheidungen über weitere sinnvolle Lehr- und Lernvorgänge basierend auf Daten, gezielten Beobachtungen und Arbeitsergebnissen der Lernenden zu fällen,
- ein konstruktives Feedback, das regelmäßig durchgeführt wird, sowohl den Lernenden als auch den Lehrenden hilft, die Arbeit und das Verhalten zu verbessern.

All diese Aspekte deuten auf einen wesentlichen Erfolgsfaktor hin, den wir als »Präsenz zeigen« bestimmen wollen. Präsenz bedeutet für uns, dass sowohl das Teammitglied als auch das gesamte Team stets erkennen lässt, dass

- es anwesend ist, aufmerksam und wach alle Prozesse verfolgt, unermüdlich und verbindlich einsatzbereit ist,
- es Verantwortlichkeiten sowohl für einzelne Teammitglieder als auch das Team insgesamt gibt, die transparent für die Teilnehmer/innen wie auch das Team nachvollzogen werden können,
- alle Lehrkräfte bzw. Teammitglieder zu bestimmten Zeiten ansprechbar bzw. verfügbar sind, wobei eine Anwesenheit während des gesamten Prozesses als prinzipiell sinnvoll erscheint,
- die Arbeiten und das Verhalten der Teilnehmer/innen stets und kontinuierlich durch Teammitglieder rückgekoppelt sind (Kapitel 4.3.6),
- die Arbeiten und das Verhalten der Teammitglieder ebenfalls kontinuierlich durch Feedback im Team rückgekoppelt sind (Kapitel 5.3.3),
- Störungen im Lehr- und Lernprozess (Seite der Lernenden) oder auch in der Teamarbeit (Seite der Lehrenden) stets Vorrang haben und schnell beseitigt werden (Kapitel 4.4),
- gegenseitige Hilfe den Teammitgliedern möglichst unmittelbar zuteilwird, wenn der Lehr- und Lernprozess stockt, in Schwierigkeiten gerät, als belastend empfunden wird usw.

Komplementär zu der Präsenz sehen wir die Grenzziehung, die ein Modell ständiger Anwesenheit, Wachheit und des unermüdlichen Einsatzes begleiten muss. Jedes Teammitglied ist ein Individuum, das bei aller Bereitschaft zur Teamarbeit, die vorhanden sein sollte, bei aller Unermüdlichkeit des Einsatzes immer auch individuelle Grenzen setzen muss, um eine Balance aus Anspannung und Entspannung, Aufmerksamkeit und Ruhe, Kontakt und Distanz, persönlicher Belastung und Entlastung zu finden. Die Belastbarkeit von Menschen ist individuell sehr unterschiedlich. Gesundheitliche Probleme können stark verändernd in das Belastungsprofil eingreifen. Dennoch wird in einem Team immer wieder kritisch darauf geschaut, wie der eigene Einsatz im Verhältnis zu dem der anderen steht. Erfolge guter Teamarbeit werden durch die Balancen geprägt, die für alle Teammitglieder zwischen Präsenz und Grenzziehung liegen, wobei es eine grundsätzliche Regel gibt: Die Belastungen durch Präsenz in der Teamarbeit werden dann als gerecht und sinnvoll erlebt, wenn die individuellen Unterschiede als nicht wesentlich ungleiche Belastung oder als hinreichend begründet durch spezifische gesundheitliche Voraussetzungen erscheinen. Ungerechte Verteilungen von Belastungen durch Präsenz werden ansonsten leichthin als Belastung der Teamarbeit überhaupt empfunden.

Es gehört wesentlich zu einer dauerhaft gelingenden Teamarbeit, dass im Team offen darüber gesprochen wird, wie die Präsenz von allen gesichert werden kann und inwieweit persönliche Belastungen zu notwendigen – dauerhaften oder vorübergehenden – Grenzen führen. Hier ist es grundsätzlich sinnvoll, möglichst viele Arbeiten und Belastungen wie auch die schönen Seiten der Teamarbeit gemeinsam zu verbringen. Je mehr im Team vorbereitet, geplant, durchgeführt und ausgewertet wird, desto geringer wird eine Ungerechtigkeit in der Belastung wahrgenommen werden. Je mehr Sonderegeln und Wünsche von einzelnen Teammitgliedern gegen eine gemeinsame Teamarbeit dominieren, umso schneller wird ein Team in der Gefahr stehen, sich in dauerhafte Kontroversen über die vermeintliche Gerechtigkeit oder Ungerechtigkeit der Belastungen zu verstricken. Hier entsteht dann nicht selten eine Buchführung des Nachweises tatsächlich erbrachter Leistungen für das Team (Arbeitsstundennachweise, Nachweise für Recherchen usw.), die als Misstrauenskultur die Teamarbeit von vornherein verunmöglichen (weiterführend Kapitel 4.4).

4.1.8 Beziehungen haben Vorrang – Die Bedeutsamkeit des Klimas innerhalb von Teamprozessen und wie man es gestalten kann

Das Klima und die Beziehungsebene innerhalb der Organisation oder Institution und innerhalb des Teams haben einen großen Einfluss auf gelingende Teamarbeit. Viele Lehrende sind es gewohnt, sich mit anderen abzustimmen, aber gelingende Teamarbeit erfordert einen gemeinsamen Arbeitsprozess in kontinuierlicher Abstimmung mit verteilten Rollen. Nachfolgend möchten wir hierzu einige Strategien beschreiben, die für ein positives Klima und eine vertrauensvolle Beziehungsebene zwischen den Teammitgliedern förderlich sein können. Wir werden diese Strategien in den nächsten Unterkapiteln wieder aufnehmen und konkrete Vorschläge zur Umsetzung unterbreiten.

Wird das Teamteaching eingeführt, dann gehört dies zu einem großen Wandel in der gegenwärtigen Lehr- und Lernkultur. Auch wenn die Idee des Teamteaching schon recht alt und in der Reformpädagogik seit über 100 Jahren aufgetreten ist, so ist eine umfassende Umsetzung in die Praxis noch eher selten und noch immer ungewöhnlich. In der *Change*-Literatur gibt es verschiedene Studien, die zeigen, dass Veränderungsprozesse und Haltungsänderungen viel Zeit in Anspruch nehmen. Sind Lehrende es in ihrer bisherigen Berufspraxis gewohnt, alleine zu unterrichten, stellt das Teamteaching sie häufig zunächst vor eine ungewohnte und herausfordernde Situation. Hier ist es wichtig, an den Haltungen anzusetzen und gemeinsam eine wertschätzende Kultur aufzubauen. Beninghof (2012, S. 17) beschreibt in diesem Zusammenhang proaktive Strategien, die bei der Einführung von Teamprozessen für ein positives und inklusives Klima sorgen können. Dazu zählen:

- Ein gemeinsames Visions- oder Auftrags-Statement formulieren, klären, wofür die gemeinsame Arbeit steht (Kapitel 4.3.1). Jede Organisationen muss hier »Herz« und »Kopf« zusammenbringen. Es geht darum, gemeinsam für »die Sache« an einem Strang zu ziehen, die emotionale Seite nicht zu unterschätzen und sich nicht nur auf kognitive Werte und Fähigkeiten zu konzentrieren, sondern auch eine positive emotionale Haltung zu entwickeln. Nur so kann ein Wandel innerhalb einer Orga-

nisation nachhaltig stattfinden. Begleitet werden kann dieser Prozess auch durch externe Beratungen (Kapitel 5.3.5).
- Eine »Klima«-Umfrage innerhalb der Organisation oder der Institution durchführen, um auch versteckte Nuancen, die z. B. vonseiten der physischen Umgebung wirken, aufzudecken (Beninghof/Singer 1995). Die Forschung zeigt, dass sich unsere Gewohnheiten auch in der physischen Gestaltung unserer Umgebung widerspiegeln. Schon kleine Optimierungen in der Umgebung können hier viel ausmachen. Als Möglichkeit möchten wir auf die sogenannte *Kudo-Box*[28] aufmerksam machen. Hier können Teams die Atmosphäre der Organisation/Institution durch einzelne Fragestellungen erfassen. Alle Beteiligten können anonym ihre Einschätzungen oder ihr Befinden innerhalb der Institution schriftlich in die Kudo-Box werfen.
- Sicherstellen, dass Themen inklusiver Lern- und Unterrichtsentwicklung[29] innerhalb von Weiterbildungsmaßnahmen und in der Diskussion Einzug finden. Häufig werden weiterführende Ideen zur Förderung aller Lernenden in Workshops behandelt, Lehrkräfte werden dann in der täglichen Arbeit jedoch mit der Adaption auf ihren individuellen Arbeitsplatz allein gelassen. Nehmen beispielsweise Lehrkräfte an Fortbildungsmaßnahmen teil, so könnten gemeinsame Zeitfenster zur Verfügung gestellt werden, allen ihre dort erworbenen Kompetenzen, ihr Wissen bzw. ihre Expertise bezüglich eines bestimmten Themenfeldes präsentieren zu können. Im Team können dann für die Situation vor Ort gemeinsam Adaptionen gefunden werden, so dass Lehrende und Lernende von den neuen Ideen umfassend profitieren können.
- Neben dem grundlegenden Thema der Heterogenität aller Lerngruppen und der heute in allen pädagogischen Feldern aktuellen Aufgabe von Inklusion, um das Lernen individuell anzupassen, sollte Teamteaching auch ein Bestandteil von Personalentwicklung innerhalb der Organisationen bzw. Institutionen sein. Die Atmosphäre innerhalb einer Organisation bzw. Institution ist bestimmt durch die Qualität und Quantität von Weiterbildungen und persönlichen Erfahrungen. Beninghof (2012, S. 17) betont, dass die erfolgreichsten Teamprozesse dort entstehen, wo alle Beteiligten auf einem ähnlichen Level an Vorinformationen Teamprozesse aufbauen können.
- Lehrkräfte oder Trainer/innen, die planen im Team zu arbeiten, benötigen immer eine gemeinsame Basis. Aber diese ergibt sich nicht von selbst. John Maxwell, Leadership-Experte, beschreibt in seinem Buch »Everyone Communicates, Few Connect« (2010), dass Teampartner/innen deshalb nach einer gemeinsamen Basis

---

28 Die Kudo-Box (»Kudos« aus dem Griechischen für »Anerkennung«, unter www.kudobox.co, Abruf: 09.03.2016) ist Teil des Agile Leadership-Gedankens. Gerade bezüglich Veränderungen in einem System und der Teamstruktur widmet sich diese agile Management-Variante von Top-down- Prozessen zu Bottom Up-Szenarien. Weitere Informationen unter www.agile-lead.com (Abruf: 09.03.2016).
29 Alle Lerngruppen, selbst wenn sie scheinbar nach Homogenitätsgesichtspunkten (z. B. durch einen Numerus Clausus) ausgesucht werden, sind heterogen. Je größer die Unterschiede innerhalb der Gruppe sind, desto höher ist der Inklusionsbedarf (Reich 2014).

suchen sollten. So könnten alle Beteiligten auf bereits gemachte Erfahrungen zurückgreifen und sie wirksam in den Prozess mit einfließen lassen. Sind den verschiedenen Teampartner/innen gemeinsame Interessen bewusst, wird das ein entscheidender Ausgangspunkt sein, um ihre Beziehungsseite zu stärken.

Neben diesen Strategien gilt grundsätzlich eins: kommunizieren, kommunizieren, kommunizieren! Denn eine klare, ehrliche Kommunikation ist für jegliche Teamarbeit wesentlich. Beninghof (2012, S. 20 ff.) sieht den Kommunikationsaspekt im Rahmen von Teamprozessen als das zentrale Element an. Analog zu Bergsteiger-Paaren beschreibt Beninghof den Dialog als ausschlaggebend für eine »gesicherte«, gelingende Kommunikation im Team. Die »Sicherung« vermeidet »Abstürze«. Die folgenden Ausführungen geben Hinweise, wie eine gute Kommunikations- und Interaktionsbasis geschaffen werden kann. Wir verstehen diese Tipps als Möglichkeiten, um die tägliche Kommunikation zu verbessern:

- *Abstimmung über Lehr-Philosophie*: Tauschen Sie sich offen und ehrlich im Team über Ihre Einstellungen und Haltungen guten Lernens aus: Was glauben Sie, wie Ihre Lernenden am besten lernen? Wie sieht für Sie eine gute Unterrichtseinheit aus? Was bedeutet für Sie gutes »Lehren«? Was ist Ihre Idealvorstellung einer guten Beziehung zwischen Lernenden und Lehrenden? Mit welchem Wort oder welcher Metapher beschreiben Sie Ihre Rolle als Lehrkraft (z. B. als Coach, Experte/in, Berater/in, Begleiter/in, Leiter/in, …)?
- *Ziele und Kompetenzen:* Neben den Zielen, die im Lehrplan für Ihre Lernenden beschrieben werden, können Sie Ihr Team auch dazu nutzen, sich über weiterführende Kompetenzen, die Ihnen am Herzen liegen, austauschen: In welcher Weise möchten Sie kritisches Denken noch stärker fördern? Wie setzen Sie Problemlösungs-Strategien ein? Wie lassen sich demokratische Haltungen fördern? Wie verstärken Sie Kooperation unter Ihren Lernenden? Wie lässt sich Nachhaltigkeit aller Maßnahmen erreichen?
- *Persönliche und professionelle Ziele:* Ihr Team setzt sich immer aus unterschiedlichen Persönlichkeiten zusammen, die an unterschiedlichen Orten und Erfahrungen ihres Lebens stehen. Vielleicht ist gerade jemand aus Ihrem Team Vater oder Mutter geworden, ein anderes Teammitglied beschäftigt sich bereits gedanklich mit dem bevorstehenden Ruhestand. Die persönlichen und professionellen Ziele bedingen und beeinflussen auch Ihre Teamarbeit. Negative Einflüsse können Sie schon dadurch reduzieren, dass Sie innerhalb Ihres Teams im Gespräch bleiben. Halten Sie einen Moment inne und reflektieren Sie für sich persönlich: Was sind meine persönlichen bzw. professionellen Ziele? Was erwarte ich beruflich und privat in diesem/nächsten Jahr? Welcher Einsatz ist mit Ihren Zielen verbunden? Wie könnten Ihre Ziele die Arbeit im Team beeinflussen? Wenn Sie sich im Team über Ihre Ziele ausgetauscht haben, können Sie gemeinsam nach Handlungsmöglichkeiten schauen und diese entwickeln, um effektiv in Ihrem (heterogenen) Team zu arbeiten – so können unterschiedliche Voraussetzungen und Vorstellungen ein heterogenes Team

auch stärken. Sie können für besondere Lebenslagen und Situationen auch als Team vorübergehende Lösungen der Entlastung finden.
- *Der* persönliche *Stil:* Einerseits können unterschiedliche Stile von Lehrkräften innerhalb eines Teams das Lernen und Lehren innerhalb einer Gruppe stärken, und die Unterschiedlichkeit der einzelnen Lehr-Stile und Persönlichkeiten bereichern den Lernprozess. Auf der anderen Seite können sich stark unterscheidende Lehr-Stile gegenseitig auch einschränken und eine effektive Teamarbeit erschweren. Das Team muss sich daher über Präferenzen in der Flexibilität von Planungsprozessen, Zeitmanagement, Art des Humors, Klassenraumgestaltung, »Lärm«-Toleranz oder Bestimmtheit von Entscheidungen und Konsequenzen austauschen und auf gemeinsame Lösungen einigen. Beninghof (2012, S. 22) beschreibt beispielsweise, dass sich die besten Teams normalerweise in ihren Stilen ergänzen. Auf der Verhaltensebene gehört dazu allerdings auch eine Einigung auf gemeinsame Grundregeln.
- *Reflektieren wesentlicher Grundlagen des Teams*, um günstige Ausgangspunkte schon vor dem Teamteaching zu erfassen:
  - Beschreiben Sie Ihre Wahrnehmung über das Klima in der Organisation oder Institution. Wo sehen Sie Stärken und wo sehen Sie Verbesserungsbedarf?
  - Wie können Sie Ihre persönlichen Stärken einbringen, um den Herausforderungen von Teamteachingprozessen zu begegnen?
  - Welche Maßnahmen sehen Sie, um Mitglieder, die dem Teamteaching gegenüber abgeneigt sind, für eine freiwillige Teamarbeit zu ermutigen?

4.2 Teams in der Organisation

Teams sind immer in der einen oder anderen Form organisatorisch eingebunden. Dabei gibt es eher starke Einbindungen wie in der Schule, der Hochschule oder in ausbildenden und weiterbildenden Institutionen aller Art, aber auch schwächere Formen, wenn Teams für einen bestimmten Zeitraum im Rahmen von Fort- und Weiterbildungen, für bestimmte Schulungen oder Workshops gebildet werden. Erfolgreiche Teams haben nicht nur einen Wirkungsgrad innerhalb ihrer direkten Arbeit. Die Literatur zeigt, dass sich erfolgreiche Teamarbeit positiv auf die gesamte Organisation bzw. Institution auswirken kann (u. a. Villa/Thousand/Nevin 2013). Vor diesem Hintergrund ist im Rahmen der Vorbereitung von Teamarbeit zu berücksichtigen, dass das Teamvorhaben transparent in die gesamte Organisations- bzw. institutionelle Kultur (z. B. Schulkultur) eingebettet wird.

Nachfolgend besprechen wir zwei Aspekte, die insbesondere in der starken, kontinuierlich durchgeführten Teamarbeit immer auftreten werden, die aber auch für die schwächeren und zeitlich begrenzten Formen durchaus relevant sind. Hier geht es *erstens* um den bewussten Umgang mit Heterogenität, denn sowohl die Lerngruppen als auch die Lehrteams sind immer unterschiedlich nach Voraussetzungen, Bedürfnissen, Erwartungen usw. zusammengesetzt. Wird dieser Aspekt nicht hinreichend beachtet, kommt es leicht zu Schwierigkeiten in der Teamarbeit. *Zweitens* unterliegen Teams in Organisationen in der Regel Bürokratien und hierarchischen Ordnungen. Insoweit muss die Unterstützung durch die Leitung nach Strukturen, Ressourcen, Barrieren, Hilfestellungen usw. reflektiert werden.

4.2.1 Bewusster Umgang mit Heterogenität – was sind gute Teams?

Jedes Team – sei es bei den Lernenden oder den Lehrenden – unterscheidet sich von einem anderen, wobei sowohl die Individuen im Team als auch das Team selbst eine Einzigartigkeit aufweisen. Gleichwohl ist immer wieder zu diskutieren und für den Erfolg der Teamarbeit zu prüfen, wie stark eine Homogenisierungstendenz für Teams besteht und wie umfassend Heterogenität tatsächlich möglich ist.

> **Beispiel: Einschränkung von Heterogenität im Team**
> An einer innovativen inklusiven Schule arbeiten Lehrkräfte verschiedener Schulformen miteinander. Sie sollten alle eine inklusive Haltung entwickeln und erwarten, dass alle Schüler/innen zu für sie bestmöglichen Ergebnissen gelangen können. Bildungsgerechtigkeit herzustellen, ist für sie ein gemeinsamer Wert. Damit sind jedoch Bedingungen genannt, die eine Heterogenität des Teams bereits einschränkt, um den Erfolg des Teams zu sichern. Was wäre, wenn eine Gymnasiallehrkraft besonderen Wert in diesem System darauflegt, möglichst nur Leistungen in Fächern zu fördern und rangbezogene Noten gegenüber individuellem Feedback für unterschiedliche Schüler/innen ohne Rücksicht auf deren unterschiedliche Lernvoraussetzungen zu vergeben. Hier würde es zu Konflikten kommen. Was aber, wenn solche Konflikte durch die Heterogenität eines Kollegiums zwangsläufig vorhanden sind? Wo eben Teamarbeit und Teamteaching noch als Vorteil erschienen, können sie sich bei Nichtübereinstimmungen in grundlegenden Einstellungen, Werten und Erwartungen sofort in Nachteile mit endlosen Diskussionen und Streitereien verwandeln.

Die heterogene Zusammensetzung von Teams sollte gerade bei pädagogischen Aufgaben nicht willkürlich erfolgen oder bloß dem Zufall überlassen bleiben. Heterogene Teams benötigen ein Mindestmaß an Gemeinsamkeit in aller Unterschiedlichkeit und gleichzeitig hinreichende Unterschiedlichkeit bei allen Gemeinsamkeiten. Hierzu sollen einige Grundregeln genannt werden:

- *Vision*: Eine gemeinsame Vision, ein Leitbild, Handlungsziele, die nicht nur kurzfristig, sondern langfristig Wirkung zeigen sollen, die eine Werthaltung für eine gute Sache (wie z. B. mehr Bildungsgerechtigkeit) ausdrücken, helfen einem Team, sich zu orientieren und immer wieder Energien zu wecken.
- *Identifikation*: Die Arbeitsweise des Teams wie auch die Ergebnisse sollen alle Teammitglieder ermutigen, sich zugehörig, verantwortlich, sicher und produktiv zu fühlen. Ein gutes Team benötigt sichtbare Erfolge für alle, um eine Gruppenidentifikation zu ermöglichen. Gleichzeitig wird stets eine gemeinsame Verantwortung nach außen gezeigt.

- *Geschichte*: Jedes Team hat seine Geschichte, die alle Teammitglieder – auch neu hinzukommende – kennen sollten. Eine dokumentierte Geschichte sollte die Identität eines Teams stärken und nicht Grund zur Abschreckung von anderen sein.
- *Organisation*: Allen im Team sollte stets klar sein, wie und woraufhin, mit welchen Methoden und Mitteln, an welchen notwendigen und welchen freien Aufgaben gearbeitet wird und wer für was verantwortlich ist. Es gibt klare und regelmäßige Termine und Zeitpläne. Die Leitung (auch auf Zeit oder rotierend) ist möglichst gemeinsam vereinbart und nicht bloß von außen vorgegeben.
- *Enthierarchisierung*: Je mehr Partizipation aller im Team, desto engagierter können alle zum Zuge kommen. Auch wenn es für eine gewisse Zeit in jedem Team günstig sein kann, Antreiber/innen zu haben, deren Einsatz hilft, gute Ergebnisse zu produzieren, so ist es auf Dauer günstiger, den Erfolg nicht auf Hierarchien oder bestimmte Personen zu orientieren, sondern die Kraft der gesamten Gruppe zu nutzen.
- *Arbeitsteilung*: In Teams gibt es gemeinsame und individuelle Arbeitsphasen. Wichtig ist es, alle Entscheidungen im Blick auf individuelle Arbeitsergebnisse gemeinsam zu treffen.
- *Respekt und Anerkennung*: Eine gute Arbeitsatmosphäre im Team benötigt Respekt und Höflichkeit mit- und gegeneinander, insbesondere aber auch die Anerkennung für die Einsatzbereitschaft und Leistung der jeweils anderen. Insbesondere wenn es hier zu Missverhältnissen – von fehlender Pünktlichkeit bis hin zu unzuverlässigen Arbeiten – kommt, wird es schnell Konflikte geben. Daher gehört es zu den Teamregeln, immer schon frühzeitig offen die Arbeitsbelastungen, Ergebnisse und Unterschiede zu thematisieren und verständlich für alle werden zu lassen.
- *Gute Kommunikation und Feedback*: Die Regeln gelingender Kommunikation sind ebenso wichtig wie eine umfassende Feedbackkultur. Insbesondere Alleingänge oder fehlende Abstimmungen im Team gefährden die kommunikative und kooperative Arbeit. Immer wieder wird Meta-Kommunikation – eine Kommunikation über die eigene Kommunikation – zu betreiben sein. Konfliktvermeidung ist stets ein hohes Risiko für die Teamarbeit.
- *Innovation*: Teams sollten Neuerungen durchaus stärker belohnen als den Weg, immer dasselbe zu tun.
- *Minderheiten*: Teams sollten nicht durchgehend nur Mehrheitsbeschlüsse fassen, sondern immer auch schauen, inwieweit begründete Minderheitsmeinungen mit aufgenommen werden können. Pluralität von Meinungen und Konzepten, Multiperspektivität bei Interpretationen, Unterschiedlichkeit bei Lernzugängen sind hier wichtig.
- *Evaluation*: Ein Team kann nicht einfach darauf vertrauen, dass die Methoden und Ergebnisse der Arbeit gut sind. Gerade im Teamteaching ist es immer wesentlich, die Wirkungen in der Praxis umfassend zu beobachten und ausführlich zu evaluieren. Dabei ist ein wichtiger Punkt der Evaluation, was das Team tun kann, um noch besser zu arbeiten. Grundsätzlich sind alle Erfolge aus Evaluationen und Feedback von außen angemessen zu würdigen und zu feiern.

- *Der Blick nach außen*: Ein noch so gutes Team sollte immer auch Rückmeldungen von außen aktiv einholen. Dies hilft, eigene, scheinbar sichere und erfolgreiche Wege und Ergebnisse nochmals zu überdenken und neue Ideen zu gewinnen.
- *Größe*: Teams sind in der Praxis oft zwischen drei bis sieben Personen groß, wenn – allerdings immer abhängig von der Aufgabe und den Anforderungen – erfolgreich gearbeitet werden soll. Bei zu großen Teams macht es Sinn, sie zu unterteilen, bei kleinen Teams sind Kooperationen mit anderen Kleinteams oft notwendig, um größere Aufgaben zu bewältigen.

In diesen Voraussetzungen gelingender Teamarbeit sind Bedingungen genannt, die eine gewisse Gemeinsamkeit (Homogenität z. B. im Blick auf Haltungen, Werte, Ziele) des Teams erzwingen. Driften diese notwendigen Voraussetzungen, wie sie eben genannt wurden und wie wir sie in den folgenden Abschnitten noch näher konkretisieren werden, zu stark auseinander, dann kann es zu Spannungen und Konflikten im Team kommen, die die Teamarbeit erschweren oder verunmöglichen.

Deshalb sind Teamregeln sowohl in der Teamarbeit der Lernenden wie im Teamteaching unabdingbar. Aber dies sollte auf Freiwilligkeit beruhen und die übrige Heterogenität nach Alter, sozialer Herkunft, Geschlecht, Migrationshintergrund, Vorbildung, Lernbiografie, Lebenseinstellungen usw. nicht beschränken. Dies ist nun keine Rest-Heterogenität, sondern eine umfassende Unterschiedlichkeit der Teammitglieder, die auch bewusst in der Auswahl von Mitgliedern beeinflusst werden kann und sollte. So sind – um nur einige wesentliche Unterschiede zu nennen – geschlechtergemischte (und nicht durchgehend heterosexuell orientierte), aus unterschiedlicher sozialer Herkunft gebildete, an Migration beteiligte, von Behinderungen betroffene Teams immer günstiger, weil das Lehren und Lernen keine künstliche Welt mit besonderen Lehrkräften jenseits gesellschaftlicher Diversität sein sollte. Es gehört zu den Standards einer inklusiv orientierten Gesellschaft, die sich der in ihr vorhandenen Diversität bewusst und aktiv stellt, Vorkehrungen zu treffen, damit auch in allen Ausbildungen, in Weiter- und Fortbildungen die Diversität in der Heterogenität der Lehrkräfte und Teams gespiegelt ist (Reich 2012b).

Die Heterogenität des Teams benötigt dann jedoch eine gemeinsame Einigung auf Einsichten, die ein erfolgreiches Teamteaching als Mindeststandards bedingen. Insoweit ist die pädagogische Arbeit in Lehr- und Lernteams nicht völlig voraussetzungsfrei.

In einem stark selektiven Schulsystem wie in Deutschland gibt es noch oft die Ansicht, dass homogene Lerngruppen die besseren Leistungsergebnisse erzielen können. Die Kohäsion einer Lerngruppe, so scheint es, lässt leichter ein gleiches Vorwissen unterstellen, ein gleiches Tempo und eine *One-size-fits-all*-Methode durchführen. Etliche Forschungen haben jedoch gezeigt, dass diese vermeintlichen Vorteile oft in große Nachteile umschlagen. So erzeugen Maßnahmen, um eine möglichst homogene Gruppe zu bilden, einen hohen Gruppenzwang gleich sein zu wollen, was der grundsätzlichen Unterschiedlichkeit der Menschen widerspricht. Selbst eine sorgfältig ausgewählte Elitegruppe eines Gymnasiums, so zeigt die Praxis, unterscheidet sich innerhalb der Gruppe in sehr großem Maß. Wird aber eine hohe Gemeinsamkeit unterstellt, so findet sie in der Anpassung der Lernenden an das erwartete Gruppendenken auch statt. Die Gruppe begnügt sich dann mit dem, was erwartet wird und kommt nicht zu dem, was für einzelne Mitglieder und auch für die gesamte Gruppe an kreativer Unterschiedlichkeit möglich wäre. Dagegen zeigen heterogene Gruppen mit unterschiedlichen Erfahrungen und Fähigkeiten besonders bei hoher Aufgabendiversität deutliche Leistungs- und Verhaltensvorteile, weil hier die Unterschiedlichkeit auch ein Mehr an Lösungsbreite und -vielfalt bedeutet (z. B. Tilmann/Wischer (2006), Reich (2014), Sturm (2013), Hagedorn et al. (2009), Bräu/Schwerdt (2005)).

4.2.2 Unterstützung durch die Leitung: Strukturen, Ressourcen, Barrieren, Hilfestellungen

In den meisten Organisationen sind Teams jeglicher Art immer auch in die Hierarchie der Organisation bzw. des Betriebes eingegliedert. Dabei gibt es in der Regel eine Leitung oberhalb der jeweiligen Teams als auch in den Teams selbst. Im engeren Teamteaching haben wir es oft mit in der Hierarchie eher gleichgestellten Personen zu tun, so dass hier Leitungsfunktionen im Team auch rotieren können, um dadurch mehr Partizipation und eine Verbreiterung der Verantwortung zu erreichen.

Betrachten wir zunächst das Verhältnis von meist vorgegebenen Strukturen bzw. Bedingungen der Arbeit, der bestehenden Leitung und ihr Wechselverhältnis zum Team. Die Leitungsebene soll dabei im günstigen Fall einem Team Ressourcen in bestimmten vorgegebenen Strukturen ermöglichen, Barrieren der Arbeit beseitigen, Hilfestellungen geben. Aber gleichzeitig muss auch beachtet werden, dass die jeweiligen Teams ihrerseits eine Verantwortung gegenüber den Ressourcen und Lösungen besitzen. Im *Schaubild 12* wollen wir dabei wiederkehrende Anforderungen und Konfliktpunkte, die in der Praxis immer wieder auftreten, benennen. Wir haben sie in Frageform gebracht:

	Strukturell vorgegeben	Von der Leitung verantwortet	Vom Team verantwortet
Strukturen	Welche rechtlichen, betrieblichen und organisatorischen Vorgaben der Organisation/der Maßnahme sind vorgeschrieben, einzuhalten, umzusetzen?	Wie kann in der Struktur/bei der Maßnahme mithilfe der Leitung ein verantwortbares, optimales Ergebnis sowohl für die Lernenden wie auch die Lehrenden erzielt werden?	Ist die Teamstruktur und die Arbeitsweise hinreichend geeignet, um die gestellten Aufgaben umfassend, mit Qualität als »gute Arbeit« zu erfüllen?
Ressourcen	Welche Ressourcen stehen prinzipiell bereit und wie sind diese in der bestehenden Struktur/Maßnahme verteilt?	Wie verteilt die Leitung die Ressourcen und lässt sie die Beteiligten dabei hinreichend in Transparenz und Mitbestimmung teilhaben?	Wie werden die Ressourcen im Team und für die Lehrenden und Lernenden verteilt und wie wird dabei die Qualität hinreichend gesichert?
Barrieren	Welche strukturellen Barrieren sind vorhanden und welche Chance besteht auf lange Sicht, dies zu verändern?	Wie aktiv und effektiv ist die Leitung nach außen und innen, um vorhandene Barrieren zu identifizieren und in Absprache mit den Beteiligten zu beseitigen?	Wie kreativ und nachhaltig ist das Team im Erkennen und Beseitigen von selbst verantworteten Barrieren und wie hilfreich bei der Identifizierung struktureller Barrieren?
Hilfestellungen	Sind in der Struktur Hilfssysteme vorhanden oder können sie von außen eingefordert werden?	Basiert die Hilfe auf einem klaren Konzept der Evaluation und Beratung und wird sie kontinuierlich und für alle gewährt?	Wird Hilfe aktiv eingefordert und zeigt die Forderung die Bereitschaft, Probleme dann selbst zu lösen, wenn sie vom Team gelöst werden können?

Schaubild 12: Leitung und Team im Blick auf Strukturen

Diese oder ähnliche Fragen sind grundsätzlich gemeinsam von Leitung und Team vor Beginn der Teamarbeit zu besprechen und zu klären. Ergebnisse sollten schriftlich festgehalten werden. Solche Fragen gemeinsam zu erörtern, ist wichtig, um

- Verantwortlichkeiten abzugrenzen und zu klären, was eher strukturell und von außen bedingt ist und was innerhalb der eigenen Leitungs- und Lenkungsstrukturen realisiert werden kann,
- gemeinsam eine Strategie zu entwickeln, wie strukturelle Hindernisse langfristig angegangen und ggf. beseitigt werden können,
- wechselseitige Zuschreibungen von Schuld und Versäumnissen zwischen Leitung und Team zu vermeiden, Handlungsspielräume zu versachlichen,

- Spielräume des Handelns weit und offen zu deuten und Wagemut gegenüber vermeintlichen (auch strukturellen) Hindernissen zu entwickeln.

Gemeinsam mit der Leitung sollten alle Lehrkräfte und weitere im Team beteiligte Personen klären, welche Unterstützungsangebote es für das Teamteaching-Vorhaben gibt, indem

- die relevanten Voraussetzungen in den Haltungen, Einstellungen und vorhandene Ressourcen und Organisationsfragen nach den Strukturen, Ressourcen, Barrieren und Hilfestellungen aus *Schaubild 12* geklärt werden,
- ein Soll- und Ist-Vergleich die vorhandenen und notwendigen Ressourcen für das Teamteaching anzeigt und Problemstellen offengelegt werden,
- die Lernenden aktiv in die Einrichtung des Teamteaching einbezogen werden,
- das Vorhaben in Abstimmungsprozessen, Konferenzen, pädagogischen Tagen usw. präsentiert und gemeinsam mit allen Personenkreisen abgestimmt wird, die auf der Leitungs- und Teamebene betroffen sind,
- auch die administrative Seite mit in den Planungs- und Kommunikationsprozess einbezogen wird, um eine transparente Einbettung in weitere Arbeits- und Organisationsprozesse zu gewährleisten,
- Team und Leitung sich über gemeinsame Lernsettings innerhalb der Organisation bzw. Institution abstimmen und Ideen, Anregungen für gemeinsame Methoden des Teamteaching erlangen und sammeln (z. B. in der Inklusion mit Förderlehrkräften und weiterem pädagogischen Personal),
- gemeinsam mit den Beteiligten einen Plan entwickelt wird, der grundlegende professionelle Entwicklungsschritte und weitergehende Coaching- und Unterstützungsangebote über das gesamte Vorhaben beinhaltet,
- externe Unterstützung engagiert wird, um den individuellen Bedürfnissen und Entwicklungszielen der Teammitglieder in bedarfsgerechten Trainings zu begegnen,
- Beschäftigungsanreize geschaffen werden, die das Arbeiten im Team bzw. das Arbeiten von unterschiedlichen Lehrkräften und weiterem Personal attraktiv gestalten helfen,
- Lehrkräften, Ausbilder/innen, Seminarleitungen usw. Möglichkeiten eines eigenen persönlichen Wachstums bzw. der eigenen Weiterentwicklung eröffnet und diese auch real geschaffen werden, um damit erwünschte Veränderungsprozesse im System anzuregen und zu fördern.

In diesen grundlegenden Überlegungen als Gelingensbedingungen von Teamarbeit wird sichtbar, dass die Einführung von Teamteachingprozessen nicht nur Unterrichtsprozesse tangiert, sondern grundlegende Veränderungen und Einbettungen innerhalb der gesamten Organisation oder Institution mit sich bringt. Hierzu hatten wir in Kapitel 4.1 bereits auf die Beziehungsfragen aufmerksam gemacht, die für Teams wichtig sind. Aber gute Beziehungen und positive Haltungen allein sind nicht hinreichende

Kriterien für eine hohe Qualität des Teamteaching, denn auch fehlende Ressourcen und organisatorische Strukturen können gute Vorsätze immer wieder schnell an ihre Grenzen führen.

Im Teamteaching tritt immer wieder die Frage auf, ob es zwischen dem Team und der jeweils vorhandenen Leitungsebene (der Schule, der Organisation, dem Unternehmen) auch eine Teamleitung geben sollte, die insbesondere die Koordination von Aufgaben, die Organisation der Informationsübermittlung und ggf. auch von Entscheidungen der Leitung mit dem Team übernimmt.

Zudem kann eine Teamleitung beim Lösen von Konflikten notwendig sein, um die Teamarbeit von Gefährdungen frei zu halten und für ein gutes Arbeitsklima zu sorgen. Sehr gute Teams lassen eine solche Leitungsfunktion unter den Teammitgliedern rotieren, andere profitieren davon, dass eine Person die Leitungstätigkeit besonders gut beherrscht. Hier ist es wichtig, auf Kriterien zu schauen, die sowohl die über dem Team stehende Leitung als auch die Teamleitung umfasst. Beide Leitungsfunktionen unterliegen bestimmten Anforderungen, die idealtypisch in *Schaubild 13* benannt werden.

	Leitung	Teamleitung
Organisation	... sorgt dafür, dass die Teams effizient arbeiten können, hilft, den Rahmen der Arbeit im Kontext der Institution/der Maßnahmen zu klären, kann Teaminteressen (Geld, Zeit, Personal, Räume, Ausstattung) nach außen vertreten und in Verhandlungen einfordern.	... organisiert das Team, ist an Regeln orientiert, erstellt effiziente Zeit- und Handlungspläne, arbeitet effektiv mit EDV (Zugang für alle), lässt Partizipation zu, ist offen und transparent in allen Entscheidungen, kontrolliert und evaluiert Ergebnisse, präsentiert, dokumentiert, reflektiert die Organisation im Team.
Koordination	... stellt einen günstigen Rahmen für die Teamarbeit her, ermöglicht Vorgaben, die Teamteaching in geeigneten Lernformaten der Institution/der Maßnahme notwendig und sinnvoll machen, hält regelmäßigen Kontakt zum Team.	... gemeinsame Ziele und Methoden werden vereinbart und kontrolliert, Abläufe und Verfahren werden miteinander abgestimmt und überprüft, Arbeitsverteilungen werden situativ angepasst, Außenkontakte werden koordiniert, Team wird immer umfassend an der Koordination beteiligt.
Moderation	... führt regelmäßige Moderationen zur Zusammenarbeit aller vorhandener Teams durch, nutzt Moderationstechniken für Information, Transparenz, Teilhabe aller.	... beherrscht zahlreiche Moderationstechniken, um das Team immer hinreichend zu beteiligen, achtet auf den roten Faden, achtet auf Regeln guter Gesprächs- und Feedbackkultur.
Beratung	... fördert kollegiale Beratung, legt Wert auf umfassende Fortbildungen für alle Bedarfe, ermöglicht bei Bedarf Coaching und Supervision.	... unterscheidet Inhalts- und Beziehungsebene, denkt in Alternativen, kann unterschiedliche Positionen einnehmen, beachtet und hinterfragt Ressourcen und Lösungen.

	Leitung	Teamleitung
Konflikt-management	... zeigt in allen Bereichen Präsenz, ist auch jenseits von Hierarchien ansprechbar, fördert Partizipation und offene Entscheidungsprozesse, ist konfliktbereit, um die Institution weiter positiv zu entwickeln, führt Zielvereinbarungsgespräche mit allen Beschäftigten.	... erkennt frühzeitig Spannungen und Konflikte im Team, scheut sich nicht, Konflikte immer offen anzusprechen, kann auch mit Emotionen und Streit entspannt umgehen, geht in keiner Eskalation mit, sondern wahrt Distanz, ist mit Konfliktlösestrategien vertraut, kann eine neutrale Position einnehmen und Konflikte lösungsorientiert moderieren.
Leitbild	... koordiniert und vertritt umfassend das eingenommene Leitbild, trägt zur Fortentwicklung durch Beteiligung aller bei, holt Impulse von außen, stimmt das Vorgehen ab.	... vertritt das gemeinsam erarbeitete Leitbild nach innen und außen, sammelt die Ergebnisse des Teams und stellt sie nach innen und außen kontinuierlich vor, hilft, das Leitbild weiter zu entwickeln.
Vision	... denkt über das Bestehende hinaus, ist Antreiber/in im Change Management, strebt auch dann nach Veränderung, wenn scheinbar alles gut läuft.	... hat eine Vision über das Gegebene hinaus, treibt andere und sich an, nach Verbesserungen guter Arbeit zu streben, besitzt imaginäre Kräfte dafür, was gehen könnte.

Schaubild 13: Leitung und Teamleitung

4.3 Teamteaching: Vorbereitung

Teams in einer Organisation benötigen ein klares Entwicklungs- und Leitbild (Kapitel 4.3.1) ebenso wie gemeinsame Regeln zur Team- und Lernarbeit, was wir in Kapitel 4.3.2 darstellen möchten. Dabei sind die Ziel- und Kompetenzerwartungen immer wieder entscheidend, um gemeinsame Strategien zu finden und festzulegen (Kapitel 4.3.3). Eine klare Arbeitsteilung, geteilte Verantwortung und geteiltes Vertrauen helfen, die Rollen zu klären und das Team zu stabilisieren (Kapitel 4.3.4). Dazu gehören aber auch genügend Räume und Zeit, um die Teamarbeit überhaupt erfolgreich durchzuführen (Kapitel 4.3.5). Auch die Feedbackkultur stellt einen entscheidenden Schlüssel zum Teamerfolg dar. Aber auch Fort- und Weiterbildung gehören wie Begleitung, Beratung und Supervision zu wesentlichen organisatorischen Voraussetzungen von gelingender Teamarbeit und Teamteaching (Kapitel 4.3.6). Der Austausch nach außen hilft, Teams vor Erstarrungen und Stagnationen zu bewahren (Kapitel 4.3.7). Schließlich verweisen wir auf Maßnahmen zur Gestaltung einer guten Beziehungskultur, die immer wieder Vorrang hat, wenn ein Team nicht nur kurz, sondern langfristig erfolgreich arbeiten will (Kapitel 4.3.8). Abschließend stellen wir zusammenfassende Fragen und geben eine Checkliste zur erfolgreichen Teamarbeit im Teamteaching (Kapitel 4.3.9).

4.3.1 Entwicklung und Leitbild, gemeinsames Verständnis guten Lernens

Teamteaching benötigt für die Lernenden, die unterrichtet werden, wie auch die Lehrenden, die verantwortlich unterrichten, ein klares Entwicklungs- und Leitbild, das in der Teamarbeit zuvor entwickelt und begründet werden muss. Bevor der erste Unterricht erfolgt, und danach in kontinuierlicher Weiterentwicklung, muss das Team vor allem folgende Fragen für sich klären, die wir hier in Erweiterung von Perez (2012, S. 82) auflisten (*Schaubild 14*).

Das Leitbild sollte Aspekte einer gewünschten und erwarteten Entwicklung sowohl der Lehre und des Lernens, die durch das Team bestimmt und ausgeübt werden, als auch für das Team selbst enthalten. Wenn wir dabei auf die Grundfragen in *Schaubild 14* schauen, dann fällt auf, dass Teams immer

- einen Bereich gemeinsamer Überzeugungen und Visionen benötigen, um überzeugend einen gemeinsamen Ziel- und Wertehorizont nach außen verkörpern zu können; gibt es Unklarheiten oder Missverständnisse, so wird sich dies in einer inkongruenten, widersprüchlichen und intransparenten Form nach innen und außen zeigen;
- eine gemeinsame Sprache und Sprachkultur entwickeln, die grundsätzlich alle Teammitglieder schützt, sie anerkennt und mit Respekt nach außen behandelt, auch wenn es interne Konflikte und unterschiedliche Sichtweisen im Team geben mag, die allerdings nicht die Grundüberzeugungen und wesentliche Eckpfeiler der gemeinsamen Arbeit betreffen sollten;
- ein gemeinsames Verständnis für ein bildungsgerechtes Vorgehen haben, das die teilnehmenden Lernenden mit ihren unterschiedlichen Voraussetzungen in den Fokus nimmt, und nicht Defizite, sondern positive Entwicklungsmöglichkeiten favorisiert; dies ist für eine gelingende Teamarbeit eine wesentliche Basis, die durch die Auswahl der Teammitglieder hinreichend gesichert sein sollte; dieser Aspekt orientiert auf ein gemeinsames pädagogische Ziel, das ein positives und förderndes Menschenbild in der Arbeit gewährleisten hilft;
- eine gute Organisationsstruktur erarbeiten, die eine effektive Verteilung und Rotation von Rollen, Aufgaben, verantwortlichen Funktionen, die Einbringung unterschiedlicher Stärken der Teammitglieder ermöglichen und das Team als Ganzes stärken;
- eine hinreichende Evaluation der eigenen Arbeit und der Wirkungen des Teams nach außen und innen benötigen, um in einem kontinuierlichen Verbesserungsprozess einzutreten, der Konflikte im Team vermeiden hilft, und es allen Teammitgliedern ermöglicht, die Teamarbeit als Entlastung und nicht als Belastung zu empfinden.

Entwicklungs- und Leitbildfragen	Mögliche Antworten (als Hintergrundtheorien z. B. Reich 2010, 2012a/b, 2013, 2014)
Welche gemeinsamen grundlegenden Ziele verfolgen wir für die Lerngruppe?	Alle Lernenden entwickeln nach ihren unterschiedlichen Voraussetzungen persönliche Exzellenz. Die Lernvoraussetzungen aller Lernenden werden im Blick auf Ziele, Inhalte und Methoden erhoben, um ein Lehr- und Lernkonzept zu entwickeln.
Welche gemeinsamen Werte und Grundsätze im Blick auf unsere Arbeit teilen wir?	Wir unterstützen alle Lernenden mit vielfältigen Lernperspektiven, unterschiedlichen Lernzugängen und individuellen wie gruppenbezogenen Lernergebnissen. Wir beteiligen die Lernenden möglichst weitreichend an den Grundsätzen unserer Arbeit, um die Selbstwirksamkeit ihres Lernens zu unterstützen.
Wie entwickeln wir eine gemeinsame Sprache, um über Lernen und Teamteaching zu kommunizieren?	Wir einigen uns auf eine Basisliteratur für alle im Team und nutzen Fortbildungen für die Entwicklung eines gemeinsamen Verständnisses. An Fallbeispielen aus unseren Lerngruppen erproben wir theoretische Konzepte und diskutieren deren Plausibilität und Handhabbarkeit.
Wie sichern wir ein bildungsgerechtes Vorgehen für die Lerngruppe?	Bildungsgerechtigkeit ist heute ein Hauptmotiv aller pädagogisch orientierten Berufe und Arbeiten, um Benachteiligungen von Lernenden zu erkennen und möglichst zu vermeiden. Gerade Teamteaching ermöglicht es, von One-size-fits-all-Ansätzen abzukommen und auf die Bedürfnisse individueller Lerner/innen stärker einzugehen.
Wie verteilen wir sinnvoll die Rollen im Teamteaching?	Wir achten auf einen Rollenwechsel im Teamteaching und praktizieren ein Rotationsprinzip. Feste Rollen bedürfen des Einverständnisses aller.
Wie nutzen wir die Unterschiede im Team für ein optimales Vorgehen?	Unterschiedliche Stärken im Wissen, durch Erfahrungen, besondere Kompetenzen usw. werden offen ausgetauscht und in die Teamarbeit einbezogen. Bei Ergänzungen des Teams soll auf hinreichende Heterogenität geachtet werden.
Wie oft und wann müssen wir uns treffen, um den Teamprozess zu optimieren?	Je nach Aufgabenstellung und Lerngruppe bedarf es immer einer ausreichenden Vorbereitungs- und Planungszeit vor der Durchführung. Hinzu kommt die Reflexion nach der Durchführung. Wir bevorzugen kontinuierliche Treffen, um die Arbeit effektiv und nachhaltig zu gestalten. Wir vermeiden dabei Zeitdruck.
Wie werten wir die Ergebnisse der Lernenden aus, um den Lehrprozess zu verbessern?	Die verschiedenen Rollen im Teamteaching ermöglichen eine umfassende Auswertung der Lernergebnisse aller Lernenden. Die Art der Auswertung wird vom Team bestimmt. Alle Teammitglieder beteiligen sich an der Auswertung.
Wie erreichen wir eine gerechte Arbeitsbelastung im Team?	Je mehr Teamarbeiten zusammen in festgelegten Zeiten geleistet werden, desto gerechter wird die Belastung empfunden.
Wie beraten wir uns wechselseitig im Team?	Es gibt ein Konzept kollegialer Beratung (Kapitel. 5.3.4) und eine Feedbackkultur (Kapitel 4.3.6).

Schaubild 14: Entwicklungs- und Leitbildfragen

Bevor die Teammitglieder in den Dialog mit dem Team gehen, sollten sie für sich zunächst nach den Vorschlägen in Kapitel 4.1 identifizieren: Was bedeutet gutes Lernen für mich? Auf welcher Grundlage begründe ich meine Einschätzung? Wie gestalte ich dieses Verständnis innerhalb meines Unterrichtens? Was zeichnet meinen Unterrichtsstil aus? Dies gehört zu den grundlegenden Voraussetzungen der Teamarbeit (*Schaubild 11*, Kapitel 4.1.4). Die Selbsteinschätzungen können dann als Grundlage der Teamarbeit mit dem Team abgeglichen, gemeinsam reflektiert, diskutiert und erweitert werden. Das Team sollte diesen Prozess dokumentieren und die verschiedenen Perspektiven sichtbar machen: Wo sehen wir Gemeinsamkeiten und wo liegen Unterschiede?

Im Blick auf die Lerngruppe sind folgende Fragen immer wieder entscheidend: Was sind die Bedürfnisse der Lernenden? Wie können wir auf diese Lernbedürfnisse möglichst hinreichend als Team eingehen? Was müssen wir wissen? Von welchen Vorannahmen gehen wir dabei aus? (*Schaubild 14*).

Die Bedürfnisse der Lernenden korrespondieren immer auch mit den Bedürfnissen der Lehrenden, des Teams. Hier ist es wichtig, die Gemeinsamkeiten beider Seiten zu reflektieren, um eine wechselseitige Verstärkung der Vorstellungen und Gestaltungsmöglichkeiten zu erfassen, aber auch um rechtzeitig mögliche Hindernisse dort zu erkennen, wo die Bedürfnisse gegeneinander stehen, wo es Konflikte geben könnte (Kapitel 4.4).

Ein gemeinsames Verständnis in den Teamdiskussion kann nur entwickelt werden, wenn es dem Team gelingt, in solchen Diskussionen auch auf die Metaebene zu wechseln: Was könnten Gründe für verschiedene oder ähnliche Einschätzungen sein? Wo gibt es Gemeinsamkeiten und Unterschiede in den Begründungen? Was hindert uns, etwas eindeutig und vereinfachend kausal zu beschreiben? Warum müssen wir mehrere Standpunkte verstehen und wie finden wir eine Einigung, wie wir weiter vorgehen wollen? Solche gemeinsamen und kontinuierlich erfolgenden Reflexionen sind entscheidend, um Teamteaching in hoher Qualität zu entwickeln.

4.3.2 Gemeinsame Regeln zur Team- und Lernarbeit

Teamteachingprozesse stellen eine große Neuerung und Veränderung des bisherigen Arbeitsalltages dar. Zur effektiven Verankerung bedarf es von Anfang an einer regen Kommunikation und Interaktion zwischen den Teammitgliedern. Perez (2012, S. 83) hat einige Regeln zusammengestellt, die gute Teams auszeichnen. Wir erweitern sie um etliche Aspekte und ordnen ihnen mögliche Antworten als eine Art Checkliste in *Schaubild 15* zu, wie sie ein Team für sich prüfen und bestimmen sollte. Das Team sollte die Liste in einem ersten Schritt gemeinsam durcharbeiten und Aufzeichnungen machen, die dokumentiert werden, um auch später im Teamprozess genutzt werden zu können.

Fragen	Mögliche Regeln zur Team- und Lernarbeit (Basisliteratur wie in *Schaubild 14*)
Wann treffen wir uns? Wie oft? Wozu? Wie lange?	Vorbereitung, Planung, Durchführung, Reflexion in gemeinsamen Sitzungen, die von Teammitgliedern vorbereitet werden können; mindesten bis alle Arbeiten erledigt sind; kontinuierlich (Schule: während ganztägiger Anwesenheit; Erwachsenenbildung: vor und nach Seminaren).
Wie arbeiten wir mit Blick auf Ziele, Inhalte und Methoden effektiv zusammen?	Jede/r bringt Material und Ideen in gemeinsame Besprechungen mit ein; während der Sitzungen lassen sich Untergruppen bilden; alle Entscheidungen werden zusammenführend gemeinsam getroffen.
Wie organisieren wir die Lernzeiten?	Die Lernzeiten werden nach den Lernerfordernissen bestimmt und nicht nach vorgegebenen Taktungen.
Wie gestalten wir die Lernräume?	Sie werden den methodischen Erfordernissen entsprechend gestaltet. Je nach Lernformat wechseln die Erfordernisse.
Welche Lernformate bieten wir an?	Es gibt in der Regel Selbstlernphasen (individuelle Eigenzeit), Projektphasen (gemeinsame Gruppenarbeiten), Instruktionsphasen (Vermittlung von Wissen, ggf. in Teilgruppen nach Niveaus), Wahlphasen (zur Vertiefung nach Interesse und Neigung).
Wie errichten wir ein effektives Fördersystem für alle Lernenden?	Wir arbeiten mit Kompetenzrastern (Niveaustufen) in den Selbstlernphasen; Basiswissen für alle, differenziertes Wissen nach Bedarf; einzelne Teamrollen sind zeitweise für individuelle Förderungen vorgesehen.
Wie regeln wir ein förderliches Lernverhalten aller?	Es gibt in der Lerngruppe klare Team- und Verhaltensregeln, die in der ersten Unterrichtsstunde ausgehandelt werden und dann sichtbar im Unterrichtsraum vorhanden sind.
Wie organisieren wir ein durchgehendes Feedback für alle?	Es gibt Feed Up, Feedback, Feed Forward (Kapitel 4.3.6), für die Lerngruppe und individuell immer zeitnah an Arbeiten; verbale Beschreibungen und Zielvereinbarungen (schriftlich) werden umfassend genutzt; möglichst Kompetenzraster, immer partizipatives Verfahren; für das Lehr-Team wird ein System kollegialen Feedbacks (Kapitel 5.3.3, 5.3.4) eingerichtet; es wird ein ressourcen- und lösungsorientiertes Vorgehen praktiziert.
Wie organisieren wir ein faires Beurteilungssystem?	Das System muss gerecht sein, indem es die unterschiedlichen Lernvoraussetzungen der Lernenden umfassend berücksichtigt; verbale Beurteilungen sind stets günstiger als Noten; es gibt ein partizipatives Verfahren, dass die Betroffenen einschließt.
Wie können wir besonders effektiv planen?	Es gibt einen Arbeitsplatz und Arbeitsraum vor Ort mit allen notwendigen Hilfsmitteln; alle Arbeitsmaterialien sind für alle Beteiligten (online) stets zugänglich; es gibt fest vereinbarte Planungszeiten ohne Zeitdruck; es gibt dafür in Schulen mindestens zwei Ferienwochen zur Vorplanung (verteilt über das Jahr).

Fragen	Mögliche Regeln zur Team- und Lernarbeit (Basisliteratur wie in *Schaubild 14*)
Wie entscheiden wir die Rollenvergabe?	Ein gemeinsames Rotationssystem wird vereinbart, das jedoch den aktuellen Gegebenheiten (z. B. bei Vertretungen) stets angepasst werden muss; leitführend soll hier stets die inhaltliche und methodische Qualität des Lehrens und Lernens sein.
Wie sichern wir, dass die Lernenden uns als Team wahrnehmen?	Wir treten nach außen immer als Team auf, respektieren einander und spielen uns nie vor anderen gegeneinander aus; wir organisieren klare Ansprechpartner/innen für bestimmte Aufgaben, alle anderen Aufgaben übernehmen wir in aktueller Anwesenheit; wir verbringen viel Zeit gemeinsam in der Lehre.
Wie und wann stellen wir das Team nach außen vor?	Wir organisieren eine Teamstation nahe bei den Lernenden; wir stellen das Team in der Organisationsstruktur der Schule/der Einrichtung/der Maßnahme klar und anschaulich dar; bei wichtigen Anlässen treten wir stets gemeinsam auf.
Wie und wann holen wir Expertise von außen ein?	Wenn unsere Kompetenzen nicht ausreichen bzw. Fragen für uns nicht hinreichend (z. B. bei speziellen Förderbedarfen) geklärt werden können, dann suchen wir gezielt Hilfe von außen; bei Fragen zur Qualität von Lernkonzepten, zur Aktualität unserer Vorgehensweise; insbesondere bei Teamkonflikten, die wir über längere Zeit nicht lösen können.
Welche Maßnahmen gibt es, um unser Team zu entwickeln?	Wir entwickeln durch umfassende Reflexion unserer Arbeit (Kapitel 5.4) eigene Ziele und Konzepte zur kontinuierlichen Weiterentwicklung; wir machen gezielte Weiter- und Fortbildungen zu den Themen, bei denen wir noch nicht zufrieden mit der Arbeit sind.
Wie reflektieren wir unsere Leistungen und unser Verhalten?	Nach innen: Feedbackkultur, kollegiale Beratung, Evaluation, ggf. Supervision und Coaching. Nach außen: Teamdokumentation in der Institution (Rahmenbedingungen, Erfolge, Verbesserungsvorschläge usw.).
...	...

Schaubild 15: Regeln zur Team- und Lernarbeit

Das Team sollte dann gemeinsam in einem zweiten Schritt Regeln zur Team- und Lernarbeit bestimmen. Was verstehen wir unter gelingender Teamarbeit? Welche Vorstellungen hat das Team? Das Team tauscht sich aus und hält die Überlegungen fest. Hilfreich ist es beispielsweise, positive Kriterien zu sammeln, um sie für aufkommende regelmäßige Reflexionsprozesse immer wieder zu nutzen (siehe dazu auch *Schaubild 12*, Kapitel 4.2.2). Schon bestehende Teams entwickeln an den jeweiligen Lerngegenständen und den erwünschten Lernverfahren ihr gemeinsames Verständnis weiter.

Das Team kann sich anhand der gemeinsam erarbeiteten und gemeinsam als wichtig erachteten Kriterien stetig hinterfragen: Wo stehen wir? Was gelingt uns bereits gut und wodurch? Welche Strategien können uns helfen, uns in anderen Bereichen weiterzuentwickeln? Was oder wen brauchen wir für eine positive Entwicklung?

Das Arbeiten im Team bedeutet auch eine Rollenverschiebung. Die Teammitglieder arbeiten nicht mehr nur alleine, sondern teilen Zuständigkeiten, Verantwortung und die praktische Arbeit. Doch wie das Sprichwort »Viele Köche verderben den Brei« ausdrückt, stecken hinter der Arbeit im Team auch »Gefahren«. Um diesen entgegenzuwirken, bedarf es klarer Rollenverteilungen und transparenter Regeln. Wer übernimmt wann die Aufgabe des »Hauptkochs«? Wer würzt die Soße? Wer macht nachher die Küche sauber? Wann wechseln die Rollen? Die eigene Rolle im Team zu finden, das hängt von verschiedenen Faktoren und Spannungsverhältnissen ab:

- Kompetenzen und Expertise in ihrer Verteilung im Team,
- Philosophie von »Erziehen« in Gemeinsamkeiten und Unterschieden,
- Werte und Normen in ihren Gemeinsamkeiten und Unterschieden,
- unterschiedliche Erfahrungen und ihre unterschiedliche Deutung,
- unterschiedliche persönliche und professionelle Ziele,
- unterschiedliche persönliche Einstellungen, Haltungen, Verhaltensweisen,
- unterschiedliche kognitive und emotionale Ausprägungen und Stile,
- unterschiedliches Zeitempfinden, Durchhaltevermögen, Durchsetzungskraft,
- unterschiedliche Resilienz,
- das eigene Ego im Verhältnis zu den anderen, die dabei ausgeprägten Interaktions- und Kommunikationsstile,
- und anderes mehr.

Im Teamteaching muss die Rollenverteilungen innerhalb des Teams von Anfang an reflektiert und konkret bestimmt werden (*Schaubild 9*, Kapitel 4.1.2). In regelmäßigen Reflexionsprozessen heißt es, vor allem Transparenz beizubehalten und eine Kultur der Evaluation und Beratung zu entwickeln (Kapitel 5.3). Es kann auch hilfreich sein, unterschiedliche Verantwortungsbereiche und Zuständigkeiten im Team in regelmäßigen Abständen rotieren zu lassen (*Schaubild 13*, Kapitel 4.3). So kann eine ausgewogene Verteilung der Arbeiten gewährleistet werden und die Arbeitszufriedenheit innerhalb des Teams durch eine partizipatorische Prozessverteilung steigen.

Möchte sich ein Team kennenlernen, empfiehlt es sich aus unserer Erfahrung, auch spielerische Elemente auf der Beziehungsseite einzusetzen, um miteinander Vertrauen zu finden und auch Spaß zu haben. Hier lässt sich beispielsweise das Spiel »Teamwork«[30] von Michael Andersch nutzen: Ein Team besteht aus drei Mitgliedern. Zwei haben die Aufgabe einen Begriff zu erklären. Dabei müssen sie gemeinsam Sätze bilden, dürfen aber jeweils abwechselnd immer nur ein Wort sagen. Mitglied 3 muss den Begriff raten. Hier kommt es auf Fingerspitzengefühl und gegenseitige Rücksichtnahme und Empathie an: Mit welchem Wort kann ich den Satz weiterführen, so dass mein Teammitglied ihn gut weiterführen kann? Welche Begriffe nutzen wir, um an das Vorwissen

---

30 Eine Erklärung zum Spiel »Teamwork« findet sich unter www.spielkult.de/teamwork.htm (Abruf: 09.03.2016).

des ratenden Teammitglieds anzuknüpfen? Zum Teamaufbau eignen sich mit einer größeren Gruppe auch die Spiele »Mafia« oder »Die Werwölfe von Düsterwald«[31]:In dem Spiel übernehmen alle Teammitglieder verschiedene Rollen. Das Spiel beruht in großen Teilen auf kommunikativen Fähigkeiten, um andere Spieler zu beeinflussen, verbal oder nonverbal. Hier kann viel für Teamprozesse mitgenommen werden. Weitere Teamaufbau-Strategien und -methoden – besonders aus der Personal- und Organisationsentwicklung – finden sich beispielsweise bei Poggendorf (2012), Francis/Young (2002) oder Ros (1998).

4.3.3 Gemeinsame Ziele und Kompetenzerwartungen

Welche Ziele werden mit der Teamarbeit verfolgt? In der konkreten Vorbereitung des Teamteaching sind hieraus Strategien zu bilden:

- Die Teammitglieder fragen sich: Was kann ich persönlich dazu beitragen, um das gemeinsame Ziel im Team zu erreichen?
- Nach einer gewissen Zeit reflektieren alle: Was trage ich/was tragen wir tatsächlich dazu bei? Alle Teammitglieder geben sich jeweils eine Rückmeldung bezüglich der Vorsätze und dem, was dabei herausgekommen ist.
- Das Team nimmt alle Lerninhalte und Lernverfahren immer wieder zum Anlass, um sich über Ziele, wichtige Kompetenzen, sinnvolle Begründungen, eigene Visionen auszutauschen. Teamarbeit ist dabei ein kontinuierlicher Weiterbildungsprozess.
- Eines der wichtigsten Ziele im Teamteaching ist es, die Stärken der Lernenden zu fördern und allen beste Möglichkeiten zu bieten, um zu Erfahrungen, Leistungen, zu einem »Wachstum« der Kompetenzen zu kommen. Gleichzeitig gelingt dies nur, wenn auch das Team hinreichend seine Bedürfnisse erfüllt und als Team »wachsen« kann.
- Steht die Herausforderung der Inklusion an (Kapitel 6), dann sind besondere zusätzliche Strategien notwendig.

In einer kompetenzorientierten Planung gehen wir weg von der ausschließlichen »*Du sollst*«-Perspektive, wie sie meistens bei Lernzielformulierungen vorherrscht, und hin zu einer »*Ich kann*«-Perspektive. Dabei liegt der Fokus darauf, dass die Lernenden als aktive Mitgestalter/innen des eigenen Lernprozesses gesehen werden.

Einen Orientierungsrahmen können hier Kompetenzraster bilden. Auch wenn der Kompetenzbegriff nicht ganz unumstritten ist (Reich 2014, S. 169 ff.), so bietet er hinreichend Möglichkeiten, Lernziele kritisch und auf die Lernbedürfnisse abgestimmt zu bilden. Aber bloß allgemein aufgestellte Kompetenzen sind meist zu abstrakt,

---

31 Informationen zu den Spielen finden sich unter Wikipedia unter dem Stichwort »Die Werwölfe von Düsterwald«.

Kompetenzraster dagegen werden konkret. In diesen werden Inhalte und Qualitätsmerkmale eines Faches oder eines Themenbereiches definiert. Es findet eine Umstellung von »*Ich-soll-*« zu »*Ich-kann*«-Sätzen statt (Müller o. J.).[32] Im Team heißt es nun nicht mehr, den »Stoff« auf einer zeitlichen Schiene bloß instruktiv aufzuteilen, d. h. wann soll was unterrichtet werden? Es heißt vielmehr, ein Selbstlernmaterial, Projekte, Übungsfelder, Instruktionen usw. zu entwickeln, dafür kompetenzorientierte Raster zu erstellen und Meilensteine für den Lernfortschritt zu formulieren. Dabei werden die individuellen Lernenden in den Blickwinkel genommen: Welche Fähigkeiten und Fertigkeiten werden durch welches Handeln sichtbar? Wie können Interessen, Motivationen und individuelle Stärken und Potenziale mit in den Lernprozess einbezogen werden? Woran erkennen wir Lernfortschritte? Wie bestimmen wir Lernerfolge und wie werden diese rückgemeldet?

Durch Kompetenzformulierungen wird aus der Sicht der Aktivitäten der Lernenden gedacht. Die Kompetenzraster werden üblicherweise als Matrix gestaltet (*Schaubild 16*): In der Vertikalen finden sich die inhaltlichen Themenbereiche (»Was?«). Auf der horizontalen Ebene werden Niveaustufen beschrieben, die das aktive Handeln bezüglich des Themenbereiches einstufen und einen Erwartungshorizont eröffnen, so dass Lernende und Lehrende wissen, wo die einzelnen Lernenden sich innerhalb des Rasters bzw. ihres Lernprozesses »befinden« bzw. einordnen.

	Niveau 1	Niveau 2	Niveau 3	Niveau 4	Niveau 5
Inhalt (Was?)	Ich kann ...	Ich kann ...	Ich kann ...	Ich kann ...	Ich kann ...

Schaubild 16: Beispiel für die formale Struktur eines Kompetenzrasters

Für das Teamteaching bietet sich die Arbeit mit Kompetenzrastern an, weil die Vorbereitung des Lernmaterials mit diesem Instrument sehr gut und effektiv begleitet werden kann. In der gemeinsamen Planung können Seminare, Unterrichtsstunden, Lerneinheiten oder Workshops gemeinsam im Blick auf erwünschte Kompetenzen entwickelt werden, wobei das Team sehr hilfreich ist, um im Dialog sowohl Kern-Themenbereiche und ihre Differenzierungen als auch zugehörige Niveaustufen für eine Lerngruppe zu bilden. Folgende Fragen können für diesen Entwicklungsprozess hilfreich sein:

---

32 Beispiele für Kompetenzraster finden sich u. a. auf der Internetseite des Instituts Beatenberg unter www.institut-beatenberg.ch/images/pdf/kompetenzraster/lernen_ist_eine_ dauerbaustelle. pdf (Abruf: 09.03.2016).

- Welche Kompetenzen sind notwendig und realistisch? (ggf. Abgleich mit Lernzielkatalogen und Lehrplänen).
- Welche Inhalte sind Grundlage unserer Kompetenzraster?
- Welche übergreifenden Kompetenzen sind bei welchen Lernenden über die Inhalte hinaus zu fördern? (Hier kann im Dialog mit den Lernenden sowohl die Selbst- als auch die Fremdwahrnehmung einbezogen werden.)
- Welche Kompetenzbereiche müssen wir bilden, um die erwünschten Kompetenzen hinreichend zu erlangen?
- Durch welche Tätigkeiten/durch welches Wissen können unterschiedliche Niveaustufen in allen Kompetenzbereichen beschrieben werden?
- Wie können wir und die Lernenden selbst feststellen, dass sie eine Niveaustufe erreicht haben? Durch welche Lernergebnisse zeichnen sich die einzelnen Stufen aus?
- Wie können wir die Lernenden mit in den Planungsprozess einbeziehen?

Im Lernprozess empfiehlt es sich, den Lernenden die Raster immer transparent zu machen. So kann der Lernprozess zu einer individuellen, interessensgesteuerten »Lernreise« werden, die nicht nur vonseiten der Lehrkräfte – sondern vor allem vonseiten der Lernenden selbst mitgesteuert wird. Dabei können und sollen auch soziale, kooperative und kommunikative, Kompetenzen mit beachtet werden. Neue Wege, die häufig nicht so vorhergesehen wurden, und die Stärken und Interessen der Lernenden können und sollen in der Kompetenzorientierung zum Vorschein kommen.

4.3.4 Gute Arbeitsteilung, geteilte Verantwortung, geteiltes Vertrauen

Eine gute Arbeitsteilung ist entscheidend, damit Teamarbeit gelingt. Aber die Arbeitsteilung setzt immer ein Vorgehen voraus, das für alle Teammitglieder transparent und effektiv bleibt. In diesem Rahmen empfehlen wir grundsätzlich die Arbeit an einer gemeinsamen Datenbasis, die online für alle immer verfügbar ist. Hier gibt es Cloud- oder Dropbox-Lösungen bis hin zu einem gemeinsamen Wiki, das in der Art eines Intranets geführt wird.[33] Die Online-Datenbasis sollte alle relevanten Aspekte der Teamarbeit im Teamteaching enthalten, wie z. B.:

- Anschriften und Erreichbarkeit aller Teammitglieder
- Profile der Teammitglieder
- Terminplanung mit allen Terminen und betroffenen Personengruppen
- Gemeinsame Treffen mit Tagesordnungen und Protokollen
- Projektplan bei zeitlich begrenzten Maßnahmen
- Gesamtplan für das Schuljahr bei Schulen

---

33 Siehe dazu z. B. das Konzept von Schul-Wikis hier am Beispiel der Stadt Köln unter www.wiki.stadt-koeln.de/schulen/zentral/index.php?title=Hauptseite (Abruf: 09.03.2016).

- Zielpläne bzw. Kompetenzraster für die Maßnahme/das Schulfach
- Arbeitsordner mit Hintergrundmaterialien für alle unterrichteten Inhalte
- Arbeitsordner mit allen Lehrunterlagen
- Arbeitsordner mit dem Selbstlernmaterial für die Lernenden
- Arbeitsordner für Beurteilungsfragen
- Rechtliche Bestimmungen im Organisationsfeld (insbesondere bei Schulen und Ausbildungsinstituten)

Diese Online-Materialien sichern nicht nur das jeweilige aktuelle Teamteaching, sondern bilden auch die Geschichte des Teams ab, wobei insbesondere bei neuen Teammitgliedern so Kontinuität erzeugt und gewahrt werden kann. Ein direktes Schreibrecht aller Teammitglieder sollte durchgehend gewährleistet werden, zugleich bedarf es einer umsichtigen Administration.

Ein solcher Daten-Hintergrund »wächst« innerhalb des Aufbauprozesses des Teams. Dort, wo mehrere Teams arbeiten, wie z. B. in der Schule, bedarf es immer einer großen Lösung, so dass die einzelnen Teams auch gezielt auf Materialien von anderen zurückgreifen können. Es ist zu klären, welche der dabei entwickelten Materialien auch für die Lernenden geöffnet werden, wobei ein eigener Online-Bereich für das Lernen langfristig angestrebt werden sollte. In diesen können dann Teile aus den Lehr- und Lernunterlagen einfließen. Mit diesem Daten-Tool kann so der gesamte Teamprozess begleitet werden. Die Arbeit an den Daten und die Aufbereitung helfen, die Teamarbeit vorzubereiten und zu reflektieren. Die durchgehende Dokumentation sichert Ergebnisse und vermeidet, dass gute Ideen und Lösungen verschwinden.

Die nachfolgenden Leitfragen stellen einen Minimalstandard dar, der für den Teamteaching-Prozess in der Vorbereitungsphase fast immer notwendig zu klären ist (modifiziert nach Beninghof 2012, S. 23). Auch diese Liste ist als Vorschlag zu verstehen. Bitte ergänzen Sie die für Sie relevanten Aspekte und streichen sie jene, die nicht passen, weil sie schon geklärt sind. Erfahrungen zeigen, dass auch durchaus mehrere Frage- und Diskussionsrunden mit ähnlichen Instrumentarien helfen, den Verständigungsprozess von mehreren Seiten zu betrachten und zu verbessern. Zur praktischen Anwendung schlagen wir vor, beispielsweise anhand dieses Fragenpools als Einstieg ein Partnerinterview durchzuführen. Alternativ bietet es sich bei mehreren Teammitgliedern auch an, innerhalb eines »stummen Schreibgespräches« die Überlegungen aller Teammitglieder zu sammeln und in einem zweiten Schritt visualisiert zu clustern. Reflektieren Sie anschließend gemeinsam: Was bedeuten unsere Überlegungen und Ausführungen für den anstehenden Teamprozess?

- Wie sind wir zusammengekommen? (günstig: aus eigener Perspektive und auf eigenen Wunsch; ungünstig: erzwungen von außen und nicht freiwillig) Was heißt dies für die zukünftige Arbeit?
- Wie möchten wir uns gemeinsam unsere Lernenden vorstellen? Wie auch anderen beteiligte Gruppen (in der Schule z. B. die Eltern)?

- Wie möchten wir nach außen mit Bezugsgruppen bzw. Partnern korrespondieren: über Newsletter, E-Mails, Notizen, Logbücher, Mitteilungen, über eine eigene Lernplattform?
- Wie und wo speichern wir vertrauliche Informationen (wie Leistungsdokumentationen) unserer Lernenden?
- Wie möchten wir unseren Unterricht planen? Welches Format nutzen wir für die Vorbereitung und Dokumentation? Gibt es beispielsweise eine Lernplattform/ein Forum/einen gemeinsamen Ordner für unsere Planungsprozesse und Materialien?
- Wie möchten wir die Lernräume/den Unterrichtsraum einrichten? Was ist uns aus unseren bisherigen Lehrerfahrungen wichtig?
- Gibt es spezielle Plätze (Pult, Schrank) für alle Lehrenden? Wo haben die verschiedenen Lehrenden ihre Materialien?
- Gelingt es uns, möglichst alle Lehrkräfte und Materialien nah an den Lernenden zu situieren?
- Planen wir in Themengebieten/Fächern usw. gemeinsam, um eine gemeinsame und abgestimmte Basis für das Lernen zu erzeugen? Wie beziehen wir dabei ggf. abweichende Planungen in unseren Reflexionsprozess mit ein?
- Wie gehen wir mit Störungen im Unterricht und von außen um? Haben wir ein klares Konzept von Regeln für die Lernenden, die wir gemeinsam mit ihnen entwickeln? Wie sichern wir, dass das gesamte Team ein gemeinsames grundsätzliches Vorgehen teilt und lebt?
- Welche Regeln möchten wir einführen (z. B. hinsichtlich Toilettengängen, Pausen, zu spät kommenden Lernenden, fehlenden Aufgaben, Aufmerksamkeit, Arbeitsmaterialien usw.)?
- Welchen gemeinsamen Ansatz verfolgen wir bezüglich Hausaufgaben? Haben wir ein klares Konzept darüber, dass Aufgaben außerhalb unserer Betreuung Benachteiligungen bei jenen auslösen können, die zu Hause keine weitere Hilfe in Anspruch nehmen können?
- Wie organisieren wir Kopien und andere Materialien?
- Auf welche Art der Bewertung einigen wir uns? Gibt es formative oder summative Bewertungsstrategien? Welche Kompetenzraster sind für welche Unterrichtseinheit einzusetzen? Wo speichern, sammeln oder lagern wir diese Informationen? Wie tauschen wir uns über Bewertungsgrundsätze aus?
- Haben wir ein klares Feedback-Konzept für alle Lernenden, das möglichst zeitnah und wirksam alle Lernprozesse begleitet? In welchem Verhältnis steht dies zu unserem Beurteilungs-/bzw. Beratungskonzept?
- Wie möchten wir untereinander kommunizieren (über Telefon, E-Mails, Online-Plattform, Face-to-Face, Wikis, Blogs, Telefon, Dropbox usw.)?
- Wann und wo treffen wir uns regelmäßig oder situativ für unsere Teamteaching-Planungen? Wann sind geeignete Zeiträume für die Reflexion? Wie möchten wir diesen Prozess dokumentieren?

- Was sind Situationen, die wir schwer aushalten können? Was bringt uns auf die Palme? Wie können wir im Team damit umgehen?
- Eigene Fragestellungen: ...

All diese und andere Fragen kommen auch während einer langjährigen Teamarbeit immer wieder auf und bedürfen einer Bestätigung des alten Vorgehens oder einer neuen Beantwortung. Aber es ist besonders günstig, sie bereits vor der ersten gemeinsamen Teamteaching-Durchführung zu stellen, um mögliche Hindernisse erst gar nicht aufkommen zu lassen.

Neben einer deutlichen Kommunikationskultur gehört auch eine klare Aufgaben- und Verantwortungsverteilung zu den Voraussetzungen gelingender Teamarbeit. Vor dem Start eines Teamprozesses ist es wichtig, sich gemeinsam über die einzelnen Rollen und Aufgaben bzw. Verantwortungsprozesse konkret abzustimmen. Dabei sollten die Stärken aller Beteiligten aktiviert werden und in das Teamgeschehen einfließen.

Wie sollen die Rollen geklärt werden, um Aufgaben und Verantwortlichkeiten zu bestimmen? Wer übernimmt was in der gemeinsamen Vorbereitung? Dies kann vielfältig geschehen. Wir möchten hier die Methode *Think–Pair–Share* aus dem kooperativen Lernen (Green/Green 2005) als eine Möglichkeit heranziehen, diesen Schritt als Einstieg zu gehen. Nach dieser Methode überlegen die einzelnen Teammitglieder zunächst für sich alleine: Welche Personen sind in die Teamarbeit involviert? Wer übernimmt welche Aufgabe wann? Die Gedanken und Vorstellungen werden festgehalten und danach mit einem Teampartner oder einer Teampartnerin besprochen. Beide finden eine gemeinsame Lösung, die dann im gesamten Team diskutiert wird. Wichtig ist in dieser Phase, dass tatsächlich alle Teammitglieder zu Gehör kommen und Wort finden. Auf der Basis eigener Erfahrungen und möglicher Zuständigkeiten, Rollen und Verantwortlichkeiten können alle gemeinsam, nachdem die unterschiedlichen Erfahrungen und Wünsche eingebracht wurden, ein Team-Modell entwerfen und z. B. auch ein Team-Organigramm entwickeln. Alternativ lässt sich eine Einführung in das Teamteaching auch mit Brainstorming und der Moderationsmethode durchführen (Informationen dazu auch unter www.methodenpool.de).

Wenn das Teamteaching kontinuierlich erfolgt, dann haben wir immer wieder die Erfahrung gemacht, dass insbesondere die Arbeitsteilung gut geplant werden muss. Auch wenn Teamteaching für manche zunächst als eine größere Belastung empfunden werden könnte – aufgrund eines erhöhten Zeitaufwandes und notwendiger Beziehungsarbeit –, eine klare Aufgabenverteilung entlastet in der Regel auch, und geklärte Beziehungen können Sicherheit und Wohlbefinden ermöglichen. Der Dialog über Rollen-, Aufgaben- und Verantwortlichkeitsübernahmen im und außerhalb des Lerngeschehens ist allerdings entscheidend, um Teamteaching wirklich in der Praxis gelingen zu lassen. Murawski und Dieker (2003) beschreiben, dass Teams, die sich nicht explizit mit diesem Schritt auseinandersetzen und ihn umfassend reflektieren, über kurz oder lang innerhalb des Prozesses verzweifeln (Beninghof 2012, S. 28 f.).

Hollins (2006) führt zusätzlich aus, dass ein strukturierter Dialog ein effektives Instrument für »gestärkte« Lehrkräfte darstellt. So kann eine gesunde, im Gleichgewicht stehende und kollegial geteilte Verantwortungsübernahme erleichtert werden.

Entscheidungen der Verantwortungsübernahme sollten dabei nicht unhinterfragt auf Dauer gesetzt werden. Sie sollten immer wieder reflektiert und modifiziert werden – wieder im Dialog. Als Anregung haben wir eine Checkliste mit Zuständigkeiten formuliert, die Sie für Ihre Teamarbeit nutzen können. Anhand dieser Checkliste können Sie zur Vorbereitung auf Ihre Teamarbeit die Verantwortlichkeiten festlegen. Die Checkliste ist als Anregung zu verstehen. Für Ihre Arbeit vor Ort können Sie sich eine eigene Liste zusammenstellen. Weitere Anregungen könnten dabei sein: Kopieren, Heften und Zuschneiden von Arbeitsmaterialien, Materialbeschaffung, Organisation von Ausflügen oder Klassenfahrten bzw. Feiern, Elternabende oder Konferenzen vorbereiten, Erstellung, Auswertung und Archivierung von Tests/Klausuren, Aufsicht führen, den Tages-, Wochen-, Jahresplan entwerfen, den Lernraum aufräumen, einen Klassen-Blog führen usw.

Um die Verantwortlichkeiten festzulegen, ist in der Regel eine Priorisierung sinnvoll. Folgende Einteilungen können einem Team dabei helfen, wie das *Schaubild 17* zeigt. Dabei stehen die Buchstaben P für Primäre Verantwortung, V für Vertreter/in, G für geteilte Verantwortung.

Wer übernimmt Verantwortung für:	Name	Name	im Team	Notizen
Formulieren von Zielen und Kompetenzrastern für den Kurs/die Klasse?				
Anpassen des Curriculums und der Arbeitsmaterialien				
Erstellen von Aufgabenformaten und einzelnen Aufgaben				
Individuelle Unterstützung für Lernende organisieren/geben				
Kümmern um alltägliche Routinen (z. B. Anwesenheit)				
Erstellung von differenzierten Lehr- und Lernmaterialien nach Niveaustufen (nach Themen)				
Sammeln und Organisieren von Lehr- und Arbeitsmaterialien				
Instruktion in einem Themenfeld				
Einführung von Lernstrategien und Lern- und Arbeitstechniken				

Wer übernimmt Verantwortung für:	Name	Name	im Team	Notizen
Feedback zu Arbeiten verschiedener Lernender (Verantwortungsbereich)				
Erstellen von Feedback-Bögen und Tests/Lernkontrollen				
Einführung und Begleitung von Peer-Gruppenprozessen				
Unterstützung von Peer-to-Peer-Arbeit und Wohlbefinden in der Gruppe				
Hauptkontaktperson zu Verantwortlichen/Eltern				
Verantwortung für sonstiges Personal, bei Hospitationen usw.				
Kommunikation zu externen Personenkreisen (z. B. Eltern, Organisationen usw.)				
Fördern des Austausches mit anderen Teams				
...				

Schaubild 17: Wer übernimmt was im Team? (in Anlehnung an Perez 2012 und Villa/Thousand/Nevin 2013, S. 30)

> Wenn Sie sich auf eine gute Arbeitsteilung verständigen können und die Verantwortung für den Gesamtprozesses auf mehreren Schultern liegt, sind aus unserer Sicht zwei Gesichtspunkte besonders relevant:
> Zum einen eine faire Verteilung von Aufgaben. Hier sollte nicht nur die Quantität entscheiden, sondern immer auch danach geschaut werden, wer welche Kompetenzen mitbringt und wie individuelle Stärken in den Prozess einfließen können.
> Der zweite Gesichtspunkt stellt für uns das gegenseitige Vertrauen dar. Möchten wir einen gelingenden Teamprozess, müssen wir uns auf unsere Teampartner/innen verlassen können.

Diese Aspekte stellen für uns zentrale Elemente – wenn nicht das Herzstück – gelingender Teamarbeit dar. Dabei geht es immer auch um die Beziehungsebene. Die nachfolgende Checkliste zur gelingenden Teamarbeit in *Schaubild 18* kann zusammenfassend zu den bisherigen Überlegungen helfen, die Arbeitsteilung zu organisieren. Sie sollten die Checkliste zur Arbeitsorganisation und Verantwortungsübernahme im Teamteaching um eine zusätzliche Spalte mit Entscheidungen zu den einzelnen Punkten ergänzen.

Was?	Leitfragen
Planungszeit	Stimmen Sie sich über Planungs- und Reflexionszeiten ab: • Wann können wir uns im Alltag regelmäßig treffen? • Wer übernimmt die Verantwortung zur Planung eines Treffens? • Wann steht uns ein Alternativzeitraum für zusätzliche Planungen oder Reflexionen zur Verfügung?
Geteilte Verantwortung im Lehr-Lerngeschehen	Im Teamprozess können geteilte Verantwortungsübernahmen den Arbeitsprozess erleichtern: • Wer behält den Lehrplan im Auge und legt bestimmte Schwerpunkte fest? • Wer plant die einzelne Lerneinheit? • Wer legt die Ziele einer Lerneinheit fest? • Wer erstellt Kompetenzraster für das Selbstlernmaterial? • Wer entwickelt eine Lernziel-/Kompetenzkontrolle? • Wer erstellt ggf. E-Learning-Material? Überlegen Sie gemeinsam (auch mit den Lernenden): • Wie können wir gemeinsam innerhalb einer Lerneinheit unterrichten? (Team-Modell) • Wie stellen wir Lernstrategien und individuelle Herangehensweisen in den Lernvorgängen sicher, um den unterschiedlichen Lernenden zu begegnen? Welche Medien, (Selbst-)Lernmaterialien, Methoden führen und setzen wir ein? • Wie entwickeln wir differenzierte Förderaktivitäten? • Wie können individuelle Förderpläne in den Planungen Berücksichtigung finden? Wo gibt es thematische Anknüpfungspunkte? Welche Niveaustufen unterrichten/fördern wir? • Wer wertet und benotet Tests? Wie entwickeln wir diesen Prozess?
Inklusive Lernumgebung	• Wie können wir eine Lernumgebung gestalten, die inklusiv für die Lehrenden und alle Lernenden wirkt? • Wie können wir eine höhere Gerechtigkeit fördern? – unter den Lernenden und innerhalb unseres Teams? • Wie sichern wir ein differenziertes Vorgehen nach Niveaustufen, um allen bestmögliche Kompetenzerweiterungen bei unterschiedlichen Voraussetzungen zu ermöglichen?
Regeln	Bevor Sie mit Ihren Lernenden gemeinsam Regeln und Rituale entwickeln, empfehlen wir zur Vorbereitung, sich im Team über bestimmte Vorstellungen auszutauschen: • Was sind für uns wichtige Regeln und Erwartungen im gemeinsamen Lehren und Lernen – im Team und im Lernsetting? • Wie können wir die Teamregeln gemeinsam mit den Lernenden herausarbeiten und gestalten, damit sie wirksam für alle sind? • Wie möchten wir gewünschtes positives Verhalten anerkennen und verstärken? • Welche Konsequenzen setzen wir bei Abweichungen ein?

Was?	Leitfragen
Setting	• Wie gestalten wir den Lernraum, um vielfältige Formen des Teamteachings umsetzen zu können? • Wie organisieren wir größere Lernformate wie Lernlandschaften (Lernbüros, Lernwerkstätten), Projekte, Arbeitsgemeinschaften nach Interessen und Neigungen, Instruktionsphasen, um Teamteaching sinnvoll und effektiv einzusetzen? • Wie nutzen wir Teamteaching, um die individuelle Förderung aller Lernenden zu verbessern? • Wie ist die Lernumgebung zu gestalten, um flexible Gruppenkonstellationen der Lernenden zu fördern? • Wie gewährleisten wir, dass alle Teammitglieder einen eigenen Platz in der Lernumgebung finden? • Können wir andere Räumlichkeiten im Gebäude nutzen? (z. B. Errichtung von Lernclustern, Lernlandschaften)
Rituale	Vereinbaren Sie Rituale innerhalb des Lerngeschehens – zunächst innerhalb Ihres Teams – gemeinsam mit den Lernenden: • Regeln der Zusammenarbeit, Kommunikation • Meldungen (Handzeichen, Ampelsystem, ...) • Toilettennutzung • Aufgabenbesprechungen (festgelegte Zeiträume für individuelles Feedback, Gruppenfeedback, ...) • Materialverteilung (Materialstation, Austeildienst, ...)
Geräuschpegel	• Wie empfindlich reagieren wir bei einem bestimmten Geräuschpegel im Lerngeschehen? • Wo liegt unsere individuelle »Toleranzgrenze«? Wo die unserer Lernenden? • Wie machen Lernende darauf aufmerksam, wenn sie sich gestört fühlen? • Benutzen wir ein bestimmtes Zeichen, um die Aufmerksamkeit aller Lernenden auf uns zu ziehen?
Disziplin	Entwickeln Sie gemeinsam mit Ihren Lernenden Regeln und Rituale, an die sich alle halten. Folgende Fragen können Sie im Team und dann gemeinsam mit der Lerngruppe klären: • Welche Konsequenzen machen wir wann unseren Lernenden transparent? • Wer agiert von uns als Ansprechpartner/in bei Verhaltensfragen bestimmter Lernender? Wer übernimmt Verantwortung bezüglich Verhaltensfragen und führt mit Lernenden Feedbackgespräche (Kapitel 4.2.5 und 5.4.3) durch? • Wie bringen sich die Lernenden aktiv in die Gestaltung angemessener Verhaltensweisen für alle ein? • Wie schützen wir besondere Bedürfnisse der Lernenden und Lehrenden, die auf wechselseitigen Respekt und Toleranz für unterschiedliche Wahrnehmungen beruhen?

Was?	Leitfragen
Individuelle Lernpläne	• Wie werden Zielsetzungen der Lernenden besprochen? • Wie sollten diese Zielsetzungen (z. B. Kompetenzraster) an die Lernenden weitergegeben und verfolgt werden? • Wie möchten wir die individuellen Lernverläufe der Lernenden verfolgen und festhalten? Wer ist für wen verantwortlich? • Wie bringen sich die Lernenden dabei ein (z. B. durch Zielvereinbarungen)?
Dokumentation und Rückmeldung individueller Lernfortschritte	• Wie gehen wir mit Leistungsbeobachtungen um? • Wie möchten wir Lernfortschritte der individuellen verschiedenen Lernenden beobachten, festhalten und rückmelden? • Wie können die Lernenden dabei eine aktive Rolle einnehmen? • Welche Kompetenzraster oder Zielvereinbarungen verfassen wir für welche Lernenden? Welche speziellen Modifikationen sind bei verschiedenen Lernenden zu berücksichtigen? Wie machen diese sich innerhalb einer Bewertung sichtbar?
Bewertungskontexte	• Welche Rolle spielen schriftliche Ausarbeitungen für uns im Bewertungskontext? Welche Rolle spielt die sonstige Mitarbeit? • Welche Aufgaben oder Tests/Klausuren möchten wir stellen? • Wer ist für welche schriftliche oder mündliche Benotung/Rückmeldung verantwortlich? • Auf welches Bewertungssystem möchten wir uns einigen? • Wie möchten wir die einzelnen Lernverläufe der Lernenden verfolgen? Ist die Arbeit an einem Portfolio für uns eine Möglichkeit? • Wie sehen dies die Lernenden? Welche Erwartungen haben sie? • Wie können wir Rubriken für bestimmte Aufgaben entwickeln? Wie können wir die Lernenden daran partizipieren lassen? • Welchen Bestimmungen unterliegen unseren Überlegungen? (Lehrplan, Schulgesetz, Ausbildungsordnungen usw.) • Welche Freiräume können wir gegenüber den Vorgaben nutzen?
Herausforderungen	• Worin sehen wir die größte Herausforderung im Team-Prozess? • Welche Lösungswege sehen wir diesbezüglich? • Was sollte unseren Teampartner/innen bewusst sein, was uns auf die Palme bringt?
Kommunikation	• Welche Prozeduren können uns helfen, eine gute Teambeziehung zu bewahren und zu entwickeln? • Wie kommunizieren wir mit unseren Lernenden? Mit Eltern? Mit Vorgesetzten? Mit Kolleg/innen? • Wie gehen wir mit unseren Kommunikations-Bedürfnissen untereinander um? Auch während des Teamteaching?

Schaubild 18: Checkliste zur Einführung von Teamarbeit: Was ist zu beachten? (in Anlehnung an Perez 2012, S. 38 ff.)

4.3.5 Raum und Zeit zur gemeinsamen Arbeit

Zeit und Raum sind zwei wesentliche Komponenten für gelingende Teamprozesse. Raum und Zeit zählen gleichzeitig aber auch in vielen Organisationen und Institutionen (z. B. Schulen), zu den knappsten Ressourcen (Seydel 2011, S. 57). Mit dem Entschluss, im Team zu arbeiten, ist es daher zentral, in enger Abstimmung mit der Leitung zu schauen, wo »Zeit-Räume« zum gemeinsamen Planen gefunden werden können. Dies umfasst Fragen nach dem: Was? Wie? Wann? Wer nimmt teil? Wo? Zum Finden geeigneter »Zeit-Räume« innerhalb Ihres Teams können Sie dann die folgenden Fragestellungen (*Schaubild 15*, Kapitel 4.3.3) nutzen:

- Wie viel Zeit benötigen wir zum Planen?
- Wann haben wir Zeiträume zum Planen? Können wir regelmäßige Zeitfenster festlegen? (Jour fix-Termine)
- Was bereiten wir zu unserem Planungstreffen jeweils vor? Inhaltlich? Fragen?
- Möchten wir unsere Planungstreffen mit einer stets wiederkehrenden Agenda strukturieren?
- Wie können wir unsere Zeit effektiv nutzen? Welche Regeln möchten wir dazu nutzen?
- Wie können wir in unseren Planungen möglichst allen Bedürfnissen unseren Lernenden gerecht werden?
- Wo treffen wir uns? Gibt es in der Institution Räume für Teamarbeit?

Beispiel: Teambüro oder Teamstationen in Schulen
An einigen Schulen gibt es mittlerweile Teambüros nahe bei den Lernenden. Auch Präsenzzeiten an Schulen zeigen in diesem Zusammenhang einen deutlichen Mehrwert für gelingende Teamarbeit (Westhoff et al. 2010, S. 15). Lehrkräfte haben in Teambüros die Möglichkeit, innerhalb eines Raumes (fächer-)übergreifend ihren Unterricht zu planen, sich auszutauschen und zu reflektieren. Durch die Nähe zu den Lernenden können sie stärker und leichter in Entscheidungsprozesse einbezogen werden – dies nicht nur räumlich, sondern auch inhaltlich.

4.3.6 Gemeinsame Feedbackkultur

Eine gute Feedbackkultur ist in der Lehre und im Lernen eine wesentliche Voraussetzung für den Erfolg. Nach Hattie (2009, S. 173) gehört ein gut organisiertes Feedback zu den bedeutendsten Wirkfaktoren, die empirisch für Lehr- und Lernerfolge nachgewiesen werden können. Feedback tritt bereits auf, wenn die Lehrkräfte Lernende loben oder ein Lob vergessen. Es wird sowohl sprachlich artikuliert als auch non-verbal konnotiert. Alle im Lehr- und Lernprozess gemachten Äußerungen können stets von den Beobachter/innen – seien es Lernende oder Lehrkräfte – als Feedback aufgefasst werden. Dabei wirken nach Reich (2014, S. 280) »immer drei Ebenen zusammen:

(1) Ein öffentliches Feedback, wenn Lehrende oder Lernende zur gesamten Lerngruppe sprechen und damit ihrer Rückmeldung ein besonderes Gewicht verleihen. Hierbei ist strikt auf zuvor aufgestellte Feedback-Regeln zu achten, um Diskriminierungen oder Bloßstellungen zu vermeiden. Die Wertschätzung in den Interaktionen und das Sicherheitsbedürfnis ist für alle zu respektieren.
(2) Ein teilöffentliches Feedback tritt in kleineren Lerngruppen, bei Projekten usw. auf. Sofern die Gruppen auf Teamarbeit angelegt sind, sollte das Feedback immer auch das Team und die Einzelnen in ihren Beiträgen für das Team reflektieren. Die Aussage ›Er hat nicht mitgemacht!‹ erfordert die Frage: ›Was habt ihr dagegen unternommen?‹
(3) Ein individuelles Feedback ist persönlicher Natur und es kann auch vertrauliche Aussagen behandeln. Diese sind explizit zu nennen und es ist darauf zu achten, die Persönlichkeitsrechte zu wahren.«

Feedback ist eine Strategie, die sowohl hinsichtlich Leistungen wie auch Verhalten auftritt und oft für Lehrende und Lernende unbemerkt geschieht. Um den Feedbackprozess umfassend vorzubereiten und zu reflektieren hat Hattie (2009, S. 176) ein Konzept entwickelt, das wir hier nach Reich (2014, S. 281) im *Schaubild 19* zusammenfassen wollen. Das Schaubild zeigt, dass Lehrkräfte und Lernende in einem wechselseitigen Austauschprozess Ziele – immer verbunden mit Inhalten und Methoden – des Unterrichts kontinuierlich und möglichst unmittelbar nach der Erledigung von Arbeitsaufgaben miteinander besprechen, um den Lernprozess qualitativ zu verbessern. Die drei Prozessfragen sind dabei entscheidend:

(1) *Feed Up* dient dazu, dass die Lernenden selbstwirksam ihre Ziele erfassen. Dazu können aus den oben beschriebenen Lernformaten (Kapitel 3.2) Kompetenzraster nach Niveaustufen oder Wochenpläne, aber auch Zielvereinbarungen (Kapitel 5.1.4 und 5.1.5) helfen, damit sie einschätzen lernen, welche eigenen Ziele sie sich im Blick auf die Anforderungen der jeweiligen Lehrpläne von außen persönlich setzen wollen/können. Das *Feed Up* sollte gemeinsam mit Lehrkräften vereinbart werden.
(2) Das *Feedback* wird in der Regel von Lehrkräften gegeben, kann aber auch oft durch Selbstkontrollbögen mit Lösungen oder Mitlernende erfolgen. Wenn in einem Kompetenzraster bestimmte Kompetenzstufen angegeben sind, werden diese »abgehakt«, um den nächsten Entwicklungsschritt einzuleiten. Die Summe vieler einzelner Feedbacks wird zur Grundlage einer späteren Gesamtbeurteilung.
(3) *Feed Forward* gibt die nächsten erforderlichen Schritte an. Dies ist für Lernende besonders hilfreich, um aus dem bisher Gelernten Schlussfolgerungen für weitere Arbeiten zu ziehen: Habe ich bereits genug über diesen Stoff gelernt? Fehlt mir noch Basiswissen? Kann ich und will ich mich weiter vertiefend mit dem Stoff beschäftigen, auch wenn ich alle gestellten Ziele schon erreicht habe? Gerade diese Differenzierungen helfen Lernenden, eine eigene Sicht und Zufriedenheit im Blick auf den Lernstoff einzunehmen.

Absicht	Akteure	Feedback beantwortet drei Fragen	Feedback betrifft immer vier Ebenen	Erfolg
Vorkenntnisse sind noch unklar, Verständnis für geforderte Lernhandlungen ist noch schwierig, die Schwierigkeiten sollen mittels Feedbackstrategien überwunden werden	Lehrkräfte geben geeignete, anregend, herausfordernde Ziele. Sie helfen die Ziele durch effektives Feedback zu erreichen.	Feed Up: Was will ich erreichen? (meine Ziele)	1. Aufgaben: Wie gut sind die Aufgaben verstanden und ausgeführt?	Feedback ist ein kontinuierlicher Prozess, der in seinen Wirkungen Erfolge für alle Beteiligten zeigt, wenn die drei Fragen bearbeitet und die vier Ebenen hinreichend beachtet werden.
		Feedback: Was habe ich bisher bereits erreicht?	2. Prozess: Wie gut war das Verständnis im Lösungsprozess?	
	Lernende steigern ihre Anstrengungen, setzen effektiv die Strategien aus dem Feedback ein. Lernende vermeiden eine unklare oder schwache Bearbeitung der Ziele.	Feed Forward: Was will ich im nächsten Schritt erreichen?	3. Selbstregulation: Wie gelungen ist die Selbstkontrolle und Handlungsregulation?	
			4. Selbstwirksamkeit: Wie ist die persönliche Entwicklung und Kompetenzzunahme?	

Schaubild 19: Feedbackstrategien nach Hattie (2009)

Die vier Ebenen des Feedbacks sind immer wieder entscheidend in Lernprozessen. »Auf der Aufgabenebene, auf der ein Ergebnis oder Verhalten erwartet wird, ist es wichtig, das Feedback möglichst unmittelbar und nah am Lernvorgang zu organisieren. Feedback bedeutet hier nicht, eine Lösung zu geben, sondern durch Impulse und weitere Hilfsmaterialien, die Lösung möglichst eigenständig durch die Schüler/innen finden zu lassen. Für den Prozess ist es wichtig, den Lernvorgang in seiner Ganzheit zu erfassen, was mit Kompetenzrastern wiederum besser gelingen mag als mit klassischen Lernzielformulierungen. Hilfen auch zu metakognitiven Lernstrategien oder Metakommunikation im Verhaltensbereich sind in diesem Feld immer wieder wichtig. Die Selbstregulation wird insbesondere im Feedback dann gefördert, wenn es Selbstkontrollen und Selbstwirksamkeitsüberprüfungen einzelner Handlungen der Lernenden gibt. Besonders geeignet sind hierfür z. B. Portfolios, die immer eine Reflexion der eigenen Lernfortschritte durch die Lernenden mit einschließen und die im Feedback besprochen werden. Die Selbstwirksamkeit in einem allgemeinen Sinne, d. h. insbesondere der Selbstwert, die Selbstverantwortung und die Selbstbestimmung, die Lernende nach und nach durch erfolgreiches Feedback aufbauen, werden insbesondere durch eine Kultur des Lobens und des Respekts vor erzielten Leistungen und Verhaltensänderungen erreicht. Je genauer, verbindlicher und persönlicher dies geschieht und mit den Handlungen der Lernenden stets verbunden wird, desto weniger wird es Lernende geben, die sich einer eigenen Lernentwicklung verweigern. Nach Hattie (2009, S. 177) ist es jedoch ungünstig, jemanden bloß allgemein auf einer abstrakten Selbstwirksamkeitsebene im Sinne von ›Du machst das schon‹ oder ›Du bist doch super‹ zu loben. Das Lob oder die Herausforderung muss stets auf die drei Aspekte der Aufgaben, des Prozesses und der Selbstregulation konkret bezogen sein, wenn Feedback effektiv gelingen soll« (Reich 2014, S. 281 f.).

Eine besondere Form des Feedbacks – über diese Strategien hinaus – sind *Zielvereinbarungs- und Fördergespräche* (Reich 2012a). In ihnen können die einzelnen Feedbacks gesammelt und aus der Sicht der Lernenden und Lehrenden ausgewertet werden. Wichtig ist es, dass sie kontinuierlich zu fest vereinbarten Zeitpunkten eingesetzt werden. Dabei sollten individuelle und gruppenbezogene Aspekte einbezogen werden. Die Gespräche sind so zu organisieren, dass sie sich auf gemachte Beobachtungen als auch Ergebnisse aus dem Unterricht beziehen. Dies gelingt dann leichter, wenn mit Kompetenzrastern, Portfolios, schriftlichen Ergebnissen, Präsentationen und anderen Dokumentationen gearbeitet wird, die den Lernenden konkret zeigen, welche Arbeiten gefertigt wurden und welche Kompetenzen sich darin ausdrücken. Fördergespräche sind nicht nur bei Problemfällen einzusetzen, sondern sollen regelmäßig allen Lernenden helfen, eine individuelle Rückmeldung und Förderung durch weitere Vereinbarungen zu erhalten. Dabei ist wie bei den Zielvereinbarungen darauf zu achten, dass nicht nur der Lernende sich für bestimmte Maßnahmen und Aufträge entscheidet, sondern auch die Lehrkraft mitteilt, welche Unterstützungsleistung sie aufbringen wird. Im Gespräch sollten die Lernenden auch der Lehrkraft ein Feedback über die Hilfe geben, die sie bekommen haben.

Fördergespräche wie auch Zielvereinbarungsgespräche sollten von jenen Teammitgliedern geführt werden, die beim Teamteaching verantwortlich eine Teilgruppe der Lernenden betreuen. Dabei sind folgende Schritte für Zielvereinbarungs- wie Fördergespräche zu beachten (Reich 2014, S. 282 f.):

- *Regelmäßige Rückmeldung und Selbsteinschätzung: Diese* dienen vor allem der Bestätigung, Anerkennung, Korrektur und Kritik über den Fortschritt bezogen auf Lernergebnisse und Verhalten. Es ist wesentlich, immer wieder Soll-Ist-Vergleiche über erwartete Leistungen und erwartetes Verhalten im Unterricht gemeinsam durchzu-

führen. Lernende sollen kontinuierlich die Selbstwirksamkeit ihrer Lernbemühungen einschätzen.
- *Rückmeldungen über den Lehr- und Lernprozess einholen:* Lehrkräfte fragen Lernende, wie sie das Lernen erleben, was sie positiv oder negativ beurteilen. Aus Rückmeldungen werden Erkenntnisse für den Lernprozess gewonnen, die regelmäßig in Teamsitzungen diskutiert werden. Bei Beurteilungen werden die Lernenden intensiv beteiligt, wobei sie ihre Einschätzungen auch mit anderen austauschen. Lehrkräfte können so ihre Kriterien der Beurteilung überdenken. Die in solchen Verfahren geschulte Fähigkeit, eigene Leistungen *vor allem in verbalen Beschreibungen* angemessen beurteilen zu können, ist heute eine wesentliche Voraussetzung dafür, sich in der Lebens- und Arbeitswelt zurechtzufinden. So können Erfolge und Misserfolge auch distanzierend verarbeitet werden, um so zu einer Stärkung und Entwicklung der Persönlichkeit beizutragen.
- *Erarbeitung von Handlungsperspektiven:* Für Lernende ergeben sich aus dem Gespräch Handlungsperspektiven und konkrete Hinweise für das weitere Verhalten. Notwendige Schritte werden schriftlich in einer Art Lösungsprotokoll festgehalten. Es sollte immer klar formuliert werden, wer/was/wann/wo/wie/mit wem macht, um zu einer Veränderung zu gelangen. Ein konkreter Folgetermin muss ausgemacht werden. In dieser Phase liegt der eigentliche Schwerpunkt des gesamten Gesprächs: Es geht um die Förderung der Kompetenz, d.h. der Lernende soll für sein weiteres Lernen motiviert werden.
- *Grundlage Aufzeichnungen:* Grundlage sind immer Aufzeichnungen des Lehrenden aus dem vorangegangenen Lernzeitraum (Datensammlung) und keine Vermutungen oder ungenauen Beobachtungen. Die Daten beziehen sich sowohl auf positive wie kritische Punkte bei den Ergebnissen und bezogen auf das Verhalten.
- *Methodischer Aufbau:* Das Gespräch hat einen klaren methodischen Aufbau, wobei nach einer Phase der freundlichen Eröffnung, der Sicht auf die Dinge durch die Lernenden und die Lehrkräfte, insbesondere die Phasen der gemeinsamen Lösungssuche und das Aufstellen eines Aktionsplans betont werden, um die selbst- wie fremdkontrollierte Umsetzung zu steuern. Das Gespräch wird mit einem freundlichen Ausblick beendet.
- *Klima der Wertschätzung:* Das Gespräch wird in einem Klima der Wertschätzung und Partnerschaft geführt. Die Beziehungsseite ist für die Wertschätzung ausschlaggebend. Insbesondere hört der Lehrende am Anfang des Gesprächs aktiv zu, so dass tatsächlich ein Gespräch und kein Monolog geführt werden. Entscheidend ist vor allem, dass offene Fragen gestellt werden, genügend Zeit vorhanden ist, eine gute Sitzordnung (in der Regel über Eck) eingenommen sowie körpersprachlich offen und entspannt gesprochen wird, das Gespräch in einem abgeschlossenen Raum stattfinden kann.

Die Punkte verdeutlichen, dass es eines hohen Zeitaufwands bedarf, um dieses sehr erfolgreiche Instrument in Lernprozessen einzusetzen. Auch hier wird Teamteaching aber unabdingbar, weil einzelne Lehrkräfte schnell mit solch komplexen Anforderungen überfordert sind. Es geht um Gespräche, die während der Lernprozesse begleitend geführt werden, um die Leistungen der Lernenden individuell zu fördern und ihr Verhalten selbstwirksam zu entwickeln. Zielvereinbarungen schließen in der Regel längere Prozesse, in der Schule z. B. Halbjahre, ab.

Eine gute Feedbackkultur schließt immer eine wechselseitige kollegiale Beratung (Kapitel 5.3.4) als auch eine kontinuierliche Fortbildung, Beratung, Coaching und Supervision von Teams (Kapitel 5.3.5) ein. Hier schließt sich immer ein Kreis: Was von den Lehrenden gegenüber Lernenden verlangt wird, das müssen sie selbst auch als Hilfe und Unterstützung in ihrer Aus- und Fortbildung erfahren können.

4.3.7 Offen für Austausch nach außen

Wie bisher mehrfach dargestellt wurde, arbeitet ein Team nicht nur für sich, sondern ist immer auch Teil einer Organisation oder Institution. Wichtig ist daher auch der Austausch nach außen. Er kann auf verschiedenen Ebenen gestaltet werden:

- Neben einem kontinuierlichen Feedback-Prozess empfehlen wir – je nach Situation – immer auch die Lernenden in den Prozess der Auswahl bzw. Reflexion einzelner Teamteaching-Modelle mit einzubeziehen.
- Wichtig ist immer die Transparenz über Teamvorhaben innerhalb der Organisation oder Institution: Informieren Sie neben der Leitung auch weitere Kolleg/innen, Beratungslehrkräfte, Lernenden, Eltern usw. über alle Vorhaben.
- Um im Team eine gute Arbeitsgrundlage zu schaffen, sind regelmäßige Supervisionen für den Teamprozess sehr förderlich. Sind Sie offen für eine Begleitung »von außen«, dann kann Ihnen und Ihren Teampartner/innen dieser Prozess auch für die eigene Weiterentwicklung und das eigene »Wachsen« – z. B. bezüglich der Kommunikations- und Kooperationsfähigkeiten oder Planungseffizienz – helfen (Kapitel 5.3).
- Besuche anderer Organisation und Institutionen, die Teamteaching gestalten, sind wichtige Impulse, um die eigene Arbeit anzuregen. Auch die aktive Teilnahme an Fort- und Weiterbildungen zu dem Thema ist hilfreich.
- Das Team ist ein kontinuierlicher Ort der eigenen Weiterbildung. Nutzen Sie die Erfahrungen aller Teammitglieder und profitieren Sie von der eigenen Vielfalt.

4.3.8 Einstiegsfragen für eine effektive Vorbereitung der Teamarbeit

In dem nachfolgenden *Schaubild 20* wollen wir auf einige Beziehungs- und Kommunikationsfragen eingehen, die sich in Teamteaching-Prozessen immer wieder stellen. Wichtig ist es hierbei, solche Fragen nicht nur individuell für sich zu beantworten, sondern in einen moderierten Teamprozess einzubringen.

Die Stärken, die ich mit in unser Team bringe …		
Teammitglied 1	Teammitglied 2	Teammitglied 3
•	•	•
•	•	•
•	•	•

Denke ich an unsere Arbeit im Team, machen mir diese Dinge Sorgen …		
Teammitglied 1	Teammitglied 2	Teammitglied 3
•	•	•
•	•	•
•	•	•

Unsere 3–5 Regeln, für unsere Zusammenarbeit im Team:
-
-
-
-
-

Unsere Planungs-Zeiträume:
- Wie viel Zeit benötigen wir?
- Wie können wir uns die benötigten Zeiträume schaffen?
- Wie möchten wir unsere Zeit gestalten? (Agenda)
- Welche Protokolle können uns den Planungsprozess erleichtern?

Inhaltliche Planungen:
- Welche Inhalte möchten wir wie aus dem Curriculum einbringen?
- Wer übernimmt die Vorbereitung für welche Inhalte?
- Wie dokumentieren und archivieren wir die aufbereiteten Inhalte?
- Wie sichern wir, dass die Inhalte auf einem neuen und guten Stand sind?
- Wie teilen wir die Verantwortung im Lehr-Lerngeschehen im Team auf?
- Welche Teamteaching-Methode eignet sich für welche Inhalte?
- Was sind unsere Stärken im Team bezogen auf Bereiche des Curriculums, der Instruktion und der Rückmeldeprozesse?
- Haben wir hinreichend Selbstlernmaterial und Übungsmaterial entwickelt, um individuelles Lernen mit unterschiedlicher Eindringtiefe/Zeitvorgabe zu ermöglichen?
- Haben wir bei größeren Themen gute Projektarbeiten entwickelt, die den Lernenden helfen, vielseitige Kompetenzen zu bilden?
- Wie können wir unsere Expertisen im Prozess teilen?
- Wie können wir uns in den Verantwortlichkeiten abwechseln?
- Wie möchten wir die Effektivität unseres Teamteachings evaluieren?

Team-/Klassenregeln:
- Könnten wir bis zu zehn Team-/Unterrichts-/Klassenregeln festlegen – welche würde jede/jeder von uns auswählen?
- Auf welche Regeln können wir uns gemeinsam einigen?
- Können wir alle einsehen, dass die Regeln gemeinsam mit den Lernenden erarbeitet werden müssen?
- Wie sichern wir, dass die Regeln, die die Lernenden finden, mit unseren Wünschen übereinstimmen?
- Wie gehen wir damit um, wenn die Lernenden sich andere, eigene Regeln wünschen?

Beurteilung und Beratung:
- Wie möchten wir den Lernfortschritt unserer Lernenden festhalten?
- Wie möchten wir den Lernerfolg der Lernenden bewerten?
- Wer übernimmt die Verantwortung der Beratung und Bewertung für welche Lernenden? Gibt es eine geteilte Verantwortung?

Kommunikation:
- Welche Art des Austausches wünschen wir mit anderen Personen (Vorgesetzten, Eltern usw.) und wie häufig?
- Wie möchten wir den Teamteaching-Ansatz für alle Beteiligten kommunikativ überzeugend einführen?
- Wer übernimmt die Verantwortung für die Außen-/Elternarbeit? Wie können wir uns diese Arbeit teilen? Übernehmen einzelne Teammitglieder die Kommunikation zu bestimmten Personen? Wer macht was?
- Welche Häufigkeit des Austausches und individueller Beratung planen wir für die Lernenden?
- Wie garantieren wir einen regelmäßigen Austausch miteinander?
- Wie möchten wir während des Teamprozesses miteinander kommunizieren?
- Wer übernimmt die Kommunikation zur Administration/zur Schulleitung?

Logistik:
- Wie können wir unsere Arbeit im Team mit den Lernenden so »leben«, dass alle Teammitglieder gleichwertig anerkannt werden?
- Wie möchten wir uns vor den Lernenden untereinander ansprechen?
- Wie teilen wir unsere Arbeitsplätze?
- Wie möchten wir den Lernraum einrichten?
- Wie können wir untereinander eine Balance in der Verantwortungsübernahme erreichen?

Das macht mich wütend ...

Teammitglied 1	Teammitglied 2	Teammitglied 3
•	•	•
•	•	•
•	•	•

Schaubild 20: Beziehungsfragen im Teamteaching-Prozess (in Anlehnung an Villa/Thousand/Nevin 2013, S. 28 f.)

Stark verändert nach Perez (2012, S. 99 f.) wollen wir abschließend zur Vorbereitung des Teamteaching wichtige Einstiegsfragen für ein gelingendes, effektives Vorgehen im Überblick zusammenfassen. Sie betreffen vor allem den Prozess, d. h. die Phase, wenn ein Team zusammentritt und sich eine eigene Organisation bildet, ein Leitbild erstellt, eine Vorstellung vom Teamteaching und den Rollen der Teammitglieder macht:

1. Grundhaltungen im Teamtreffen
   – Kannst du das Teamteaching als eine Chance für Wachstum bei den Lernenden und bei dir sehen?
   – Kannst du durchgehend per Ich sprechen?
   – Bist du offen dafür, dich in die Positionen der anderen hineinzuversetzen und diese zu verstehen?
   – Kannst du aktiv zuhören und durchgehend eine kongruente Kommunikation entwickeln?
   – Bist du bereit, auf deine primären Bedürfnisse zu achten und das für dich erwünschte Ergebnis offen anzusprechen?
   – Fragst du dich, wenn du kein für dich gutes Ergebnis erreichen kannst, warum das für andere bedeutsam und wichtig sein kann?
   – Achtest du auf die Bedeutungen des Teamteaching für die Zukunft? Bei den Lernenden? Bei dir?
   – Sorgst du für eine offene, entspannte, vertrauensvolle Atmosphäre, die andere anerkennt, respektiert und als anders (nach Erwartungen, Haltungen, Vorstellungen) achtet?
   – Achtest du darauf, dass relevante Probleme für die Lernenden und das Team bearbeitet werden?
2. Brainstorming als wichtige Methode
   – Kannst du das Schreiben von Karten und Punktabfragen im Brainstorming und in der Moderation als Vorteil sehen, damit alle Meinungen erfasst und diskutiert werden?
   – Schätzt du die unterschiedlichen Assoziationen und Ergebnisse als Chance, unterschiedliche Probleme zu erkennen und Wege gehen zu können?
   – Gelingt es dir, alle Ideen erst einmal zu sammeln, ohne sie gleich erklären oder umfassend erläutern zu müssen?
   – Achtest du darauf, dass auch Minderheitenmeinungen im Brainstorming wertgeschätzt und auf ihre Plausibilität hinreichend geprüft werden?
   – Gelingt es dir, dazu beizutragen, dass möglichst viele Ideen ergänzt, erweitert und zu einer gemeinsamen Lösung kombiniert werden?
   – Hast du stets die Lernenden als wesentliche Bezugsgruppe für das Teamteaching vor Augen?
3. Mögliche Lösungen zum Ausprobieren
   – Trägt jede/r im Team zu möglichen Ideen und Lösungen für die gestellten Probleme und die Teamarbeit bei?
   – Werden alle Möglichkeiten hinreichend diskutiert?
   – Beziehen sich die Lösungen hinreichend auf die Bedürfnisse der Lernenden und der Lehrenden oder anderer Beteiligter?
   – Sind die Lösungen hinreichend realistisch in der Praxis anwendbar und wie leicht können sie umgesetzt werden?
   – Was sind die Vor- und Nachteile, was die Herausforderungen für die einzelnen Optionen, die sich ergeben?

- Kannst du dazu beitragen, die einzelnen Lösungen zu präzisieren, um ihre Umsetzung vorstellbar werden zu lassen?
- Bist du bereit, wenn du dich für eine Lösung nicht entscheiden kannst, Hilfe von Teammitgliedern oder von außen anzunehmen?
- Lässt du dich darauf ein, dass das Team gemeinsam eine bestmögliche Lösung findet? Auch wenn es für dich als ungünstig erscheint?
- Wie sicherst du ein Vorgehen, dass Minderheitenmeinungen zumindest geachtet, wenn auch nicht umgesetzt werden?

4. Wie verhalten wir uns in der Organisation?
- Gibt es strukturelle Hindernisse, die das Teamteaching von vornherein erschweren und wie können diese beseitigt werden?
- Hilft uns die Organisation hinreichend bei den gestellten Aufgaben?
- Können wir uns aktiv und positiv in die Organisation einbringen?
- Haben wir hinreichende Vertretungen und Rechte in der Organisation?

4.4 Kein Team ohne Konflikte

Die Idee von der sehr guten Wirksamkeit heterogener Gruppen sowohl im Lernen als auch in der Lehre bedeutet, dass wir Unterschiedlichkeit weniger als Bedrohung gelingenden Lernens sehen, sondern vielmehr als eine Chance. Dabei stehen wir jedoch von vornherein vor dem Eingeständnis, dass die Unterschiedlichkeit in den Voraussetzungen, Erwartungen, bei den Zielen und Werten immer auch Konflikte bedingen kann (Kapitel 4.2.1). Wenn wir uns auf Teamarbeit und Teamteaching einlassen, dann sollten wir Konflikte von vornherein erwarten und nicht dramatisieren, denn da, wo etwas zum Konflikt wird, da entstehen auch Bewegung, Veränderung und Neuanfänge mit besseren Ergebnissen. In diesem Kapitel wollen wir in drei Schritten betrachten, wann es Teams von Anfang an unnötig schwer haben, was überhaupt eher gute oder eher schlechte Teams auszeichnet, schließlich welche Standards für gute Teamarbeit beachtet werden sollten.

4.4.1 Warnliste: Wie machen wir es Teams von vornherein schwer?

Wir wollen zur Verdeutlichung von Konflikten in Teams drei Warnstufen angeben, die wir von schwer über mittel bis leicht darstellen. Sie basieren auf Erfahrungen mit Konfliktmoderationen. Schwer sind solche Voraussetzungen, die Teamteaching von vornherein im Grunde unmöglich machen. Werden sie nicht geändert, dann können wir keine guten Ergebnisse erwarten. Mittel sind solche Voraussetzungen, die vielleicht am Anfang noch nicht so sehr ins Gewicht fallen, aber auf lange Sicht zu erheblichen Störfaktoren werden können. Die eher leichten Probleme können im Einzelfall durchaus zu mittleren oder schweren Konflikten werden, wenn sie dauerhaft übersehen oder vernachlässigt werden. Zur Verdeutlichung gliedern wir die Konfliktfälle in Fallgruppen und ordnen sie in Form einer Tabelle (*Schaubild 21*).

Schaubild 21 kann geeignet sein, bei Teamkonflikten genauer zu schauen, inwieweit ein schwerer, mittlerer oder eher leichter Konflikt vorliegt. Dies ist für das Team wichtig, um einzuschätzen, inwieweit ein Lösungshorizont erreicht werden kann:

- Bei *schweren Konflikten* geht es immer auch um Änderungen der strukturellen und grundlegenden Bedingungen der Teamarbeit. Hier sind dauerhaft Strukturen und persönliche Voraussetzungen gelegt, die grundsätzlich immer wieder Konflikte hervorbringen werden. Ansatzpunkte einer Veränderung sind zu identifizieren und durchzuführen, wenn eine gute Teamarbeit erreicht werden soll. In der Regel gehen die Lösungen über das engere Team hinaus und betreffen auch Strukturen und Voraussetzungen, die von außen an das Team gerichtet sind.
- Bei *mittleren Konflikten* ist überwiegend das Team selbst für eine Lösung verantwortlich. Insbesondere wenn einzelnen Teammitglieder gegen das Team streiten und dauerhaft in den Konflikt gehen, können im Grunde im Team lösbare Konflikte zu schweren Konflikten mit gegensätzlichen Fraktionen entarten, was eine Zusammenarbeit erschwert bis unmöglich macht. Mitunter lassen sich die unterschiedlichen Auffassungen im Team nur durch Umsetzungen einzelner Teammitglieder lösen. Dabei ist eine Beratung von außen unumgänglich.
- *Leichte Konflikte* hingegen gehören zum Regelfall aller Teams. Damit sie nicht zu mittleren Konflikten werden, ist eine hohe Aufmerksamkeit im Team erforderlich, um anerkennend und respektvoll mit den unterschiedlichen Bedürfnissen der Teammitglieder umzugehen und das gemeinsame Ziel nicht aus den Augen zu verlieren. Insbesondere ein gerechtes und transparentes Vorgehen können den Erfolg solcher Bemühungen sichern.

	Schwere Konflikte	Mittlere Konflikte	Eher leichte Konflikte
Unterschiede in Lebensauffassungen, Stilen, Einstellungen	gegensätzliche, nicht überbrückbare Auffassungen von mehreren Teammitgliedern	gegensätzliche Auffassungen in abgegrenzten Bereichen zwischen Team und einzelnen Mitgliedern	mitunter auftretende Gegensätze in unterschiedlichen Bereichen bei unterschiedlichen Teammitgliedern
Unterschiede in der beruflichen Qualifikation	ungleiche Qualifikation, gleiche Arbeit, unterschiedliche Bezahlung	fehlende Bereitschaft bei mehreren Teammitgliedern, Unterschiede in der Qualifikation auszugleichen	fehlende Bereitschaft bei einzelnen Teammitgliedern, Unterschiede in der Qualifikation auszugleichen
Unterschiede in der Lebensphase	keine individuelle Rücksichtnahme auf Alter, Gesundheit, Belastbarkeit	nicht durchgehende Rücksichtnahme auf Alter, Gesundheit, Belastbarkeit	gelegentlich keine Rücksichtnahme auf Alter, Gesundheit, Belastbarkeit
Kommunikation, Kooperation; Kritikfähigkeit	kommunikative Inkongruenz, Einzelkämpfer/in, Besserwisserei mehrerer Teammitglieder	kommunikative Inkongruenz, Einzelkämpfer/in, Besserwisserei bei einem Teammitglied	gelegentlich kommunikative Inkongruenz, Einzelkämpfer/in, Besserwisserei bei einem Teammitglied
Werte- und Zielebasis	sehr unterschiedliche Vorstellungen bereits in Grundpositionen bei mehreren Teammitgliedern	unterschiedliche Vorstellungen bei spezifischen Werten und Zielen bei Mehrheiten und Minderheiten	gelegentlich unterschiedliche Vorstellungen bei spezifischen Werten und Zielen bei einem Teammitglied
Unterrichtsauffassungen (*classroom management* und förderliche Lernbedingungen)	stark unterschiedliche Vorstellungen über Lernabläufe, Lernsettings, Disziplin und Verhalten, Unterrichtsorganisation, Förderverhalten	unterschiedliche Vorstellungen über Lernabläufe, Lernsettings, Disziplin und Verhalten, Unterrichtsorganisation, Förderverhalten bei einem Teammitglied	gelegentlich unterschiedliche Vorstellungen über Lernabläufe, Lernsettings, Disziplin und Verhalten, Unterrichtsorganisation, Förderverhalten bei einem Teammitglied
Aufgabensetzungen von außen und Anforderungen im Verhältnis zu Zeit, Aufwand, Mitteln	hohe Diskrepanz zwischen gesetzten Anforderungen und vorhandener Zeit, erwarteten und möglichen Aufwand, erforderlichen und gegebenen Mitteln	in bestimmten Punkten Diskrepanz zwischen gesetzten Anforderungen und vorhandener Zeit, erwarteten und möglichen Aufwand, erforderlichen und gegebenen Mitteln	selten Diskrepanz zwischen gesetzten Anforderungen und vorhandener Zeit, erwarteten und möglichen Aufwand, erforderlichen und gegebenen Mitteln

Schaubild 21: Warnliste Teams

4.4.2 Gute Teams – ungünstige Teams

Mitunter kann es helfen, sich vorzustellen, was ein gutes oder ungünstiges Team im Teamteaching auszeichnen könnte, um die eigene Position zu klären und die Sichtweise auf das Team und seine Aufgaben zu schärfen. Zwar sind solche Listen, wie wir sie in *Schaubild 22* gegenüberstellen, immer vereinfachend, aber sie können dennoch zeigen, in welche grundsätzliche Richtung Teams entwickelt werden sollten und was eher ungünstige Entwicklungen sind. Die einzelnen Aussagen haben wir aus eigenen praktischen Erfahrungen in der Teamarbeit und Teamsupervision entnommen, sie finden sich auch teilweise in Perez (2012, S. 94 ff.). Es sollte deutlich sein, dass solche Listen nie vollständig sind und stark vereinfachend arbeiten, um einen Anlass für eigene, weiterreichende Reflexionen der Teamarbeit zu geben. Die Gegenüberstellung mag in gemeinsamen Diskussionen des Teams helfen, Stärken und Schwächen der Teamarbeit auszumachen.

Wenn wir aus eigenen Erfahrungen berichten, dann fallen uns die folgenden ungünstigen Bedingungen immer wieder auf, die eine Teamarbeit im Teamteaching sehr häufig besonders schwermachen:

- *Verdeckte Beziehungskonflikte:* Ein Team fordert alle Teammitglieder heraus, möglichst offen und reziprok zu kommunizieren. Aber dies gelingt den Teammitgliedern nicht immer gleichermaßen gut. Besonders wenn sich einzelne Teammitglieder nicht hinreichend wertgeschätzt oder geachtet fühlen, dies aber nicht hinreichend kommunizieren können, kommt es zu verdeckten Konflikten, die sehr oft subtil in Verweigerungen, Entwertungen oder persönlichen Feindschaften enden können. Sehr oft haben Teams es in solchen Fällen versäumt, die Beziehungsfragen schon in der Gründungsphase offen und intensiv genug anzugehen.
- *Gefühle der Ungerechtigkeit:* Ungleiche Behandlungen, Bevorzugungen oder Benachteiligungen von Teammitgliedern, selbst wenn diese Wahrnehmung eher auf der subjektiven Seite erfolgt, bilden einen starken Antrieb, den Sinn und die Aufgaben von Teams überhaupt in Frage zu stellen. Teams müssen sich immer sehr bewusst sein, dass ein hohes Maß an empfundener gerechter Behandlung äußerst wichtig ist, um die Teamarbeit langfristig störungsfrei zu ermöglichen.
- *Ressourcenknappheit:* Teamarbeit benötigt Räume, einen eigenen Arbeitsplatz, Materialien und hinreichend Mittel, um professionell durchgeführt zu werden. Sind solche Ressourcen knapp, dann bedarf es immer eines Plans, wie sich langfristig die Ressourcen verbessern lassen, um nicht zum großen Hindernis in der Teamarbeit zu werden.
- *Leitung und Team:* Entscheidend ist es immer wieder, dass Leitung und Team nicht gegeneinander, sondern miteinander arbeiten. Das setzt voraus, dass beide Seiten von der Teamarbeit und ihren Erfolgen überzeugt sind.

Gute Teams ...	Ungünstige Teams ...
haben eine anspruchsvolle Vision guten Unterrichts, die mit Hingabe und Einsatz im Team und nach außen vertreten wird.	definieren guten Unterricht nur aus der Sicht einzelner Teammitglieder mit Unterschieden im Einsatz und der Hingabe.
nehmen die Inspiration für gute Arbeit aus dem Kontakt mit den Lernenden, deren Lernerfolge zum Ausgangspunkt des Handelns genommen werden.	leiten die Arbeit aus Vorgaben und Lehrplänen ab, wobei die Lernerfolge dem Bemühen der Lehrenden zugeschrieben werden.
sind flexibel in der Selbstorganisation und bei den notwendigen Aufgaben, wobei die Stärken aller Teammitglieder zum Einsatz kommen.	sind stark an Routinen orientiert, die Sicherheit geben und dauerhaft vergebene Aufgaben und stark fixierte Rollen herstellen sollen.
praktizieren eine Rotation von Aufgaben, Rollen und Verantwortlichkeiten.	halten an dauerhafter Vergabe von Aufgaben, Rollen und Verantwortlichkeiten fest.
gehen immer gemeinsam in den Unterricht und zeigen sich nach außen und innen als Team.	üben eine hohe Arbeitsteilung aus, was auch dazu führen kann, dass eine/r vorbereitet und eine/r unterrichtet.
konzipieren Lernmaterialien, Lernaufgaben, Lernkontrollen, Lernsettings immer in Rückmeldung mit den Lernenden und ihren Lernerfolgen, verbessern diese gemeinsam.	setzen meist von anderen vorgefertigtes Lehr- und Lernmaterial ein, wobei darauf vertraut wird, dass dieses Material für den Lernerfolg hinreichend konzipiert wurde.
verfügen über eine Vielzahl an Ideen und Methoden, um ihre Ziele und Visionen kreativ und konstruktiv umzusetzen.	beschäftigen sich in Teamsitzungen oft mit Absichtserklärungen und Plänen, die sie dann vereinzelt umsetzen sollen.
schätzen Brainstorming und offene Methoden, suchen sich Hilfe von außen, verbessern ihre Arbeit kontinuierlich.	verlassen sich eher auf Routinen und den Status Quo, schätzen es wenig, von außen Anregungen oder Impulse zu erhalten.
nutzen die Unterschiedlichkeit im Team, um gute Lernsettings durch Teamteaching zu erreichen und die Stärken des Teams effektiv einzusetzen.	setzen das Teamteaching durch die vorausgesetzten Rollen (z. B. Regelschulkraft oder Sonderpädagogik) und nicht individuell bestimmt.
fokussieren auf das, was geht und wünschenswert ist.	beschäftigen sich viel mit dem, was nicht geht, mit Hindernissen statt Wünschen.
gehen schrittweise, geplant und mit langen Ziel- und Aufgabenhorizonten vor, um das Lernen selbstwirksam zu gestalten.	arbeiten immer auf den nächsten Test hin, der als hauptsächlicher Indikator für Lernerfolge gilt.
evaluieren umfassend den Erfolg der eigenen Arbeit.	sehen Evaluationen als lästige Aufgabe.
probieren ständig neue Wege aus, um den Lehr- und Lernprozess kreativer, anschaulicher, lernwirksamer zu machen, ohne jedoch dabei die Lernenden zu unter- oder überfordern.	verlassen sich stark auf das Altbewährte, auf gegebene Strukturen und geringe Veränderungen, um Unruhe zu vermeiden, müssen immer erst zur Innovation von außen aufgefordert werden.

Schaubild 22: Gute und ungünstige Teams

5. Teams in der Praxis

Die Umsetzung von Teamarbeit und Teamteaching in die Praxis, in die jeweilige Organisation oder Institution, ist ein facettenreicher Prozess, der bewusst sowohl von allen Teammitgliedern als auch der Leitung angelegt und verankert werden muss, wie wir in Kapitel 4 gezeigt haben. In diesem Kapitel werden wir praktische Tipps zur effektiven Umsetzung auf verschiedenen Ebenen des konkreten Teamprozesses für die Planung, Durchführung und Evaluation anführen. Wir verstehen diese Tipps und praktischen Hilfestellungen als kreative Handlungsoptionen, die in verschiedenen Situationen als Gerüst herangezogen werden können, um situationsbezogen modifiziert und weiterentwickelt zu werden. Dabei werden wir auch konkrete Hilfen anbieten, die innerhalb des Teams für das gemeinsame Lehren und Arbeiten genutzt werden können. Diese Arbeitsmaterialien sind – in Ergänzung zu den Materialien in Kapitel 4 zur grundlegenden Vorbereitung des Teamteaching – als Vorschläge zu verstehen, um den Teamprozess zu unterstützen. Wir geben zentrale Aspekte an, die in gemeinsamen Treffen genutzt und diskutiert werden können. Sie sollen auch helfen, sich gegenseitig mit den Vorstellungen des gesamten Teams vertraut zu machen bzw. sich auf bestimmte Grundsätze innerhalb der gemeinsamen Arbeit zu verständigen. Das folgende Kapitel ist in drei aufeinanderfolgende Stufen der Teamarbeit im Teamteaching gegliedert:

(1) Wir stellen effektive *Planungsprozesse* und Planungshilfen in Kapitel 5.1 vor.
(2) In Kapitel 5.2 werden dann konkrete Elemente beschrieben, auf die in der *Durchführung* zu achten ist.
(3) Am Ende schauen wir in Kapitel 5.3 auf Möglichkeiten, die eigenen Teamprozesse mehrperspektivisch zu *evaluieren* und zu *reflektieren*.

5.1 Teamteaching: Planung

Die Beziehungsebene und eine gelingende Kommunikation sind, wie in Kapitel 4.1 eingeführt wurde, für eine erfolgreiche Teamarbeit zentral. Erfolgreiche Planungsprozesse mit einer wertschätzenden und offenen Kommunikationskultur können dazu beitragen, dass sich alle Teammitglieder mit ihren Stärken und Interessen in den Prozess gleichermaßen einbringen können und Teamarbeit als entlastend und gewinnbringend in der Prozessarbeit erleben. Eine gute Prozessarbeit bedeutet, dass die Teammitglieder selbst stetig weiter »wachsen« können. Dies gelingt nur, wenn Verantwortung geteilt wird. Auf Grundlage von Erfahrungen von Teams beschreiben Villa/Thousand/Nevin (2013, S. 193), dass die Planungen und die gemeinsam genutzte Zeit als Schlüssel für einen guten Erfolg zu betrachten sind. In diesem Kapitel möchten wir uns daher mit den Planungsprozessen für die Arbeit in Teams auseinandersetzen.

Was trägt zu einem erfolgreichen Planungsprozess bei? Wir schlagen dazu unter Aufnahme einiger Anregungen von Villa/Thousand/Nevin (2013, S. 161) einen mehrschrittigen Prozess vor: Zunächst sollte ein gemeinsames Vorgehen für die Planung entwickelt werden (Kapitel 5.1.1). Zweitens steht die Aufgabe an, gemeinsame Zeiträume für Planungen zu finden und zu schaffen (Kapitel 5.1.2). Drittens sind Arbeitsweisen zu entwickeln, die auf die Kompetenzen der Lernenden abgestimmt sind (Kapitel 5.1.3). Viertens sind die Kompetenzen für heterogene Gruppen nach Niveaus zu planen und mit Meilensteinen zu versehen, um Teamteaching-Prozesse zielbezogen und inhaltsrelevant zu gestalten (Kapitel 5.1.4). In der Planung müssen geeignete Lernformate ausgewählt werden, die zu den Vorkenntnissen und Bedürfnissen der Lernenden passen (Kapitel 5.1.5). Es sind Methoden, Medien und Lernmaterialien zu planen (Kapitel 5.1.6) Neben der unterrichtlichen Planung steht als weiterer Schritt des Prozesses die Planung über die eigene professionelle Entwicklung der Lehrenden selbst an (Kapitel 5.1.7). Die konkrete Verteilung der Aufgaben (Kapitel 5.1.8) und ein hinreichender Raum für einen Situationsbezug (Kapitel 5.1.9) runden die Planung ab. Wir stellen diese Schritte in den nachfolgenden Kapiteln näher dar.

5.1.1 Gemeinsames Vorgehen (Logbuch Planung)

Auch wenn Teammitglieder bereits Erfahrungen in anderen Teams mitbringen – in einem neuen Team zu starten bedeutet, sich neu auf einen jeweils einzigartigen Prozess einzulassen und einzustellen. Alle Teammitglieder haben ihren eigenen biographischen Hintergrund und befinden sich in besonderen Situationen, was beides in Teamprozessen zu beachten ist; es wird gewinnbringend für jeden Teamprozess sein. Man sollte sich jedoch auch bewusst machen, dass jedes Team unterschiedlich bevorzugt oder belastet sein kann. Je nach Voraussetzungen agiert und funktioniert ein Team unterschiedlich. In diesem Zusammenhang ist es wichtig, sich mit den eigenen Vorstellungen und Erwartungen kritisch auseinanderzusetzen und im Team von Anfang an die eigene Lage zu kommunizieren und zu teilen (Kapitel 4.1). Neben inhaltlichen Planungen müssen insbesondere die ersten Teamtreffen auch dazu genutzt werden, sich über die Rollen und Verantwortlichkeiten abzustimmen. In den vorbereitenden Treffen sind die eigenen Stärken zu reflektieren und auch Ängste bezüglich des Arbeitens im Team zu teilen. Hierzu können Teams beispielsweise die *Abstimmungs- und Planungsbögen* nutzen (Schaubild 18 und 20, Kapitel 4.3.4 und 4.3.8). Gemeinsam kann überlegt werden, wie Planungsprozesse gestaltet werden, wann, wie lange und wo sie stattfinden, wer für welchen Teil Verantwortung übernimmt und wie der Prozess gemeinsam reflektiert und evaluiert werden soll. Es bietet sich aus unserer Erfahrung an, ein gemeinsames Team-Logbuch anzulegen, in dem Absprachen für den Teamprozess und die gemeinsamen Treffen dokumentiert werden können. Das folgende Beispiel (*Schaubild 23*) können Teams als Grundlage nutzen und für eigene Treffen modifizieren und weiter ausgestalten:

Team-Planungs-Logbuch		
1. Allgemeines		
Wer ist anwesend?		
Wer fehlt?		
Andere, die wir über unsere heutigen Ergebnisse informieren.		
2. Rollen		
Wer ist	dieses Treffen	nächstes Treffen
Zeitwächter/in?		
Protokollant/in?		
die/der Verantwortliche?		
in welchen definierten Arbeitsrollen?		
...		
3. Agenda		
Themen		Zeitrahmen
1. Blick auf das letzte Treffen: Was war gut? Woran arbeiten wir weiter?		5 Minuten
2. ...		nach Bedarf
3. ...		
4. ...		
5. ...		
...		
... Prozess unserer Teamarbeit: Rollen und Beziehungen		10 Minuten
4. Unsere Ergebnisse des heutigen Treffens		
Was?	Wer?	Bis wann?
1. Mitteilung unserer Erkenntnisse an fehlende Teammitglieder		
2. Aufgaben ...		
3. ...		
5. Ausblick: Nächstes Treffen		

Wann? Datum: _____ Uhrzeit: _____

Ort: _____

Agenda-Themen, die sich aus dem heutigen Treffen ergeben:
1.
2.
3.
...

Schaubild 23: Team-Planungs-Logbuch (modifiziert nach Villa/Thousand/Nevin 2013, S. 221)

Im Logbuch können erweiternd auch folgende Fragestellungen diskutiert und festgehalten werden:

- Welche (vorgegebenen/gesetzlichen) Grundlagen liegen unseren inhaltlichen und methodischen Planungsprozessen zugrunde? Wie können wir sie mit individuell erwünschten Kompetenzen in Einklang bringen, um die Lernbedürfnisse und das »Wachstum« der Lernenden in den Mittelpunkt des Lehr- und Lerngeschehens zu stellen?
- Wie analysieren wir die Bedürfnisse der individuellen Lernenden? Wie finden unsere Ergebnisse im Teamteachingprozess Berücksichtigung?
- Wie möchten wir die Inhalte, die wir lehren, konkret festlegen? Wie können wir dabei eine möglichst hohe Verantwortungsübernahme unserer Lernenden fördern, ihre Interessen beachten und sie beteiligen?
- Wie können wir die Lernenden aktiv mit in inhaltliche und methodische Planungsprozesse einbeziehen, um ihre Selbststeuerung zu erhöhen?
- Wie können wir gewährleisten, dass alle Lernenden Lernaufgaben bearbeiten können? Wie können wir Aufgaben so offen oder nach Niveaustufen so stellen, dass sie von allen Lernenden erfolgreich bearbeitet werden können?
- Wie organisieren wir ein umfassendes Feedback, um die Qualität des Lehr-Lernprozesses zu verbessern? (Kapitel 4.3.6 und 5.3.3)
- Wie differenzieren wir im Lehr-Lernprozess? Wie können wir die Lernenden an diesem Prozess beteiligen?
- Wer plant mit welchen Vorbereitungen in Arbeitsteilung wann was? Wie wird das Team einbezogen?
- Wie entscheiden wir, wer was lehrt?
- Welche Rahmenbedingungen haben wir vor Ort? Räumlich, technisch, materiell, medientechnisch usw.?

5.1.2 Zeitliche Planungsmodule von täglich bis jährlich

Um Lehr- und Lernprozesse und das Arbeiten im Team langfristig zu planen und notwendige Arbeitsschritte und Vorhaben nicht aus dem Blick zu verlieren, schlagen wir die Dokumentation von Planungen in unterschiedlichen Planungsmodulen – von täglichen über wöchentliche und monatliche bis zu jährlichen Dokumentationen – vor. Das schließt wesentliche Elemente, die im Teamteaching eingesetzt werden, ein, aber auch Rollen und Aufgaben, die situativ angepasst werden müssen. Die folgenden Materialien können als Anregungen für Planungsraster im Team genutzt werden (*Schaubild 24*). Der Tagesplaner hilft, die aktuelle Tagessituation zu organisieren. Er lässt sich auch unabhängig in längerfristigen Planungsprozessen jeweils aktuell und wiederkehrend einsetzen.

Teamteaching-Tagesplaner

Datum: _____

Teammitglieder

(Namen): _____

Inhalt/Thema: _____

Teamteaching-Modell:

A) In der Gesamtgruppe:
- Eine/r unterrichtet und führt, eine/r beobachtet
- Eine/r unterrichtet und führt, eine/r assistiert
- Eine/r unterrichtet und führt, eine/r fördert differenziert
- Mehrere unterrichten, führen, assistieren und fördern

B) In Kleingruppen:
Stationen (Lernzentren), Paralleles Lehren oder Alternatives Lehr-Lernsetting

Wie ist unsere Raumgestaltung? Können wir andere Flächen außerhalb des Klassenraums für unser Teamteaching-Vorhaben nutzen?
Skizze der geplanten Lernlandschaft zeichnen:

Welche Materialien brauchen die Lernenden? Welche Materialien brauchen die einzelnen Teammitglieder?

Wie möchten wir den Lernerfolg bzw. die Kompetenzerweiterungen für unsere Lernenden dokumentieren?

Welche besonderen Materialien, Hilfestellungen, technische Unterstützung oder medizinische Versorgungen brauchen individuelle Lernende?

Schaubild 24: Teamteaching-Tagesplaner (modifiziert nach Villa/Thousand/Nevin 2013, S. 202 f.)

Um sich auf Zeitfenster und übergreifende Prozesse zu einigen, bietet sich ein Wochenplaner an, der auch als Grundlage für zeitliche Abstimmungsprozesse genutzt werden kann (*Schaubild 25*). Der Vorteil des Wochenplaners besteht darin, dass er für kürzere Zeiträume eine gute Übersicht und Planbarkeit eröffnet. Alle Teammitglieder können ihre jeweiligen Präferenzen für die nächsten Treffen eintragen.

Teamteaching-Wochenplan					
Woche: _____					
	unterstützend	parallel	ergänzend	im Team	Notizen
Montag					
Dienstag					
Mittwoch					
Donnerstag					
Freitag					
Notizen und Pläne für die Folgewoche					

Schaubild 25: Teamteaching-Wochenplan

Mittels Doodle oder anderer Abfragesysteme lassen sich in Organisationen für unregelmäßig stattfindende Teamprozesse Treffen organisieren. Für Schulen und wiederkehrende Bildungsmaßnahmen sollten immer feste Termine über ein Jahr gebildet werden, um eine Teammitarbeit kontinuierlich und obligatorisch zu halten. Für Schulen schließt dies insbesondere ein, dass die Arbeiten in den Dienstzeiten stattfinden. Hier zeigt sich das System mit den Stundendeputaten durch die neuen Lehr- und Lernanforderungen als überholt. Günstiger ist ein ganztägiges Anwesenheitssystem, mit dem flexibel auf die Lehr- und Lernbedürfnisse einschließlich Vorbereitung, Planung und Evaluation eingegangen werden kann, wobei die Lehrkräfte alle anfallenden Arbeiten in der Schule erledigen können. Dies befreit von Zeitdruck und der typischen Hetze, die in Schulen oft beobachtet werden kann.

(1) Planungstipps für das ganze Jahr

Wie bereits in Kapitel 4.2 beschrieben wurde, sind Teamprozesse besonders dann effektiv, wenn sie innerhalb der Organisation bzw. Institution als gewinnbringend und förderlich gelten. In ihrem Aufsatz »Teamarbeit und Individualisierung« erläutern Westhoff et al. (2010, S. 15), dass Teamarbeit in ihrer Institution zwar als wichtig galt, aber die Zeiträume vonseiten der Lehrkräfte stets als zu knapp erlebt wurden und »Unmut« darüber entstand. Als Konsequenz wurden »freiwillige Präsenzzeiten als Selbstverpflichtung« als »Schritt hin zu verbindlicherer Unterrichtsentwicklung im Team« eingeführt. An jedem sogenannten »Dienst«-Tag (Westhoff et al. 2010, S. 16) arbeiten, gestalten, entwickeln nun alle Lehrkräfte in Teams am Nachmittag für zwei Stunden. Auch wenn es anfangs noch Skeptiker/innen gab, so berichtet das Autor/innen-Team (Westhoff et al. 2010), dass mittlerweile der Wunsch nach mehr Teamzeit deutlich wird, da das Arbeiten im Team immer mehr Früchte trägt. Diese Erfahrungen machen wir in der Begleitung von Teams immer wieder. Es gibt auch besonders erfolgreiche Teams, die sich täglich treffen.

An dieser Stelle möchten wir einige Tipps aus der Praxis aufführen, die eine möglichst hinreichende Planungszeit im Alltag fördern können (Perez 2012, S. 73):

- *Team-Tage*: Um gemeinsame Planungsprozesse für das Arbeiten in Teams einzuführen, bietet es sich an, bewusste Team-Entwicklungstage innerhalb eines Jahres einzurichten. Sie können dazu genutzt werden, gemeinsam auch längere Phasen des Lehrens und Lernens zu planen. Das Einrichten bewusster Teamtage kann den Prozess der Teamentwicklung organisieren helfen und die inhaltliche und methodische Planung stärken. Teamtage sollten in die Jahresplanung der Institution insbesondere als Einstieg in das Teamteaching aufgenommen werden.
- *Zusammenschließen von Lerngruppen*: Instruktionsphasen können vor größeren Gruppen »gehalten« werden. Gibt es mehrere vergleichbare Lerngruppen, in denen ein bestimmter Input vorgesehen ist, können diese Gruppen zusammengelegt werden, wobei eine Lehrperson instruiert. Die weiteren können die Zeit effektiv für die Begleitung einzelner Lernender nutzen. Am effektivsten ist eine solche Zusammenlegung, wenn es ein Selbstlernmaterial gibt, mit dem sich die Lernenden auseinandersetzen. In Schulen hat man hier mit etwa 30 Prozent der Lernzeit im Selbstlernen gute Erfahrungen gemacht (Reich 2014, S. 320 f.). In solchen Phasen können Lehrkräfte sich gezielt und intensiv mit den Lernenden beschäftigen. Vorsicht ist jedoch geboten, wenn die Lehrkräfte sich in solchen Zeiten in Teamsitzungen zurückziehen. Dies sollte nur dann erfolgen, wenn die Lernenden sie tatsächlich nicht brauchen.
- *Konferenzen*: Innerhalb von Gesamtkonferenzen kann ein Teil der Zeit auch für generelle Absprachen von Teamprozessen – z. B. innerhalb eines Jahrganges oder einer Fachrichtung – genutzt werden. Hier bietet es sich auch an, über organisatorische Aspekte zu diskutieren, die die gesamte Institution betreffen: zur Verfügung stehende Räume, Zeiträume, Personal, Supervision, finanzielle Unterstützung, Feedback, Evaluation, kollegiale Hospitationen, Einladen von Expertinnen zum Thema, Teamfortbildungen usw.
- *Zusammenarbeit mit der Verwaltung bzw. Leitung*: Wenn das Arbeiten in Teams durch eine transparente Kommunikation innerhalb der Organisation bzw. Institution verankert wird, dann müssen Regeln für die Zusammenarbeit aufgestellt werden. Dazu gehört eine gemeinsame Festlegung der Rollen, eine Anerkennung der verschiedenen Zeiten in der Vorbereitung, Planung und Auswertung und nicht

nur in der Durchführung, ein möglichst gerechtes Entlohnungssystem nach dem Grundsatz der gleichen Bezahlung bei gleicher Arbeit.[34]
- *Organisation im Stundenplan*: Mit der Gestaltung von Stundenplänen bzw. der Verteilung von Lernzeiträumen in Lernformaten müssen zugleich auch die Vorbereitungs-, Planungs-, Durchführungs- und Auswertungszeiten mit geplant werden. Dabei sollten stabile Zeitfenster für bestimmte Aufgaben gefunden werden (z. B. gemeinsame Freistunden), sodass weder die Lernenden unter mangelnder Betreuung noch die Lehrenden unter Zeitknappheit im Blick auf die Vielzahl ihrer Aufgaben leiden. Klare und sichere Absprachen mit der Schulleitung bzw. der Administration sind hierfür unabdingbar.
- *Anwesenheit bei den Lernenden*: Sehr günstig sind Arbeitsplätze bei den Lernenden, die schnell in eine Teamstation verwandelt werden können. Wenn ein Team von Lehrkräften z. B. einen Jahrgang oder eine größere Lerngruppe betreut, dann ist es leicht möglich, den Klassen- bzw. Gruppenverband in Phasen aufzugeben, um im Teamteaching zu agieren.
- *Gemeinsame »Off«-Pausen*: Um kurze Absprachen zu tätigen, bieten sich auch gemeinsame Pausen an. Rituale, wie gemeinsames Frühstücken, Mittagessen oder Kaffeepausen, können wertvolle Zeit zum Planen in »angenehmer« Atmosphäre bereitstellen. Wichtig hier ist nur, auch darauf zu achten, »echte« Pausen zu berücksichtigen.

(2) Planungszeit effektiv nutzen

Auf Grundlage von Erfahrungen vieler Teams zeigt sich, dass es neben der Herausforderung, einen gemeinsamen Zeitrahmen zu finden, nicht in erster Linie darum geht, wie viel Zeit man zusammen verbringt, sondern dass die gemeinsame Zeit auch effektiv genutzt wird (Villa/Thousand/Nevin 2012, S. 164). Neben einer routinierten Struktur (z. B. durch den Einsatz eines Team-Logbuches wie in *Schaubild 23* (Kapitel 5.1.1) dargestellt), haben sich folgende Tipps bewährt, um Planungszeit im Team effektiv zu nutzen (Perez 2012, S. 74):

- Kommen Sie vorbereitet zu den Teamtreffen. Haben Sie alle aus Ihrer Sicht möglichen relevanten Materialien zur Verfügung. Hier bietet sich beispielsweise die Arbeit mit einem Wiki an (Kapitel 4.3.4).
- Entwickeln Sie innerhalb Ihres Teams eine Struktur für Ihre gemeinsame Arbeit. Dieser Ansatz kann sich verändern – hilfreich ist es dennoch, einige grundlegende Strukturen im Team beizubehalten (wie das Logbuch). Günstig sind dabei festgelegte und wiederkehrende Phasen wie z. B.:

---

34 Dies wird gegenwärtig vor allem für multiprofessionelle Teams in der Inklusion oft nicht erreicht (Kapitel 6).

- *Ankommen*: Warm-Up-Aktivität zu Beginn
- *Sammeln*: Neue/vertiefende Informationen
- *Entwickeln*: Prozesszeit für die Teamarbeit
- *Reflektieren*: Verständnis gemeinsam herstellen und multiperspektivischer Austausch
- *Schließen*: Zusammenfassung und Ausblick (Was machen wir als nächstes?)
• Versuchen Sie innerhalb Ihrer Treffen bereits den Teamprozess für (mindestens) eine Woche oder eine längere (Lern-) Einheit zu planen (z. B. eine Unterrichtsreihe, für das Selbstlernmaterial der nächsten Monate, eine Werkstatt oder ein Projekt).
• Je nach Teamansatz können Sie die inhaltlichen Planungen entweder im Gesamtteam tätigen oder je nach Teamgröße auch beispielsweise in einem Kleinteam Vorplanungen machen, die Sie dann mit den weiteren Teammitgliedern teilen und weiter modifizieren.
• Als günstig beschreibt Ron Jorgenson (2001, S. 17), in Planungstreffen verschiedene Rollen einzunehmen, um den Prozess zu optimieren. Er berichtet von einem »Chair«, der das Treffen leitet, einem Protokollanten, der wesentliche Aspekte festhält, und einem Zeitwächter, der die Zeit im Blick behält. In dem Team-Planungs-Logbuch (*Schaubild 23*) haben wir diese Rollenbeschreibungen innerhalb des Planungsbogens berücksichtigt.

Um Planungstreffen zu optimieren, können Sie vorab auch gemeinsam eine Top-Liste verabreden. Die folgenden Leitfragen können dabei hilfreich sein:

• Wir haben eine Stunde Zeit für unser Treffen eingeplant: Womit werden wir starten? Was möchten wir insgesamt diskutieren? Was sind die wichtigsten Ziele unseres Treffens?
• Am Ende des Treffens: Haben wir unsere Ziele erreicht? Wie wird es umgesetzt? Woran erkennen wir den Erfolg? Was fehlt noch? Was nehmen wir uns für das nächste Treffen vor (inhaltlich, organisatorisch, Vorgehen)?

5.1.3 *Planungsmodelle kompetenzorientiert einsetzen*

Im Teamteaching müssen sich die Teams ebenso wie im Einzelunterricht der grundlegenden Frage stellen, ob der Unterricht im traditionellen und heute weitgehend üblichen Gleichschritt für alle geplant und durchgeführt wird, oder ob es möglich und sinnvoll ist, die stets vorhandene Heterogenität der Lerngruppe nicht deutlich in den Blick zu nehmen und das Lernen zu individualisieren. Der Aufwand für eine Individualisierung ist deutlich höher, aber der individuelle Lernerfolg steigt dadurch auch erheblich. Gerade Teamteaching ist eine Vorgehensweise, die notwendig für eine Umstellung auf diesen erfolgreichen Weg ist, denn die einzelne Lehrkraft wird schnell überfordert, wenn individualisiert – und sei es auch nur für bestimmte Lernphasen –

vorgegangen werden soll. Gleichwohl ist diese Umstellung nicht einfach, denn die Gewohnheit des Gleichschrittes und die oft sehr hohe Stofflast in den Lehrplänen sind große Hürden, um das Lernen an die Lernbedürfnisse der Lernenden und nicht die von außen oft abstrakt und unrealistisch gesetzten Normen anzupassen. Das Teamteaching selbst ist meist ein gutes Signal in den Aufbruch in eine neue Zeit, die sich den Lernerfordernissen deutlich professioneller und effektiver stellen kann als das Einzelkämpfertum der pädagogischen Tradition.

Sind im Team die Zeiten zum Planen abgestimmt, können die inhaltlichen und beziehungsorientierten Elemente in den Blick genommen werden: Welche (inhaltlichen) Vorgaben sind zu beachten? Was passt zu welcher Lerngruppe? Was wird wann innerhalb der Lerngruppe gelernt? Wer lernt was, wie? Wie kann an den Lernvoraussetzungen aller Lernenden angeknüpft werden? Was passt zu den individuellen Lernenden? Wie können wir den Gleichschritt überwinden? Was bedeutet diese Überwindung im Blick auf unsere Vorgaben?

Vor dem Hintergrund, dass Lernprozesse »lebendig« sind, können Planungen nie vollständig sein. Sie sollten immer situativ an die Begebenheiten vor Ort angepasst werden. Dazu dienen in der Reflexion die Rückmeldungen der Lernenden und aller Teammitglieder (Kapitel 5.3). Während der Durchführung bietet das Team dazu grundsätzlich den Vorteil, sich gegenseitig abzustimmen und im Dialog zu entscheiden, ob und wie Planungen an unterschiedliche Situationen angepasst werden können (Kapitel 5.2).

Planungen sollten dabei immer als Handlungsplanungen mit dem Ziel ausgelegt sein, bestmögliche Kompetenzerweiterungen aufseiten aller Lernenden zu erzielen. Dazu hat Reich (2012a, S. 238 ff.) verschiedene Modelle entwickelt, die auch im Rahmen von Planungen im Team herangezogen werden können. Unterschieden werden eine *elementare* und *ganzheitliche Planung* und eine übergreifende *situative Planungsreflexion*. Grundsätzlich verstehen wir diese Planungsmodelle als Vorschläge, die im Team auf eigene Bedürfnisse hin angepasst und modifiziert werden können.

An dieser Stelle möchten wir dazu zunächst die elementare Planung betrachten. Sie bietet für alle Lernformate eine mögliche Grundlage. Die ganzheitliche Planung und situative Planungsreflexion werden daran anschließend skizziert.[35]

(1) Elementare Planungen

Diese können in allen Lernformaten eingesetzt werden und zielen darauf ab, das Team darin zu unterstützen, den Blick auf die elementaren »Handlungs- und Lernschritte« im Lernen zu lenken, um das Lehr- und Lernsetting in einen sinnvollen Gesamtzusammenhang zu bringen. Anknüpfend an John Deweys fünf Stufen des Lernens findet sich in dem elementaren Planungsmodell von Reich eine »handlungsbezogene und stufenweise Gliederung der Lehr- und Lernschritte in dem Sinne, dass für ein Thema,

---

35 Eine ausführliche Beschreibung der Planungsmodelle findet sich bei Reich (2012a, Kapitel 7).

einen abgrenzenden Wissensbereich oder eine zeitlich begrenzte Sequenz des Lehrens und Lernens eine Abfolge von Handlungsschritten« (Reich 2012a, S. 239) angeboten wird. Die Einteilung in Handlungsschritte bezeichnet »Eckpunkte« des Lernens, die es sowohl den Lernenden als auch den Lehrenden erleichtern sollen, den Lehr- und Lernprozess strukturiert zu planen und durchzuführen. Das Modell setzt sich aus zwei Dimensionen zusammen. Handlungsstufen sind die Abfolge von Lernhandlungen, die es Lernenden erleichtern auf bestimmten Handlungsebenen (wie Realbegegnungen, Repräsentationen oder Reflexionen) ihr Lernen zu gestalten. Reich (2012a, S. 240 ff.) unterscheidet dabei innerhalb der Handlungsstufen zwischen:

(1) *Emotionaler Reaktion:* Eine emotionale Reaktion ist bei einem Einstieg in ein neues Thema/Lerneinheit aufseiten der Lernenden zu erreichen. Dies kann eine Irritation, eine Verwunderung, etwas Spannendes, ein erkanntes Problem sein, das die Lernenden neugierig oder betroffen macht, sich mit einem Inhalt oder einer Problemstellung auseinanderzusetzen. Auf der anderen Seite kann das Team selbst als emotionaler Anker für die Lernenden stehen und motivierend wirken. Grundsätzlich gilt als emotionaler Einstieg, dass die Lernenden auch die Sinnhaftigkeit des Inhaltes transparent erfahren.

(2) *Anschlussfähigkeit:* Der zweite Schritt zielt darauf ab, an dem Vorwissen, den Vorerfahrungen der verschiedenen Lernenden innerhalb des Lernprozesses anzusetzen und ihr (teils unbewusstes bzw. implizites) Wissen zu aktivieren. Hier können Assoziationen geweckt werden, indem das Team Methoden wie Brainstorming einplant, um die Lernenden beispielsweise nach ihrem Vorwissen oder Assoziationen zu befragen. In jedem Fall sollte das Planungsteam eine Einschätzung über die Vorkenntnisse der Lernenden haben und diese überprüfen.

(3) *Hypothesen, Untersuchungen, Experimente:* Der dritte Schritt umfasst das Bewusstsein im Planungsprozess, Raum für die Lernenden zu schaffen, zu der Frage- oder Problemstellung zunächst eigene Hypothesen bilden zu können. Dies wird im Unterricht oft vernachlässigt. Aber es ist für das Lernen entscheidend, dass nicht die Lehrkräfte die Problemlösungen vorgeben, sondern die Lernenden Probleme lösen lernen. Hierzu bilden sie eigene Hypothesen, die sie dann in Untersuchungen oder Experimenten überprüfen. Der Vergleich zu den eigenen Hypothesen ist besonders wichtig, um eine forschende und lernende Haltung zu gewinnen. Das Team achtet in der Planung darauf, den Lernenden die Möglichkeit zu geben, innerhalb ihres Lernprozesses so viel wie möglich zu konstruieren. Als Gefahr beschreibt Reich an dieser Stelle, Hypothesen im Lerngeschehen vorzugeben, die für alle gleich sind. So wird die Heterogenität der Lerngruppe nicht wertgeschätzt, deren Kreativität wird nicht hinreichend genutzt, und die Lernenden werden zu eher passiven Rezipienten.

(4) *Lösungen:* Aus den Hypothesen, den Problemstellungen, den Ergebnissen des Lernprozesses entstehen Antworten und Lösungen, die die Lernenden möglichst selbstständig entwickelt haben. Dabei werden diese gefundenen Lösungen oder

Strategien nie isoliert als Ergebnis betrachtet, sondern als ein Teil des Gesamtprozesses, an dem die Lernenden kontinuierlich aktiv beteiligt sind.

(5) *Anwendungen, Übungen, Transfer:* Als ein wichtiges Element des Lernprozesses, das häufig bereits in Planungsprozessen zu kurz kommt, gilt die Stufe, in der die Lernenden ihre gefundenen Lösungen selbst anwenden können. Hier üben sie erworbenes Wissen oder erworbene Handlungen aktiv ein oder wenden neues Wissen auf andere Themenbereiche an.

Diese fünf Handlungsstufen sind in der Planung und Durchführung mit drei Handlungsebenen – Realbegegnungen, Repräsentationen und Reflexionen – zu kombinieren.

Realbegegnungen ermöglichen eine erfahrbare Situation und ein emotionales Erleben, das in der Realität, in der das Problem, das Ausgangspunkt des Lernens ist, entsteht. Im Planungsprozess sollte das Team darauf achten, Realbegegnungen möglichst in allen Handlungsstufen des Lernens phasenweise einzuplanen.

Repräsentationen – in Form von Abbildungen, Bildern, Texten, auch Schulbüchern, Vorträgen, Erzählungen usw. – bieten den Vorteil, dass sie leicht Dinge veranschaulichen können und Inhalte kompakt darstellen. Repräsentationen dominieren daher häufig didaktische Situationen. Sie bergen aber die Gefahr, eine Monokultur im Lernsetting zu begünstigen, wobei eine eher abstrakte Lern- und Denkhaltung dominiert. Oft gehen dabei der ursprüngliche Sinn und das vorausgesetzte Problem, das die Lernenden erkennen sollen, verloren. Eine reine Monokultur der Repräsentationen im Lernen ist unbedingt zu vermeiden.

Reflexionen helfen, die Inhalte und Methoden des Unterrichts zu hinterfragen. Sie sollten besonders den Dialog zwischen den Lernenden anregen. Durch Reflexionen kann der Lernprozess auch aus einer Metaperspektive beleuchtet werden und die Lernenden haben die Möglichkeit, voneinander zu lernen, indem sie sich beispielsweise über ihre Lernwege, ihre Herangehensweise, ihre Hypothesen, aber auch unterschiedliche Lösungen austauschen. Ihre geteilten Erkenntnisse können sie im Anschluss in Bezug auf neue Fragestellungen anwenden.

Einen lebendigen Lernprozess für alle zu fördern, bedeutet, als Team gemeinsam mit den Lernenden in der elementaren Planung darauf zu achten, möglichst in allen Handlungsstufen des Lernens auch abwechselnde Handlungsebenen einzuplanen (Reich 2012a, S. 245).

(2) Ganzheitliche Planungen

Eignet sich die elementare Planung sehr gut für kurze Lerneinheiten, so wird im Rahmen von ganzheitlichen Planungen ein Konzept für komplexe Lernprozesse und längere Lerneinheiten, wie Seminare, Workshops oder Unterrichtsreihen, notwendig. Diese Form der Planung bietet sich besonders für offene Lernformate, wie z. B. Projekte oder andere größere handlungsorientierte Methoden, an. Auszugehen ist in diesem Modell von einem groben Planungskonzept, um hinreichend Offenheit für die Situation und die Partizipation der Lernenden im Lerngeschehen zu lassen. Reich beschreibt im ganzheitlichen Planungsprozess fünf »didaktische Arbeitsstufen«, die als zirkulär zu betrachten und dabei nicht als »vollständige Handlungskette« zu begreifen sind (Reich 2012a, S. 248):

(1) *Vorbereiten:* Im Team wird – möglichst mit den Lernenden – vorbereitet: Themensichtung, Informationen, Material, Medien usw.
(2) *Informieren:* Das Team, einzelne Lernende oder Kleingruppen stellen (nach der Vorbereitung) Informationen der Lerngruppe vor, um weitere Handlungen anzuregen. In der Regel werden Arbeitsaufgaben arbeitsgleich oder häufiger arbeitsteilig entwickelt und vorgestellt.
(3) *Durchführen:* In dieser Phase wird auf der Basis der Vorbereitung und Information etwas entwickelt, erstellt, erfunden, konstruiert, gebaut usw.
(4) *Präsentieren:* Ergebnisse, Erkenntnisse, Lösungen usw. aus der Durchführungsphase werden präsentiert. Mit einer Präsentationsphase schließt in der Regel eine didaktische Einheit ab, indem das erarbeitete Ergebnis, eine Präsentation, ein Rollenspiel, eine Dokumentation, ein Portfolio, ein Film usw. präsentiert und im Anschluss daran im Dialog der gesamten Lerngruppe reflektiert wird.
(5) *Evaluieren:* Zu allen vorherigen Stufen gibt es eine Rückmeldung vonseiten aller Beteiligten. So werden alle in den Prozess einbezogen, und das erlangte Feedback kann in die nächste Vorbereitungsphase einfließen.

(3) Situative Planungsreflexionen

Situative Planungsreflexionen sind grundsätzlich für Planungen erforderlich. Im Fokus steht bei dieser, dass fünf Reflexionsperspektiven in Planungsprozesse einbezogen werden sollten:

(1) *Partizipatives Lehren und Lernen*: Auch im Teamteaching ist immer wieder zu beachten und zu planen, wie die Lernenden situativ möglichst umfassend in die Gestaltung des Lernprozesses einbezogen werden, um das selbstgesteuerte Lernen zu erhöhen.
(2) *Multimodales Lehren und Lernen*: Unterschiedliche Lernverläufe entsprechen den unterschiedlichen Lernbedürfnissen und sind situativ mit den individuellen Lernwegen der Lernenden vor Ort und unmittelbar durch direktes Feedback abzugleichen und zu steuern. Es kann und sollte nie nur einen Lernzugang geben, um nicht nur bestimmte Lernende zu bevorzugen und andere zu benachteiligen.
(3) *Inhalte im Blick auf Beziehungen planen*: Inhalte helfen, Beziehungen zu versachlichen und Wissen über Verhalten und Interessen zu gewinnen. Aber Inhalte müssen passend zu den Voraussetzungen und Wünschen der Lernenden sein, wenn nicht bloß toter Stoff erzeugt und abgeprüft werden soll. Deshalb sollte die Bezie-

hungsseite für die Lernenden möglichst weit erfasst und reflektiert werden, um die Inhalte nicht bloß von außen und durch Experten einzuführen, die oft nicht relevantes Spezialwissen für spezielle Bedarfe vermitteln wollen.
(4) *Beziehungen im Blick auf Inhalte planen*: Inhalte bleiben dann abstrakt und oft für die Lernenden sinnlos, wenn sie keinen Bezug zu ihrer Lebenswelt und ihren Beziehungen erkennen können. Es ist besonders wichtig, dass die Lernenden aus ihren Beziehungen zu sich und anderen einen Bezug zu den Inhalten finden, der Anknüpfungspunkte an eigene Interessen bietet, oder das zu behandelnde Problem so verdeutlichen kann, dass ein eigenes Interesse oder eine Betroffenheit entsteht.
(5) *Methoden und Medien wählen*: Aus der Vielzahl der Methoden und Medien sollte nie nur beliebig oder aus Gründen der Abwechslung ausgewählt werden, sondern die Lernmaterialien und eingesetzten Medien müssen zum Lerninhalt passen und die Methoden zu den Lernbedürfnissen der Lernenden (Kapitel 5.1.6).

Wenn diese Perspektiven beachtet werden, dann lassen sich die Individualität der einzelnen Lernenden bzw. die Heterogenität einer Lerngruppe im Planungsprozess leichter berücksichtigen. Anknüpfend an diese Perspektiven möchten wir nachfolgend auf eine kompetenzorientierte Planung eingehen, in der der Fokus auf einer heterogenen Gruppe liegt, und der Einbezug der Lernenden in die Planung des eigenen Lernprozesses konkret aufgegriffen und weitergeführt wird.

5.1.4 Kompetenzniveaus für heterogene Gruppen mit Meilensteinen planen

In traditionellen Unterrichtsszenarien wird bis heute zielgleich im Sinne von *one-size-fits-all* geplant, was gleiche Ziele und Lernschritte für alle bedeutet. Dagegen ist eine zeitgemäße und effektive Lehr- und Lernkultur von individuellen und durchgehend kompetenzorientierten Planungen geprägt. Reich (2014, S. 164 ff.) diskutiert, dass in herkömmlichen Planungsrastern häufig von einem durchschnittlichen Lernenden ausgegangen wird, wobei Lernziele in Form von »Soll«-Sätzen für einen fiktiven Durchschnittslernenden formuliert und geplant werden. Folgende Frage steht hier im Mittelpunkt: »Was sollen die Lernenden am Ende der Unterrichtseinheit können?«

Bei der Entwicklung von Kompetenzen im Sinne einer Umstellung auf »*Ich-kann*«-Sätze, wie wir in Kapitel 4.3.3 erläutert haben, bietet es sich im Team an, sowohl fachbezogen als auch fächerübergreifend ein gutes Verhältnis von Selbstlernmaterialien, Projekten, Werkstätten/Arbeitsgemeinschaften und Instruktionen festzulegen, zu planen und zu erproben. Ausschlaggebend für eine langfristige Verteilung der Lernzeiten in diesen Formaten sollte immer der erreichbare und letztlich erreichte Lernerfolg aller Lernenden sein. Deshalb gehört auch die Evaluation der Lernergebnisse zu den wichtigen Arbeiten des Teamteaching.

Möchten wir unseren Lernenden aktiv begegnen, sie in den Mittelpunkt des Lerngeschehens bringen, gute Beziehungen aufbauen und Inhalte nicht bloß instruieren, so bieten Kompetenzraster eine Grundlage für den täglichen Einsatz im Lehr- und Lerngeschehen (Kapitel 4.3.3). Durch eine Kompetenzorientierung bei gleichzeitiger Bildung von Niveaustufen werden Lernende konsequent als Individuen betrachtet, die eine Lerngruppe verschiedenartig bereichern, Vielfalt ermöglichen und differenzierte Lerninhalte benötigen. Vor dem Hintergrund heterogener Lerngruppen machen zielgleiche Lernsituationen für alle Lernenden wenig Sinn. Denn um den unterschiedlichen Voraussetzungen in Vorerfahrungen, Vorwissen, Interessen, Motivation usw. aufseiten der Lernenden entsprechen zu können, heißt es in allen unterrichtlichen Prozessen, die Diversität innerhalb einer Lerngruppe hinreichend im Blick zu behalten.

In solchen Verfahren kommt es zunächst immer darauf an, einen Kern notwendiger Kompetenzen für alle als Ausgangspunkt zu nehmen. Ausgehend von dieser Basisqualifikation wird differenziert, und es können die verschiedenen Lerntypen und Lernvoraussetzungen innerhalb einer Gruppe beachtet werden. Die Teamarbeit im Teamteaching ermöglicht ein differenziertes Vorgehen:

- Die Teammitglieder können sich gegenseitig in ihren Einschätzungen zu einzelnen Lernenden bereichern und neue Perspektiven durch den Austausch im Team einnehmen. Eigene Einschätzungen und Perspektiven können so überprüft und hinterfragt werden. Im Austausch mit dem Team sollten immer auch die Lernenden in diesen Prozess der Einschätzung von Kompetenzen einbezogen werden. Lernende und Team schauen gemeinsam auf die Fragen »Wo stehe ich?« »Wo möchte ich hin?« »Was kann mir helfen, meine Ziele zu erreichen?« (Feedbackstrategien nach Hattie 2009 in Reich 2014, S. 280 ff.)
- In der inhaltlichen und methodischen Arbeit hilft ein heterogenes Team, die Lernmaterialien, Aufgaben und Lernbegleitung hinreichend differenziert auch tatsächlich vom Personaleinsatz her planen und später durchführen zu können.
- Innerhalb von unterschiedlichen Lernformaten können sich die Teammitglieder abwechseln und so auch Dinge realisieren, die ihnen besonders Freude machen oder die für sie weniger anstrengend sind.
- In den verschiedenen Lernformaten können die Teammitglieder einzelne Lernende in ihren Lernvorhaben unterstützen, gemeinsam Lösungen entwickeln, eine ruhige und zugewandte Begleitung organisieren.
- Teammitglieder sind nie allein. Das ist die Chance, eine größere Sicherheit im Umgang mit pädagogischen Situationen zu erleben und ein professionelles Verhalten im Kontakt mit guten Praktiken zu entwickeln. In diesem Kontext kann eine kollegiale Beratung gelingen und sehr effektiv sein.

Gerade in der Begleitung individueller Lernprozesse bieten sich in Planungsprozessen der Austausch über einzelne Lernende, erwünschte Kompetenzen und mögliche Lernwege an. Im finnischen Schulsystem beispielsweise steht der Austausch in multiprofessionellen Teams über Lernende auf der Tagesordnung und trägt zum Erfolg des

Systems bei. Die Bereicherung liegt darin, gemeinsam – aus verschiedenen Perspektiven – auf einzelne Lernende zu schauen und gemeinsam zu beraten: Sind Fortschritte gemacht? Was können wir weiter tun? Wichtig ist auch hier, dass die Lernenden selbst – und möglichst auch ihre Eltern – Teil dieses Austausches werden.

Wo in herkömmlichen Planungsrastern der zeitliche Verlauf von Inhalten zentral in den Fokus genommen wird, heißt es bei einer kompetenzorientierten Planung, die zeitliche Taktung von Lernprozessen im Gleichschritt eher in den Hintergrund zu stellen und die individuellen Lerntempi stärker zu berücksichtigen. Es gibt Lernende, die schneller oder langsamer lernen, auch die Zugänge zum Lernen variieren. Dem muss eine Unterrichtsplanung entsprechen, die auf möglichst viele Perspektiven, unterschiedliche Zugänge und zahlreiche Ergebnisse orientiert, wie es Reich (2012a, S. 254) herausstellt.

Dies gilt auch für die außerschulische Bildung. Insbesondere in der Erwachsenenbildung wird oft eine homogene Lerngruppe unterstellt, da es weniger Disziplinprobleme im Unterricht und dadurch eine scheinbare Homogenität der Lerngruppe gibt. Aber auch wenn die Lernenden hier schweigen oder sich nicht störend bemerkbar machen, heißt das nicht, dass ihre Lernbedürfnisse tatsächlich getroffen werden. Auch hier gilt es, ein kompetenzorientiertes Lernen einzusetzen und stets zu überprüfen, von welch unterschiedlichen Voraussetzungen ausgegangen werden muss. Deshalb hat es sich in der Erwachsenenbildung als bewährte Methode entwickelt, zu Beginn von Lehr- und Lerneinheiten im Brainstorming und mittels Moderationsmethoden für alle Teilnehmenden sichtbar zu machen, welche Lernvoraussetzungen mitgebracht werden und welche unterschiedlichen Wünsche in Bezug auf Ziele, Inhalte und Methoden bestehen. Daraus leitet sich dann ein differenziertes und für alle transparentes Vorgehen – z. B. »das schaffen wir«, »das können wir hier nicht erreichen« – in den Lernprozessen ab.

Insgesamt bietet es sich an, Meilensteine für die individuellen Lernenden und die Lerngruppe zu planen. Gemeinsam in Gesprächen – im Team und mit den Lernenden – werden diese nach individuellen Lernplänen und Kompetenzrastern erarbeitet, festgelegt und besprochen: Bis wann wollen die Lernenden bestimmte Themenbereiche oder Basisqualifikationen erarbeiten? Was gilt für alle als Basisqualifikation? Wo gibt es zusätzliche Lernmöglichkeiten? Auf welchen Niveaustufen wird gelernt? Was soll von Meilenstein zu Meilenstein geschafft werden?

Ist ein Meilenstein erreicht, wird im Gespräch reflektiert: Was wurde in einem Zeitraum genau gelernt? Durch was werden das Gelernte und die Lernprozesse sichtbar? Was wurde konkret als Ergebnis geschafft? Wodurch? Wo gibt es weitere Entwicklungsfelder? Wie können weitere Fortschritte erreicht werden?

Die einzelnen Lernfortschritte können – je nach Meilensteinen – in Tages-, Wochen-, Monats-, Halb-, oder Jahresplänen für die einzelnen Lernenden geplant, überprüft und gemeinsam im Team und mit den Lernenden reflektiert werden. Im *Schaubild 26* haben wir eine »Ich«-Perspektive eingenommen, um zu verdeutlichen, dass der große Vorteil im kompetenzorientierten Arbeiten darin liegt, das Team um die

Lernenden selbst zu erweitern. Planen Sie mit den Lernenden gemeinsam die nächsten Schritte. Die Dokumentation kann für die Teammitglieder die Basis darstellen, um Beobachtungen und Rückmeldungen bezüglich des Lernprozesses zu dokumentieren und diesen darauf aufbauend weiter zu gestalten.

Was sich in Planungen und Kontrollen aufseiten des Teams in Form von Meilensteinen zeigt, kann für die Lernenden z. B. effektiv in Form eines Portfolios dokumentiert und reflektiert werden.[36] Die »Meilenstein«-Seiten können wie ein Logbuch gestaltet sein und die Lernenden können die Zwischenräume ihres Portfolios – von Meilenstein zu Meilenstein – mit ihren Lernergebnissen füllen und individuell ausgestalten. So können die Meilensteine der individuellen Lernenden auch gleichzeitig eine Richtlinie für Rückmeldegespräche darstellen. Neben Portfolios sind auch andere Instrumente wie Lernjournale, Projektberichte, Wikis, Fallstudien usw. möglich.

	Niveau 1	Niveau 2	Niveau 3	Niveau 4	Niveau 5
Inhalt (Was?)	Ich kann ...	Ich kann ...	Ich kann ...	Ich kann ...	Ich kann ...

Meilenstein 1:
Das beinhaltet mein Meilenstein 1:
_____
_____

Inhaltlich: Niveaustufe:

Das sind meine persönlichen Ziele, an denen ich in dem Themenfeld wachsen möchte:

Das sind übergreifende Ziele, die ich im Gespräch mit _____ gefunden habe:

Das brauche ich, um mein Ziel erreichen zu können:

Mit _____ möchte ich am _____ einen Zwischenstopp einlegen und schauen, wo ich gerade stehe.

Daran kann ich erkennen, dass ich mein Ziel erreicht habe:

...

Schaubild 26: Beispiel für ein Kompetenzraster mit Meilenstein (für Lernende und Lehrende)

---

36 Zur Einführung in die Portfolioarbeit siehe zum Beispiel Brunner/Häcker/Winter (2009).

5.1.5 Planung auf Lernformate beziehen

Planungsprozesse in Teams zu gestalten, kann je nach Lernformat unterschiedlich ausfallen. Die einfachste Art, im Team Lernen und Lehren vorzubereiten, stellen zunächst traditionelle Lehr- und Lernformate wie die Instruktion und das Arbeiten an Übungen dar, in denen die Lernenden häufig ziel- und zeitgleich unterrichtet werden und es klare Zuständigkeiten in der Aufteilung gibt. Der Inhalt wird unter den Lehrpersonen »aufgeteilt« und nacheinander oder abwechselnd unterrichtet, bzw. es werden Aufgaben zum Inhalt entwickelt und den Lernenden zur Verfügung gestellt.

Schauen wir jedoch auf Formen des Lehrens und Lernens – auch im Hinblick auf inklusive Unterrichtssettings (Reich 2014, S. 351f.) –, die stärker die individuellen Lernmöglichkeiten in heterogenen Gruppen berücksichtigen, dann wird eine Differenzierung des Lernens und Lehrens, wie wir es in *Schaubild 27* zeigen, unvermeidlich:

Lernformat	Das Arbeiten im Team
Instruktion und das Arbeiten an Übungen	Klare Form der Aufteilung von Aufgaben mit getrennten Verantwortlichkeiten; die Lernenden sind eher Rezipienten.
Die Arbeit in Werkstätten mit Wahlmöglichkeiten	Abstimmung von Aufgaben und gemeinsamen Verantwortlichkeiten im Team; die Lernenden erhalten Wahlmöglichkeiten nach Interessen und Neigungen.
Projekte und fächerübergreifende Zusammenhänge	Aufgaben und Inhalte werden fächerübergreifend im Team geplant und umgesetzt; die Verantwortung für den Lernprozess wird vom Team übernommen und von den Lernenden selbst mit gesteuert, was Motivation und die Verantwortung für den eigenen Lernprozess steigert.
Selbstlernaufgaben in Lernlandschaften	Aufgaben werden im Team mit den Lernenden und von den Lernenden selbst entwickelt: Die Verantwortung für den Lernprozess wird im Team geteilt; die Lernenden übernehmen selbst viel Verantwortung für das eigene Handeln; Abstimmungsprozesse und regelmäßige Rückmeldungen vom Team mit den Lernenden zu individuellen Zielvereinbarungen in Form von Kompetenzerwartungen sind in diesem komplexen Setting essentiell.
Für alle Lernformate gilt, dass im Teamteaching ein kontinuierlicher Verbesserungsprozess in der Erstellung der Inhalte und Themen, geeigneter Materialien, Lernaufgaben, Medien usw. erfolgt, wobei insbesondere die Wirkung auf die Lernergebnisse aller Lernenden erhoben und kritisch ausgewertet werden muss.	

Schaubild 27: Lernformate und Teamteaching

Für die Differenzierung ist das Arbeiten im Team eine Entlastung, denn es kann eine hinreichende Perspektivenvielfalt gewähren. Aber es macht auch eine spezifischere Vorbereitung erforderlich. Hier kann es nicht mehr nur um die reine Inhaltsebene gehen, in denen klare Inhaltsbereiche im Gleichschritt »abgesteckt« werden.

Deutlich wird in *Schaubild 27*, dass mit Lernformaten, in denen die Teamfähigkeit steigt, gleichzeitig auch die Verantwortung für das Gelingen und die Förderung von Lernenden stärker im Teamteaching geteilt und getragen wird.

5.1.6 Methoden, Medien, Lernmaterialien planen

Für die Kompetenzentwicklung aufseiten aller Lernenden ist eine kontinuierliche Erstellung aufbereiteter Inhalte und Themen, geeigneter Methoden und Materialien, Lernaufgaben, Medien usw. grundlegend. Wenn das Team sich auf ein Teamteaching-Modell geeignet hat, dann muss es sich folgende Fragen stellen: Welche Methoden eignen sich im Rahmen unseres Team-Vorhabens? Welche Lernmaterialien kommen zum Einsatz? Welche Medien setzen wir ein?

- *Methoden:* Die Auswahl darüber, wie Inhalte am besten gelernt werden, hängen in erster Line von den Lernenden ab. Als Team heißt es, die Vorkenntnisse und Lernvoraussetzungen in der Lernbegleitung zu erfassen, um eine methodische Planung gut vorzubereiten (Reich 2012a, S. 259). Dieser Gedanke schließt ein, die Lernenden nach Möglichkeit auch im Planungsprozess umfassend einzubeziehen. Grundsätzlich gilt, im Team (mit den Lernenden) methodenvielfältig zu planen und dabei auch kreative Methoden zu beachten, um eine Vielzahl von möglichen Lernwegen anzubieten. Der Kölner Methodenpool bietet hier zur Anregung eine Vielzahl von Methoden an.[37] Dabei wird zwischen einem konstruktiven Teil mit klassischen und handlungsorientierten Methoden und einem systemischen Teil im Methodenpool mit Beratungsmethoden, Supervision, Evaluation und Benotung unterschieden.
- *Lernmaterialien:* Mit welchen Materialien sich die Lernenden im Lerngeschehen auseinandersetzen, ist ein wesentlicher und arbeitsaufwändiger Gegenstand der gemeinsamen Planung. Dabei ist besonders zu beachten, dass das Lernmaterial an die Vorkenntnisse und die unterschiedlichen Lernbedürfnisse der Lernenden anschlussfähig ist. Einerseits bedeutet dies, den Lernenden möglichst vielfältige Materialien zur Auswahl zu stellen, sie in der Auswahl zu begleiten und in der Erstellung bzw. Auswahl zu beteiligen. Andererseits muss es ein Basismaterial für von allen geteilte Kompetenzen geben. Zu beachten ist zudem, wie bereits im elementaren Planungsmodell erläuternd dargestellt wurde, dass nicht nur Repräsentationen zum Einsatz kommen, sondern auch andere Handlungsebenen berücksichtigt werden. Je nach Lernformat sollten die Lernenden die Auswahl an Lernmaterialien mitbestimmen. Gerade Projekte und Lernlandschaften bieten die Möglichkeit, dass die Lernenden aktiv eigene Lernmaterialien auswählen, nutzen und erstellen bzw. entwickeln können.

---

37 Der Kölner Methodenpool ist unter www.methodenpool.uni-koeln.de abrufbar.

- *Medien:* Der Einsatz von Medien dient nicht nur der Veranschaulichung von Lerninhalten bzw. Zusammenhängen, sondern erzeugt durch den Einsatz immer auch bestimmte Wirklichkeitskonstruktionen. Es ist zu beachten, dass solche Konstruktionen nicht den gemeinten Inhalten entgegenstehen, sie auch nicht verzerren oder behindern. So wäre es z. B. für die Lernauffassung hinderlich, die Mondphasen bloß mit Abbildungen aus einem Buch oder mit Pappscheiben zu erläutern, wenn sich hier leicht ein 3-D-Modell auch mit einfachen Mitteln (Taschenlampe, Kugeln) nutzen lässt. Medien sollen das Verständnis erleichtern und, soweit möglich, nicht durch zusätzliche Informationen belasten. Vor dem Hintergrund der individuellen Vorkenntnisse und Erfahrungen ist bei der Auswahl von Medien darauf zu achten, stets die Heterogenität der Lernenden im Blick zu halten und in der Planung des Medieneinsatzes an den Vorerfahrungen individueller Lernender anzusetzen. Hier sollte als Team auch nicht davor zurückgeschreckt werden, multimediale Medien, z. B. in Form von *Tablet*-Computern, in den Lernprozess einzubeziehen. Häufig sind die Lernenden selbst vertrauter als die Lehrenden mit diesen Medien und können hier selbsttätig ihre Kompetenzen in den Lernprozess einbeziehen. Gegenwärtig gibt es eine kulturelle Dominanz repräsentativer Medien wie Fernsehen, Film usw. Es sollten jedoch in der Regel insbesondere aktive Medien, die die Lernenden zur eigenen Gestaltung nutzen können, für Lernprozesse bevorzugt werden. Immer ist bei der Medienplanung die Frage zu stellen: Welche Medien dienen dem Inhalt und berücksichtigen hinreichend die Lernvoraussetzungen unserer Lernenden?

5.1.7 Begleitung, Beratung, Beurteilung planen

Im Sinne veränderter Lehr- und Lernkulturen (Kapitel 1) sollten Lernende in ihren Lernprozessen immer mehr auch als eigene Didaktiker/innen in die Rolle der Lehrenden eintauchen können und Verantwortung für den eigenen Lernprozess übernehmen. In der selbsttätigen Auseinandersetzung mit Themenbereichen ändert sich damit auch die Rolle der Lehrenden – sie verschiebt sich von der klassischen Wissensvermittlung hin zur Lernbegleitung, die den Lernenden im Team beratend zur Seite steht.[38] Im Fokus steht dabei eine Erweiterung der Kompetenzen aller Lernenden, was sich auch in Beurteilungsprozessen widerspiegelt. Nachfolgend skizzieren wir, wie sich dies auf die Begleitung, Beratung und Beurteilung auswirkt:

- *Begleitung:* Um eine umfassende Begleitung aller Lernenden im Team zu gewähren, ist es notwendig, im Team gemeinsame Regeln bzw. Zuständigkeiten und Verantwortungen zu planen. Das Bestreben sollte dahin gehen, allen Lernenden ein möglichst erfolgreiches Lernen zu ermöglichen, und sie darin zu unterstützen und zu

---

38 Somit verschiebt sich im Rahmen einer neuen Lernkultur die Rolle vom Einzelkämpfertum hin zum Teamplayer – siehe ausführlich Kapitel 1.

begleiten. Hilfreich ist es, sich an formulierten Zielen, insbesondere Kompetenzrastern, zu orientieren und vor dem Hintergrund der einzelnen Lernenden das Lerngeschehen differenziert zu planen. Die Begleitung individueller Lernenden kann auf die verschiedenen Teammitglieder aufgeteilt werden. Um aber einer isolierten Begleitung in Form einer reinen Eins-zu-eins-Betreuung entgegenzuwirken, sollten weitere Teammitglieder immer auch mit verantwortlich sein. Wichtig ist es im Teamteaching, dass ein gemeinsames Verantwortungsgefühl für die gesamte Lerngruppe besteht. Gemeinsame Regeln, auf die sich das Team in der individuellen Lernbegleitung einigen kann, könnten die folgenden Elemente enthalten:

- In der Begleitung individueller Lernender gehen wir stets von den Stärken der Lernenden aus. Ein ressourcenorientierter Blick in der Begleitung kann die Lernenden stärken und ihnen deutlich machen, wo sie bereits eine Kompetenzerweiterung erlangt haben.
- Die Bedürfnisse der Lernenden nehmen wir stets als gesamtes Team in der Lernbegleitung wahr. Somit können wir flexibel und differenziert aus unseren verschiedenen Perspektiven auf die Situation reagieren.
- Die Verantwortung für den Gesamtprozess im Lerngeschehen teilen wir im Team. Dies schließt nicht aus, dass Teammitglieder im Sinne eines Beziehungsaufbaus einzelne Lernende im Lerngeschehen stärker begleiten, als andere.
- Eine gemeinsame Philosophie im Team ist hier die Grundlage aller Abstimmungsprozesse. Deshalb ist es wichtig, wie wir in Kapitel 4.3 gezeigt haben, bereits vor dem durchgeführten Teamteaching gemeinsame Einstellungen, Leitbilder, Regeln und Haltungen zu klären.

- *Beratung:* Beratungsprozesse können den Lernenden transparent aufzeigen, wo sie sich im Lernprozess befinden, wo ihre Stärken liegen und durch welche nächsten Schritte sie weiter in den Kompetenzen wachsen können. Um die Lernenden hier kompetent beraten zu können, ist innerhalb der Teamplanungen gemeinsam darauf zu schauen, wo sich einzelne Lernende im Lernprozess befinden. Heranzuziehen sind dazu Aufzeichnungen, Lernergebnisse, z. B. öffentliche Teile von Portfolios oder Lernjournals, Präsentationen, Gruppenleistungen usw. Im finnischen Schulsystem treffen sich beispielsweise zur Vorbereitung von Beratungen die Lehrenden in multiprofessionellen Teams. Dabei werden Beratungsgrundlagen um verschiedene Blickwinkel auf die Leistungen und das Verhalten der Lernenden bereichert. Zu beteiligen sind dann in jedem Falle auch die Lernenden, um ihre Selbstwahrnehmung als wesentliches Element des Beratungsprozesses mit zu berücksichtigen. Beratungen sollten als Prozess angelegt sein, um die Lernfortschritte und -verläufe zu dokumentieren. Auch ist eine kontinuierliche Begleitung einzelner Lernender in gleichbleibenden Beratungsteams oder durch einzelne Lehrpersonen hilfreich. Die folgenden Fragen können hier Einzug in Planungsprozesse des Teams finden:

- Wie möchten wir unsere Lernenden (individuell) beraten? Welches Beratungskonzept verfolgen wir?[39]
- Auf welcher Grundlage möchten wir beraten? Was brauchen wir dazu? Wen möchten wir in den Beratungsprozess mit einbeziehen?
- Welche Haltung ist uns als Team in Beratungen wichtig? Wie möchten wir kommunizieren?
- Wo und wann beraten wir? Wie oft?
- Was möchten wir (mit unseren Lernenden) als nächstes erreichen? Was sind die nächsten Schritte zur Erreichung dieser Zielsetzungen? (z. B. die nächste Niveaustufe im Kompetenzraster zu erlangen)
- Diese Fragen sind auch – in Planungsprozessen – mit den Lernenden zu reflektieren und weiterzuentwickeln.

- *Beurteilung:* Im Rahmen von Fortbildungen zu Beurteilungsprozessen wird Teilnehmenden gerne ein und dieselbe Arbeitsprobe von Lernenden mit dem Auftrag gegeben, diese »objektiv« zu bewerten – in Form einer schriftlichen Rückmeldung und einer Note. Dabei arbeiten alle für sich, und Rückfragen sind in dieser Phase nicht erlaubt. In der anschließenden Reflexion wird dann deutlich, wie subjektiv und komplex Beurteilungen sind: Die Bewertungen der einzelnen Teilnehmenden variieren von sehr guten Leistungen bis zu ausreichenden oder mangelhaften (Beninghof 2012, S. 40 f.). Auf der einen Seite könnte man nun argumentieren, dass es innerhalb von Teams noch komplexer und schwieriger sein wird, sich vor dem subjektiven Hintergrund auf eine Note oder eine Rückmeldung zu einigen. Andererseits zeigt aber auch die Diversität der Rückmeldungen innerhalb dieses Beispiels, wie ausgleichend die Teamarbeit sein kann. Der Beurteilungsprozess bleibt kein willkürlicher Einzelfall einer Meinung, sondern muss sich im Dialog mehrerer Teammitglieder bewähren. Er kann zum dialogischen Abstimmungsprozess werden. Um dies zu organisieren ist es schon in der Planungsphase wichtig, Lernkontrollen mit Beurteilungsstrategien zu berücksichtigen. Dazu gehört erstens, sich gemeinsam mit den Lernenden auf Beurteilungskriterien zu einigen und diese transparent allen zur Verfügung zu stellen. Gerade hier sind die Lernenden mit zu beteiligen und ihre Rückmeldungen aus vorherigen Lernkontrollen in Planungsprozessen sind wichtige Indikatoren für geeignete Kriterien. Zweitens müssen sich die Teammitglieder über die Beurteilungskriterien verständigen und dann drittens in der Beurteilungsphase gemeinsam – mindestens zu zweit – die Beurteilung durchführen. Bei Abweichungen wird im Dialog geklärt, wie es zu ihnen kommt und wie eine gemeinsame Beurteilung gefunden werden kann.

Vor dem Hintergrund der Heterogenität sind in Beurteilungsprozessen immer auch multiple Herangehensweisen einzuplanen. Das Team stimmt sich daher darüber ab,

---

39 Siehe auch systemische Beratungsmethoden im Kölner Methodenpool unter www.methodenpool.uni-koeln.de.

wie verschiedene Lerntypen in Tests, Klausuren, Präsentationen usw. die Möglichkeit haben, ihre Leistungsstärken zu zeigen, auch eigene Schwerpunkte auszuwählen und zu bearbeiten. Eine Reihe von systemischen Beurteilungsmethoden findet sich im Kölner Methodenpool. Auch hier heißt es, immer einzuplanen, wie die Effektivität, die Handhabung, die Verständlichkeit der eingesetzten Beurteilungsformen vonseiten der Lernenden hinreichend verstanden und genutzt werden. In *Schaubild 20* (Kapitel 4.3.8) haben wir eine *Checkliste zur Vorbereitung* zur Verfügung gestellt, die dazu zentrale Fragestellungen enthält. Darüber hinaus sollten sich Teams die folgenden Fragen stellen:

- Welche Bewertungsmethoden kennen wir? Welche passen zu den erwünschten Kompetenzen? Sind sie für unsere Themenbereiche und Inhalte, unsere Methoden geeignet?
- Wie können wir es erreichen, auch in Beurteilungen die heterogene Lernerschaft im Blick zu behalten?
- Welche Bewertungsformen möchten wir wann einsetzen? Schriftliche, mündliche? *Peer*-Bewertungen?
- Wie können wir individuelle Entwicklungsfortschritte im Beurteilungsprozess gut erfassen und zurückmelden?
- Wie und wann planen wir die Korrekturen ein? Was ist dabei aus unserer Sicht zu beachten?
- Wie können wir unsere Lernenden an der Planung von Beurteilungen teilhaben lassen?
- Wie und wann teilen wir den Lernenden und z. B. den Eltern unsere Beurteilungen mit?
- Wie können wir sicherstellen, dass die Lernenden uns als Team auch bewerten? Wie erfassen wir, ob wir den Lernenden hinreichend geholfen haben, um ihre erwünschten Lernziele aus den Zielvereinbarungen auch erreichen zu können?

5.1.8 Verteilung der Aufgaben

Wie in Kapitel 4.1 beschrieben wurde, spielt bei der Verteilung von Rollen und Aufgaben die Gerechtigkeit der Arbeitsbelastungen im Team und die »Balance« der Anforderungen eine entscheidende Rolle: Gibt es eine ausgewogene Aufgabenverteilung steigt die Chance, dass sich alle Teammitglieder gleichwertig fühlen und tatsächlich gemeinsam Verantwortung für die Prozesse übernehmen. In zwei Arbeitsmaterialien wollen wir Hilfestellungen für eine effektive Aufgabenverteilung geben. Sie sollten in dieser oder abgewandelter Form in den Teams herangezogen und reflektiert werden. In *Schaubild 28* wird für vier mögliche Teammitglieder (die Anzahl lässt sich anpassen) gefragt, welche Verantwortungen vor, während oder nach der Durchführung gelten sollen. *Schaubild 29* gibt eine Planungsübersicht. Solche Übersichten helfen,

166 Teams in der Praxis

Name:	Worum kümmere ich mich VOR der Einheit?	Für was/wen bin ich WÄHREND der Einheit verantwortlich?	Um was kümmere ich mich NACH der Einheit?	Wo, wann und wie möchten wir die Einheit reflektieren und evaluieren?

Schaubild 28: Was machen die Teammitglieder vor, während und nach der Lerneinheit?

direkte Handlungen und Rollen der Teammitglieder festzuhalten. Hier können die Satzanfänge »Wenn Du diese Rolle übernimmst, dann übernehme ich die folgende« helfen, konkrete Rollen, bezogen auf in Kapitel 2 beschriebene Teammodelle festzulegen.[40] In die konkrete Planung sind alle Teammitglieder einzubeziehen. Ungerechtigkeiten wird vorgebeugt, wenn über Selbst- und Fremdwahrnehmungen gesprochen wird: Wo gibt es übereinstimmende Wahrnehmungen? Wodurch entstehen abweichende Einschätzungen? Was kann geändert werden, um allen ein ausgewogenes Gefühl zu geben?

Teammitglieder:
_____
_____
_____

Tag	Was? (Inhalt)	Wie gehen wir im Team/mit den Lernenden vor? (Modell/Methoden)	Wer übernimmt was? Rollen & Tätigkeiten	Welche Materialien/Medien brauchen wir?	Wie beobachten/fördern wir kompetenzorientiert?	Wie geht es weiter?

Schaubild 29: Planungsübersicht

---

40 Für das Team-Modell z. B. »Einer unterrichtet und führt, einer fördert differenziert« hieße das: »Wenn Du führst, fördere ich die Lerngruppe nach dem Einstieg«.

5.1.9 Raum für Situationsbezug

In Kapitel 2 haben wir verschiedene Teamteaching-Modelle mit ihren Vor- und Nachteilen kennengelernt. Teams im Teamteaching sollten mit allen Varianten an Umsetzungsmöglichkeiten vertraut sein, um entscheiden zu können, welches Modell für welche Anforderungen und Situationen als passend erscheint. Dabei sind folgende Grundüberlegungen immer wieder wichtig:

- Unabhängig vom Teamteaching-Ansatz, der gewählt wird, ist die gemeinsame Verantwortung für den Gesamtprozess entscheidend. Zugleich müssen notwendige Aufgaben möglichst gerecht verteilt werden. Dazu gehört, wie Perez (2012) betont, dass es innerhalb eines multiprofessionellen Teams für alle Teammitglieder aktive Rollen im Unterrichtsgeschehen geben sollte.
- Gerade bei Einführung von Teamarbeit ist es erleichternd, sich an vorhandenen Teamkonzepten zu orientieren (Westhoff et al. 2010, S. 18). Auch wenn ein Team zahlreiche Routinen entwickelt hat, so ist es dann doch wichtig, die Rollen und Umsetzungsmöglichkeiten stets auf den Prüfstand zu stellen und Stagnationen zu vermeiden. Dazu ist ein kontinuierlicher Feedback-Prozess wesentlich (Kapitel 5.3.3).
- Darüber hinaus empfehlen wir – je nach Situation – auch die Lernenden in den Prozess der Auswahl bzw. Reflexion einzelner Teamteaching-Modelle mit einzubeziehen. Allein die Praxisbewährung zeigt, welche der Modelle besonders geeignet und erfolgreich sein können.
- Im Situationsbezug ist unbedingt ein starres Vorgehen zu vermeiden. Dazu tragen Rollenwechsel in den Teamaufgaben entscheidend bei. Eine Dauerfestlegung in den Rollen ist besonders hinderlich.

Wir möchten an dieser Stelle betonen, dass es keinen einzig richtigen Weg in der Auswahl bestimmter Team-Modelle gibt. Der Einsatz von Modellen entwickelt sich ebenso wie die Beziehungen innerhalb des Teams oder innerhalb der Lerngruppe. Wir sehen Teamteaching als eine Lernerfahrung an, die sich je nach Situation auch stetig weiterentwickelt und verändern wird. Dabei steht und fällt die Teamarbeit mit der Kommunikation im Team. Kontinuierliche Kommunikationsprozesse entscheiden über die Qualität und die Zufriedenheit in Teams. Im Rahmen von Planungstreffen helfen die folgenden Fragen, die wir zusammenfassend zu dem Unterkapitel Planung nennen wollen, miteinander »im Gespräch zu bleiben«:

- Wo stehen wir in unserem Planungsprozess? Wo stehen die einzelnen Lernenden im Rahmen ihrer (individuellen) Kompetenzraster? Was zeigen Lernstandserhebungen?
- Was möchten wir (mit unseren Lernenden) als nächstes erreichen? Was sind die nächsten Schritte zur Erreichung unserer Zielsetzungen?

- Welches Teamteaching-Modell eignet sich für unser übergreifendes Vorhaben am besten? Wer übernimmt Verantwortung für welche Aufgaben?
- Wie differenzieren wir unser Lehr- und Lernsetting? Welche Methoden, Medien und (Selbstlern-) Materialien können wir einsetzen, um geplante Inhalte umzusetzen und verschiedene Lernzugänge, verschiedene Interessen und Vorerfahrungen bzw. Vorwissen unserer Lernenden zu berücksichtigen?
- Welche Art der Rückmeldungen möchten wir im Rahmen unseres Feedbacks praktizieren? Wie können wir unsere Lernenden teilhaben lassen?

Diese und andere Fragen können innerhalb des Team-Logbuches (*Schaubild 23*, Kapitel 5.1.1) beispielsweise immer wieder aufgegriffen werden. So kann der Gesamtprozess der Teamarbeit über einen längeren Zeitraum dokumentiert und reflektiert werden.

5.2 Teamteaching: Durchführung

Nachdem wir auf die Vorbereitung und Planungsprozesse innerhalb von Teamarbeit geschaut haben, geht es in diesem Teilkapitel um die konkrete Durchführung. Wie werden Rollen mit den Lernenden geklärt? Wie werden gemeinsame Planungen realisiert? Worauf ist auf der Inhalts- und Beziehungsebene zu achten? Wie sorgen wir dafür, dass nichts aus der Vorbereitung und Planung verloren geht?

5.2.1 *Rollen mit der Lerngruppe klären*

Ein wesentliches Element gelingender Teamarbeit ist eine transparente Kommunikation. In Planungsprozessen stimmen sich die Lehrenden in der Regel vor der Durchführung ab und klären ihre unterschiedlichen Rollen und Zuständigkeiten bzw. Verantwortungsbereiche. Wenn sie dann vor die Lernenden treten, dann ist eine Transparenz gefordert, die deutlich macht, wer welche Rolle in dem Lernsetting einnimmt. Übernehmen alle Teammitglieder die gleiche Verantwortung für die Lernenden, so wechseln sie sich auch in vielen Zuständigkeiten ab. Assistiert beispielsweise eine Lehrkraft der anderen in einer Unterrichtseinheit und ist in einer anderen Einheit verantwortlich, so kann dies für die Lernenden zu Irritationen führen. Villa/Thousand/Nevin (2013, S. 26) unterstreichen daher die Bedeutsamkeit von Transparenz über die eingenommenen Rollen vor den Lernenden. Folgende Fragestellungen sollten in diesem Zusammenhang gestellt und die Antworten mit den Lernenden geteilt werden:

- Wer übernimmt welche Rolle im Team?
- Wer ist für was zuständig?
- Wer übernimmt eine beobachtende Rolle? Für was? Für wen? Für wie lange?

- Bei wem können inhaltliche Hilfen angefordert werden? Wer ist für Beziehungskonflikte zuständig?
- Wen können die Lernenden ansprechen, wenn sie Materialien benötigen?
- Wie führen wir übersichtlich und nachhaltig unsere Rollen ein? (z. B. Verantwortlichkeiten und Zuständigkeiten an einer Wand mit austauschbaren Namen, grundsätzliche Verantwortlichkeiten für bestimmte Lernende oder Lerngruppen)

Neben dieser Rollentransparenz ist es zudem entscheidend, mit den Lernenden zu besprechen, welches Teamteaching-Modell für das jeweilige Lernszenarium gewählt wurde und welche Inhalte in welchen Lernformaten erarbeitet werden sollen. Insbesondere müssen die Kriterien der Beurteilung deutlich offengelegt werden. Die Möglichkeiten des Feedbacks sind ebenfalls konkret anzugeben.

Sind Teamteaching-Modelle eingeführt, dann macht es auch Sinn, die Lernenden aktiv in das Teamteaching mit einzubeziehen. Hier wäre es dann wichtig, sie nicht erst in der Durchführung mit dem Teamteaching zu konfrontieren, sondern sie langfristig auch in die Vorbereitung und Planung mit einzubeziehen, so dass Lernende partiell Lehrfunktionen übernehmen können. Dies gilt insbesondere für das Lernformat Projekte, die ohnehin darauf ausgelegt sind, dass die Ergebnisse solcher Arbeiten für alle präsentiert werden und die Verantwortung für den Lernprozess stärker aufseiten der Lernenden verankert ist.

5.2.2 Umsetzung nach dem gewählten Teamteaching-Modell

Nachdem das Team geplant hat, welches Modell mit den Lernenden in bestimmten Lernphasen umgesetzt wird, heißt es, sich im Teamprozess auf die jeweiligen Rollen im gewählten Team-Modell einzulassen. Auch hier ist der Dialog entscheidend. Innerhalb des Teamteaching ist ein durchgehend dialogisches Vorgehen wesentlich, um miteinander »im Gespräch zu bleiben«, sich unmittelbar und eng abzustimmen, die Lerngruppe, die Teammitglieder und eigene Empfindungen situationsbewusst wahrzunehmen und auf Wechselwirkungen zu reagieren. Ruth Cohns (1975, S. 122) Postulat – »Störungen haben Vorrang« – gilt dabei nicht nur für die Lerngruppe, sondern immer auch für das soziale Miteinander innerhalb des Teams. Hier heißt es situationsangemessen zu handeln und im Team flexibel auf die Bedürfnisse vor Ort einzugehen (Kapitel 5.2.3 und 5.2.4). Die Teamkonstellation kann hier als erheblicher Vorteil angesehen werden, um hinreichend situativ auf das Lerngeschehen zu reagieren und Methoden, Medien usw. an die Bedürfnisse der Lernenden anzupassen. Eigene Wahrnehmungen können mit anderen Teammitgliedern kontinuierlich überprüft werden, und im Dialog lassen sich schnell Handlungsalternativen entwickeln. Es ist leichter, als Team auch von Planungen abzuweichen, wenn es die Situation erfordert. Dabei hilft das Team zugleich, nicht jede spontane Idee oder jeden Einfall einer Lehrperson umzusetzen, weil subjektive Situationen durch unterschiedliche Perspektiveinnahmen leichter »verobjektiviert« werden können. Zur gemeinsamen Abstimmung eignen sich im gesamten Lernprozess Zwischenstopps – kurze Momente der Teamreflexion –, in denen sich die Teammitglieder über das weitere Vorgehen im Lerngeschehen abstimmen können. Bei längeren Lernsequenzen, wie Workshops, Seminartagen usw., können solche Zwischenreflexionszeiten (»Team-Stopps«) von Anfang an mit in den Planungen berücksichtigt werden. Bei kürzeren Sequenzen, wie Unterrichtsstunden oder Selbstlernzeiten, sollte flexibel im Team auf die Reaktionen einzelner Lernender oder der Lerngruppe reagiert werden. Das weitere Vorgehen kann auch vor und bestenfalls mit den Lernenden diskutiert und entschieden werden. Im Sinne der Partizipation der Lernenden plädieren wir dafür, die Lernenden auch in diesen Prozess transparent mit einzubeziehen (siehe zu Methoden beispielsweise Kapitel 5.3.4).

5.2.3 Umsetzung nach Haltung und gemeinsamen Regeln

Bisher haben wir mehrfach die Bedeutsamkeit einer gemeinsamen Team-Philosophie für gelingende Teamprozesse herausgestellt. Otto Seydel (2011, S. 54 f.) vergleicht in diesem Zusammenhang Lehrkräfte-Teams mit der deutschen Fußballnationalmannschaft. Für den Erfolg der Mannschaft steht nicht die »Perfektion« der einzelnen Spieler im Mittelpunkt, sondern der Teamgeist. Es geht darum, gemeinsam – als Mannschaft – ein Ziel zu erreichen. Alle nehmen dabei eine Rolle bzw. eine Position ein, um das Team zum Erfolg zu führen. Seydel betont weiter, dass es bei der Durchführung oder Umsetzung von Teamarbeit aber vor allem um eine »Haltungsfrage« geht: »Es ist egal, wer das Tor schießt. Die Mannschaft gewinnt oder verliert als Ganze, nicht der Einzelne« (Seydel 2011, S. 55). Diese Verschiebung – vom Einzelkämpfer-Denken zum Team-Bewusstsein – bedarf bewusster Haltungen und gemeinsamer Regeln, die auch im Prozess des Lernsettings sehr klar Berücksichtigung finden müssen. In Kapitel 4.3 haben wir Möglichkeiten aufgeführt, wie ein gemeinsames Team-Verständnis und Team-Gefühl durch bewusste Kommunikation und Wertschätzung wachsen kann (insbesondere *Schaubild 18*, Kapitel 4.3.5).

Für eine effektive Umsetzung von Teamprozessen möchten wir an dieser Stelle konkret auf Regeln für die Durchführung schauen, die von erfolgreichen Teamplayern nach unseren Praxiserfahrungen als hilfreich in der gemeinsamen Arbeit beschrieben werden:

- Auf die Stärken und Neigungen der einzelnen Teammitglieder achten,
- sich gegenseitig Ermunterung, Lob zusprechen, Blickkontakt aufnehmen, ermunternde Gesten zwischendurch, Verständnis signalisieren,
- sich an Absprachen halten und einander im Prozess zu vertrauen,
- sich gegenseitig ausreden lassen,
- nonverbale Kommunikationsregeln zum Verständnis erarbeiten,

- aufeinander Rücksicht nehmen, auch offen für abweichende Wahrnehmungen und Einschätzungen sein,
- eine offene Haltung gegenüber Situationen haben, sich den Begebenheiten vor Ort und tagesspezifisch anpassen.

Insgesamt gilt es, als Teamplayer immer auch Vorbild für die Lernenden zu sein. Das schließt insbesondere ein, durchgehend wertschätzend und respektvoll miteinander umzugehen. Manchmal kommt es auch innerhalb des Teams zu Konfliktfällen. Günstig ist es dann, wenn ein Teammitglied die Leitung für das weitere Vorgehen übernimmt und konstruktiv versucht, in der Situation zu handeln bzw. zu schlichten. Solche Konfliktgespräche können auch vor der Lerngruppe geführt werden, wenn weiterhin konstruktiv miteinander diskutiert werden kann. Ist dies jedoch nicht absehbar und sehen die Lehrenden innerhalb der Situation keine passende Lösung für alle, sollte das Team eine Auszeit bezüglich des Konfliktes einräumen und später in die Klärung gehen. Auf keinen Fall sollten sich Teammitgliedern aber vor der Lerngruppe verbal angreifen oder bloßstellen.

Über solche Prozesse und Herangehensweisen muss sich das Team bereits in der Vorbereitung des Teamteaching abstimmen (Kapitel 4.3).

5.2.4 Situative Anpassung der Planung

Im Teamteaching findet ein großer Teil der Arbeit in den Planungsprozessen statt. Hier stimmen sich die Teammitglieder über verschiedene didaktische Elemente ab und müssen sich über ihre einzunehmenden Rollen im gesamten Lerngeschehen bewusst werden. Dabei müssen mindestens folgende Fragen zu Beginn der Durchführung geklärt sein:

- Hat sich das Team ganz klar und hinreichend dafür entschieden, wer, was, wo, warum, wann und wie machen soll und wird?
- Entwickelt das Team dazu einen genauen Aktionsplan mit Zeiten und Kontrollen, wie alles konkret umgesetzt werden soll?
- Hat das Team für alle Teammitglieder den Plan schriftlich fixiert und vorliegen?
- Können alle diesem Plan voll zustimmen und sich verantwortlich einbringen?
- Gibt es im Plan klare Regelungen für die Verteilung von Arbeitsaufgaben, Rollen, Verantwortungen, Termine und Kontrollen?
- Wer ist für die Kontrolle der Erfüllung des Plans verantwortlich?
- Ist hinreichend vorgesehen, dass der Plan modifiziert werden kann, wenn es Schwierigkeiten bei der Umsetzung gibt?

Gerade der letzte Punkt macht darauf aufmerksam, dass es bei noch so klar scheinenden und zuvor durchdachten Planungsprozessen dazu kommen kann, dass das

Team in der Durchführung erkennt, dass der methodische Weg, die eingeplanten Medien oder Materialien nicht für alle Lernenden passend sind. Hier heißt es dann, sich von den Planungsmustern zu lösen und sie mehr oder minder neu zu gestalten. Dies scheint zunächst eine große Herausforderung zu sein. Die Erfahrung im Teamteaching zeigt aber, dass es innerhalb der Durchführung als Team sehr entlastend ist, wenn niemand alleine handeln und ohne Distanzierungsmöglichkeit entscheiden muss. Selbst bei einem Zweierteam hilft es schon, wenn ein Teammitglied eine andere, neue Sicht einnehmen kann, weil ein Moment der Beobachtung, der Ruhe und Distanz möglich war, um das Geschehen mit anderen Augen zu sehen. So können Entscheidungsprozesse gegenseitig rückversichert werden, es gibt eine Unterstützung und mehr Sicherheit im Prozess. Wichtig ist es in diesem Zusammenhang, aufeinander zu achten und sich über das weitere Vorgehen dialogisch abzustimmen.

Im Folgenden möchten wir auf die situative Anpassungsfähigkeit bezüglich der Methoden, Medien und Materialien eingehen und kurz beschreiben, was zu beachten ist.

- *Methoden:* Hat man im Team eine bestimmte methodische Herangehensweise für den Lernprozess geplant, kann es in der Durchführung passieren, dass die Methode nicht zu allen Lernenden passt. Merken einzelne Teammitglieder, dass die Lernenden einzeln oder gruppenweise Schwierigkeiten mit einer bestimmten Methode haben, dann sollten sie auf einzelne Lernende zugehen und diese unterstützen, bei einer größeren Gruppe jedoch die Methode wechseln. Dazu werden die Lernenden befragt: »Was fällt Euch schwer? Wo gibt es Verständnisprobleme? Welche Informationen fehlen Euch?« Wenn geklärt wird, woraus Schwierigkeiten entstehen, dann kann das Team flexibel einen Methodenwechsel herbeiführen. Wichtig ist immer, dass die Lernenden darum wissen und sich trauen, sich selbst in solche Prozesse einzubringen. Es gehört zur Entwicklung ihrer eigenen Methodenkompetenz, dass sie abschätzen lernen, mit welchen Methoden sie gut arbeiten können. Effektvoll ist es in solchen Situationen, wenn den Lernenden eine Übersicht über mögliche Methoden im Lernraum bereits zur Verfügung steht (z. B. ein Methodenrepertoire in Form von Plakaten oder Listen an der Wand). So können sie sich schnell für eine alternative methodische Herangehensweise entscheiden oder Vorschläge unterbreiten, welche Methode aus ihrer Sicht geeignet wäre. Eine solche Übersicht kann innerhalb von Methodenreflexionen nach Lernprozessen immer wieder weiter »wachsen« und um neue Methoden ergänzt werden. In der Umsetzung bietet die Teamkonstellation einen großen Vorteil, weil verschiedene Lehrende auch methodische Varianten differenzierend einsetzen können.
- *Medien:* Im Einsatz von Medien sollte deren Anknüpfung an die Lernvoraussetzungen der Lernenden und an den Inhalt leitend sein. Bei der Durchführung ist insbesondere darauf zu achten, dass der mediale Gebrauch nicht dominiert, und die Lernenden z. B. von Powerpointpräsentationen »erschlagen« werden. Auch Filmbeispiele ermüden schnell, wenn der Beitrag zu lange dauert. Hier ist in jedem Fall eine ständige Beobachtung der Lernenden notwendig, um sowohl geeignete Medien als

auch eine lernförderliche Zeitdauer zu bestimmen. Oft stören in der Durchführung technische Mängel. Hier empfehlen wir durchgehend, in den Lerngruppen Kompetenzen abzurufen und zu entwickeln und die technische Begleitung und Wartung nach Möglichkeit von den Lernenden selbst gestalten zu lassen. Insgesamt sollten die Lernenden eigene Wahrnehmungen und Assoziationen zu den Medien äußern können, und es sollte kontinuierlich gemeinsam reflektiert und entschieden werden, welche Medien für welche Zwecke geeignet sind. Ein kritischer Mediengebrauch ist ein wesentliches Kompetenzziel für jeglichen Unterricht.

- *Materialien:* In der Erstellung von Materialien ist im Team stets die Heterogenität der Lernenden zu beachten. Gerade beim Einsatz von Selbstlernmaterial sollte das Team in der konkreten Lernsituation darauf achten, ob das Material für alle selbsterklärend ist. In Planungsprozessen wird in der Erstellung von Materialien oder ihrer Auswahl häufig von einem durchschnittlichen Lernenden ausgegangen. Dies birgt die Gefahr, dass nicht alle aus der Gruppe tatsächlich mit den eingesetzten Materialien effektiv umgehen können. In der Beobachtung individueller Lernprozesse können sich die Teammitglieder daher darüber austauschen und mit den Lernenden gemeinsam überlegen, ob und wo ggf. weiteres Material benötigt wird. Wenn nach Niveaustufen und mit Kompetenzrastern geplant wird, dann ist dies ohnehin eine Aufgabe, die ständig an die vorhandenen Lernvoraussetzungen der individuellen Lernenden angepasst werden muss. An manchen Stellen brauchen Lernende nicht nur Materialien, sondern einen Impuls und eine Orientierung, z. B. eine Instruktionsphase zur weiterführenden Einstimmung auf das in den Materialien behandelte Thema oder den Umgang mit den Materialien. Hilfreich können hier auch eine Kleingruppe oder die Gesamtgruppe sein, in der Materialien vorgesichtet und aufgeteilt werden. Bei Materialien sind in der Regel immer Differenzierungen möglich. Ein Teammitglied übernimmt z. B. die Instruktionsphase, ein anderes leitet eine Kleingruppe, ein weiteres betreut Lernende, die schon intensiv mit dem Lernmaterial arbeiten. Grundsätzlich gilt auch hier, die Rückmeldungen der Lernenden situativ ernst zu nehmen und möglichst unmittelbar auf sie zu reagieren. Auf lange Sicht sollten diese Erfahrungen und Erkenntnisse dann in die weiteren Planungsprozesse des Teams einbezogen werden.

Insgesamt bietet die situative Anpassung an das konkrete Lerngeschehen immer Chancen, sich im Team in weiteren Planungen stärker auf die Bedürfnisse der Lernenden einzulassen und die Lernumgebung effektiver zu gestalten. Die Evaluation des Lernprozesses und eine reflektierte Auseinandersetzung mit der Durchführung gehören zu einer effektiven Teamarbeit.

5.3 Teamteaching: Evaluation

An Lehr- und Lernprozesse wird der Anspruch gestellt, möglichst für alle Lernenden möglichst effektiv und partizipativ gestaltet zu werden. Teamteaching-Settings können dabei als Erfolgsfaktoren hoher Lernqualität angesehen werden. Dennoch mangelt es bis heute an umfassenden empirischen Befunden, weil das Teamteaching entweder nur punktuell in der Weiterbildung oder begrenzt in Schulen stattfindet. Gleichwohl sind alle Praxisberichte ermutigend, weil sie aufzeigen, dass positive Effekte sowohl für die Lernenden als auch für die Lehrenden dann entstehen, wenn die Teamarbeit gelingt (siehe u. a. Beninghof 2012). Negative Resultate hingegen sind dann zu erwarten, wenn Teamteaching bloß verordnet und nicht aus Überzeugung betrieben wird. Vor diesem Hintergrund möchten wir in diesem Kapitel zusammenfassen, wie Teamteaching-Prozesse von den Beteiligten vor Ort partizipatorisch gemeinsam evaluiert und reflektiert werden können. Rückmeldungen und Reflexionen auf verschiedenen Ebenen helfen, Teamprozesse zu optimieren und einen kontinuierlichen Verbesserungsprozess zu ermöglichen.

Nachfolgend unterscheiden wir unterschiedliche Formen der Evaluation und Reflexion. Dabei gehen wir vom Team aus und beleuchten zunächst die Reflexion von Vorbereitungs- und Planungsprozessen (Kapitel 5.3.1) sowie die Umsetzung des Teamprozesses einschließlich Rollen, Verantwortlichkeiten usw. (Kapitel 5.3.2). Daran anknüpfend werden Möglichkeiten präsentiert, wie eine Feedbackkultur innerhalb der Organisation bzw. Institution verankert werden kann (Kapitel 5.3.3) und welche Praxismodelle zur kollegialen Fallberatung im Team genutzt werden sollten (Kapitel 5.3.4). Abschließend wird der Blick auf Möglichkeiten der äußeren Beratung, der Supervision und von Coachingangeboten und deren Mehrwert für Teamprozesse gelenkt (Kapitel 5.3.5). Insgesamt geben wir auch hier Anregungen, die Teams nutzen können, um mittels Evaluation, Feedback und Beratung die Qualität des Teamteaching zu sichern und zu verbessern.

5.3.1 Umsetzungsanalyse der Vorbereitung und Planung

Ob und wie die Lernprozesse innerhalb des Teamteaching-Prozesses umgesetzt wurden, sollte im Rahmen von Evaluationen bzw. Reflexionen regelmäßig erhoben werden, um die Effektivität der Teamarbeit und deren Umsetzung für die Lernenden zu erfassen. Aus solchen Evaluationen sollte ein kontinuierlicher Verbesserungsprozess erfolgen:

- *Umsetzungsanalyse aus Sicht der Lernenden:* Immer wieder haben wir hervorgehoben, dass es ein zentrales Anliegen sein sollte, die Lernenden umfassend in alle Analysen über den Lernerfolg einzubeziehen. Ihre Einschätzungen, Bewertungen und Erfahrungen mit Ziel- und Kompetenzvorgaben, Materialien, Medien, Zeitvorgaben, ausgewählten Inhalten, Lernklima usw. sind die wertvollsten Rückmeldungen, die Lehrpersonen bzw. ein Lehrteam erhalten können.[41] Mit jeder erhaltenen Rückmeldung können Konsequenzen für eine Beibehaltung oder Änderung gezogen werden. Um eine Rückmeldeschleife effizient in den Lernalltag zu integrieren, schlagen wir vor, am Ende oder nach jeder Lerneinheit eine kurze Abfrage bzw. ein Feedback bzgl. der Kompetenzen, der eingesetzten Methoden, Materialien und Medien, der Inhaltsfülle bei vorgegebener Zeit, den Möglichkeiten der Differenzierung und den erreichbaren Lernniveaus einzuholen. Zudem ist es wichtig, neben den aus Sicht der Lehrenden erwünschten Rückmeldungen, immer auch nach Verbesserungsvorschlägen oder Wünschen zu fragen. Hierfür bietet die Teamkonstellation Vorzüge: Die verschiedenen Teammitglieder können beispielsweise in Kleingruppen das Feedback organisieren, ein Teammitglied kann z. B. den Feedbackprozess moderieren, eine andere Lehrperson notiert parallel wichtige Erkenntnisse.

- *Umsetzungsanalyse aus Sicht der Lehrenden:* Von Seiten der Lehrenden sollte – bestenfalls – im direkten Anschluss an die Teamarbeit analysiert werden, wie die Umsetzung des gemeinsamen Vorhabens als Team aus Sicht aller Teammitglieder gelungen ist. Für dieses reflexive Vorhaben bietet sich z. B. das *ALACT*-Modell (*A*ction, *L*ooking back, *A*wareness, *C*reating Alternatives, *T*rial) nach Korthagen et al. (2001, S. 130, *Schaubild 30*) an. Mit ihm lässt sich das eigene Planungs- und Teamverhalten im Spiegel der Lernenden und des Lernsettings regelmäßig reflektieren. Dabei können verschiedene Schwerpunkte in den Blick genommen werden:
- *Zeitmanagement:* Innerhalb von Lernprozessen ist Zeit eine variable Einheit. Alle Lernenden lernen in eigenen Tempi, wenn wir vom klassischen Instruktionsunterricht abweichen. Hier sollte im (multiprofessionellen) Team in der Planung und Reflexion darauf geschaut werden, ob den Lernenden gemäß ihrer individuellen Voraussetzungen die benötigten Zeiträume in ausreichendem Maße zur Verfügung gestellt wurden. Folgende Fragen können im Team in Bezug auf das geplante Zeitmanagement beleuchtet werden: War unsere Zeitplanung realistisch? Haben wir unsere Zeitplanung im Lernsetting beibehalten können? Was hat unsere Zeitplanung begünstigt oder erschwert? Wo gab es zeitliche Engpässe? Worauf achten wir in unseren nächsten Planungen? Ein weiterer Aspekt in Bezug auf Zeiträume stellen Planungs- bzw. Reflexionsprozesse dar. Hier kann im Team gemeinsam reflektiert werden: Haben wir regelmäßige Zeitfenster eingeplant, um unser Teamteaching zu planen und zu reflektieren? Nutzen wir die uns zur Verfügung stehende Zeit in Teamtreffen produktiv?
- *Ziel- und Inhaltsbezug:* Wie die Inhaltsseite innerhalb des Lernprozesses umgesetzt wurde, lässt sich recht genau aus den Evaluationen der Lernergebnisse bzw. -prozesse der Lernenden und ihrer erreichten Niveaustufen innerhalb von Kompetenzrastern ablesen. Auch die Präsentationen von Projektarbeiten oder anderen Lernergeb-

---

41 Zu möglichen Fragelisten siehe z. B. Buckley (2000, S. 75 ff.), Perez (2012, S. 183 ff.), Cramer (2006, S. 185 ff.) und Friend/Bursuck (2014, S. 365 ff.).

nissen geben Hinweise auf die Wirksamkeit des Lernprozesses. Hier sollte im Team geschaut werden, ob gemeinsam festgelegte Kompetenzerwartungen und Niveaustufen in Kompetenzrastern von allen Lernenden erreicht wurden und welche Elemente (Methoden, Medien usw.) sich bei den einzelnen Lernenden als erfolgreich und weniger erfolgreich erwiesen haben.

- *Methoden:* Ob eingesetzte Methoden vonseiten der Lernenden verstanden wurden bzw. umsetzbar waren, zeigt vor allem die Beteiligung der individuellen Lernenden. Hier ist es sinnvoll auf die Beteiligung der Lernenden in bestimmten Phasen zu schauen. Zudem sollte, um einer methodischen Monokultur vorzubeugen, auch im Team reflektiert werden, ob es einen ausreichenden Methodenwechsel im Lerngeschehen gegeben hat: Wie erfolgreich setzen wir verschiedene Methoden im Rahmen des Teamteaching ein? Entscheiden wir uns für einen Team-Teaching-Ansatz auf Grundlage der Bedürfnisse unserer Lernenden? Wie korrespondieren die Bedürfnisse zu den Kapazitäten unseres Teams? Achten wir als Team darauf, in unseren Planungen die Heterogenität der Lernenden durch variable Lernsettings zu beachten?

- *Medien und Materialien:* In didaktischen Settings ist oft festzustellen, dass in Planungsprozessen häufig von dem Bild eines durchschnittlichen Lernenden ausgegangen wird. In der Umsetzung wird auf dieser Grundlage erwartet, dass die Mehrheit der Lernenden mit den eingesetzten Materialien und Medien gut umgehen können bzw. dass diese für sie verständlich und anschaulich sind. Um aber alle Lernenden im Blick zu halten und präventiv Verständnisschwierigkeiten vorzubeugen, sollte im Team in der Reflexion kritisch darauf geschaut werden, ob die eingesetzten Medien und Materialien tatsächlich für die einzelnen Lernenden und den Inhalt kompatibel waren: Waren die Medien für alle Lernenden verständlich? Sollten wir für das nächste Mal extra Medien für bestimmte Lernende berücksichtigen? War das Material differenziert genug auf alle Lernenden ausgerichtet? War das Material für alle selbsterklärend? Wo müssen Medien und Materialien weiter differenziert werden?

- *Lernkontrollen:* Was für den Medien- und Materialeinsatz gilt, sollte auch in der Reflexion von Lernkontrollen beachtet werden: Waren die Aufgabenstellungen für alle Lernenden verständlich? Wurde der Diversität der Lerngruppe auch in der Konzeption der Lernkontrollen qualitativ und quantitativ entsprochen? Zudem sollte im Team an das in der Vorbereitung festgelegte Verständnis von Bewertungen angeknüpft werden. Hier kann beispielsweise folgende Frage für den Reflexionsprozess herangezogen werden: Fanden in den von uns eingesetzten Lernkontrollen auch individuelle Lernfortschritte ausreichend Berücksichtigung? Ist es tatsächlich gelungen, auf Kompetenzen umzustellen oder wurden immer noch Ziele im Gleichschritt für alle verfolgt?

- *Situative Anpassungen und Zwischenstopps:* Gelingende Lernprozesse müssen immer situativ anpasst werden. Dies bedeutet auch, von gemeinsamen Planungen abzuweichen. In der gemeinsamen Reflexion sollte darauf geschaut werden, wie dieser Prozess umgesetzt wurde: Haben wir im Team genügend Zwischenstopps eingeplant?

Konnten wir uns im Lerngeschehen gut abstimmen? Was möchten wir als Konsequenz aus der situativen Anpassung unserer Planung für die nächste Lerneinheit beachten?
- *Gemeinsame Verantwortung* (Logbuch zur Durchführung): Einen großen Gewinn von Teamarbeit stellt die gemeinsame Verantwortungsübernahme für den gesamten Lernprozess dar. Hier können die Teammitglieder sich gegenseitig entlasten und sich stärken. Für die Vorbereitungsphase haben wir dazu verschiedene Möglichkeiten von Abstimmungsprozessen aufgeführt (Kapitel 4.3). In der Reflexion sollte daran anknüpfend im Team darauf geschaut werden, ob die gemeinsame Verantwortungsübernahme durchgängig im Teamprozess umgesetzt wurde. Folgende Fragen können hier zur Reflexion herangezogen werden: Haben wir eine gemeinsame Vorstellung über die erwünschten Kompetenzen? Entwickeln wir gemeinsam Kompetenzraster für und mit den individuellen Lernenden? Beachten wir dabei stets die Stärken und Entwicklungsfelder unserer Lernenden? Gehen wir hinreichend individuell auf alle Lernenden ein?

Im Folgenden möchten wir in *Schaubild 30* das *ALACT*-Modell (*A*ction, *L*ooking back, *A*wareness, *C*reating Alternatives, *T*rial) nach Korthagen et al. (2001, S. 130) in seinen einzelnen Schritten vorstellen. Die Fragen können helfen, den Zusammenhang von Vorbereitung, Planung und Durchführung zu analysieren und zu reflektieren. Nach der Analyse sollte gemeinsam im Team und ggf. auch in Partizipation mit den Lernenden überlegt werden, was beibehalten werden kann und was geändert werden sollte.

Abschließend möchten wir für die Umsetzungsanalyse der Vorbereitung und Planung in *Schaubild 31* uns wichtig erscheinende Reflexionsfragen für die Teamarbeit vorschlagen, die das Team insbesondere für die Reflexion des Gelingens der eigenen Teamarbeit unterstützen können.

1. Schritt: Das Lerngeschehen *(Action/Trial)*	• Was wollten wir erreichen? (Eigene Schwerpunkte, zum Beispiel: inhaltlich, methodisch, bezüglich der Förderung von Kompetenzen bei den individuellen Lernenden, im Team usw.) • Worauf wollten wir besonders achten? (Zeitmanagement, die Förderung bestimmter Kompetenzen, die geteilte Verantwortung im Team für alle Lernenden, Medieneinsatz usw.) • Was wollten wir ausprobieren? (Ein bestimmtes Team-Modell, einen Rollenwechsel, ein bilinguales Lernsetting, eine Feedbackmethode?)
2. Schritt: Rückblick auf das Lerngeschehen *(Looking back)*	• Was genau ist passiert? (Beschreibung der empfundenen Situation aus den einzelnen Perspektiven) • Was wollten wir? Du? Ich? Was hast Du getan/gedacht, was ich? Wie ging es uns dabei? • Was haben unsere Lernenden gewollt, getan, gedacht, gefühlt? (Bezugnahme auf Rückmeldungen der Lernenden)
3. Schritt: Bewusstsein schaffen im Team für wesentliche Aspekte *(Awareness)*	• Welche möglichen Zusammenhänge gibt es zwischen den einzelnen (unterschiedlichen) Antworten auf die vorherigen Fragen? • Welchen Einfluss haben die Rahmenbedingung (der Kontext, die Lernumgebung, das Teamgeschehen, curriculare Vorgaben usw.)? • Welche Bedeutung haben diese Zusammenhänge für mich/für unsere Arbeit im Team? • Welche Diskrepanzen gibt es bzw. welche Erkenntnisse ergeben sich daraus?
4. Schritt: Alternativen im Team entwickeln *(Creating alternatives)*	• Welche Alternativen, Lösungen, Möglichkeiten sehen wir, unsere gewonnenen Erkenntnisse zu nutzen und umzusetzen? • Welche Vor- und Nachteile haben die einzelnen Alternativen? • Was nehmen wir uns für unser nächstes Teamsetting vor? • Wer bringt unsere Vorsätze mit ins nächste Planungstreffen (am: _____)?
5. Schritt: Neuer Versuch *(Action/Trial)*	• Was wollen wir erreichen? (Eigene Schwerpunkte, zum Beispiel: inhaltlich, methodisch, bezüglich der Förderung von Kompetenzen bei den individuellen Lernenden, im Team usw.) • Worauf wollen wir besonders achten? (Zeitmanagement, die Förderung bestimmter Kompetenzen, die geteilte Verantwortung im Team für alle Lernenden, Medieneinsatz usw.) • Was wollen wir ausprobieren? (Ein bestimmtes Team-Modell, einen Rollenwechsel, ein bilinguales Lernsetting, eine Feedbackmethode?)

Schaubild 30: ALACT-Modell für zirkuläre Reflexionsprozesse in Teams (modifiziert nach Korthagen et al. 2001, S. 130)

Reflexionsfrage	Einschätzungen der Teammitglieder
Setzen wir verschiedene Teammodelle hinreichend variantenreich in unseren Lernsettings ein?	
Können wir in unserem Team unsere Stärken, Interessen und Neigungen einbringen?	
Begegnen wir der Heterogenität unserer Lernenden durch eine effektive Teamarbeit, durch die wir die Lernprozesse aller Lernenden auch individualisierend begleiten können?	
Achten wir während unserer Teamarbeit aufeinander?	
Gelingt es uns, zu den Lernenden ein partnerschaftliches Verhältnis aufzubauen?	
Teilen wir die Verantwortung für die Lernprozesse aller Lernenden während des Teamteaching?	
Agieren wir flexibel auf Situationen während unserer Lernsettings?	
Halten wir uns in unseren Lernsettings an gemeinsam entwickelte Regeln und Rituale?	
Folgen wir hinreichend unserem Leitbild und unseren Visionen für eine gute Arbeit?	
Teilen wir die Verantwortung, individuelle Rückmeldungen zu Kompetenzerwartungen und -formulierungen der individuellen Lernenden zu geben?	
Teilen wir die Verantwortung als Lehrende und erleben wir uns als Teamplayer?	

Schaubild 31: Reflexionsfragen für die Umsetzungsanalyse (in Anlehnung an Villa/Thousand/Nevin 2013, S. 170 f.)

5.3.2 Umsetzung des Teamprozesses (Rollen, Kommunikation, Beziehung, Wirksamkeit, Organisation)

Folgende Fragen stehen in der Praxis des Teamteaching bei der Umsetzung des Teamprozesses immer wieder im Vordergrund:

- Was ist vorgesehen, um die Wirksamkeit unserer Maßnahmen zu überprüfen?
- Wer nimmt welche Rolle bei der Evaluation ein?
- Werden nicht nur die Lernenden, sondern wird auch das Teamteaching in die Evaluation einbezogen?

- Wer sorgt dafür, dass ein konkreter Zeitplan für die Evaluation eingehalten wird?
- Werden die Ergebnisse für alle (die Lernenden, das Team) dokumentiert?
- Wird hinreichend mit allen diskutiert, was gut lief und wo es Verbesserungsbedarf gibt?
- Wird dies sofort in einen neuen Plan umgesetzt und weiter durch Evaluation kontrolliert? Welche Konsequenzen ziehen wir aus unseren individuellen Erfahrungen und deren gemeinsamer Reflexionen? Woran möchten wir konkret im Team arbeiten?

Mit einer guten Beziehungsebene in Teams, die sich in Haltungen, Kommunikationsmustern, Beziehungsgeflechten, Rollenmustern usw. widerspiegelt, steht und fällt eine erfolgreiche Teamarbeit. Unbedingt sollte daher auch die Teamphilosophie bzw. die Umsetzung von Teamprozessen und deren Wirksamkeit – auch innerhalb der gesamten Organisation – in Reflexionsprozessen Beachtung finden. Hier stehen nach unseren Erfahrungen in der Evaluation immer wieder folgende Bereiche im Vordergrund:

- *Rollen*: Eine klare Rollenübernahme ist im Rahmen der Team-Modelle oder Planungs- und Reflexionsprozessen wesentlich. Im Team kann in der Reflexion gemeinsam geschaut werden: Wissen wir um unsere Rollen und Verantwortungsbereiche innerhalb des Teams? Können wir in unserer eingenommenen Rolle eigene Stärken, Neigungen und Interessen verwirklichen? Gibt es eine Balance in der Übernahme von Verantwortung innerhalb der Rollen? Wird die Rollenverteilung als gerecht erlebt?
- *Kommunikation*: Die Bedeutsamkeit einer offenen und wertschätzenden Kommunikationskultur haben wir ausführlich als eine Voraussetzung gelingender Teamprozesse diskutiert. Hier sollte in Reflexionsprozessen im Team geschaut werden: Haben wir eine offene Kommunikationskultur in unserem Team und fühlen wir uns frei, unsere Gedanken und Empfindungen zu äußern? Halten wir uns an vereinbarte Kommunikationsregeln? Haben wir Strategien, wie wir mit Konflikten im Team umgehen? Leben wir eine transparente und konstruktive Feedbackkultur in unserem Team?
- *Beziehung*: Die Beziehungsseite innerhalb des Teams spiegelt sich in nahezu allen zu reflektierenden Elementen des Teamprozesses wider. Da wir die Beziehung und die dazugehörige Haltung innerhalb der Teams und in Bezug auf die einzelnen Teammitglieder als das Herzstück von Teamarbeit ansehen, sind die Fragen zur Reflexion dieser Seite in der Evaluation von besonders herausgehobener Bedeutung: Teilen wir die Verantwortungen als Lehrende in allen Phasen der Teamarbeit und erleben wir uns als Teamplayer? Kommen wir gerne zusammen? Erleben wir das Team als sicheren, fördernden, wertschätzenden Ort?
- *Wirksamkeit*: Die Wirksamkeit von Teamprozessen kann auf unterschiedliche Weisen reflektiert werden. Hier spielen die Bereitschaft zur eigenen Reflexion und Weiterbildung eine Rolle: Nehmen wir uns nach dem Teamteaching Zeit, um unsere

Teamarbeit zu reflektieren – inhaltlich, methodisch und auf der Beziehungsseite? Können wir aus unseren Reflexionen Handlungsalternativen ziehen, die wir in zukünftigen Teamsettings umsetzen wollen? Sind wir offen gegenüber Supervisionen und Coachingprozessen, um unsere Teamarbeit stets zu optimieren? Nehmen wir an Weiterbildungen teil, um unsere Arbeit im Team zu verbessern? Sind wir als Team offen gegenüber den Expertisen oder Erfahrungen anderer? Gelingt es uns, positive Ereignisse und Wirkungen hinreichend als Erfolge anzuerkennen und zu feiern? Zelebrieren wir unsere Arbeit im Team und würdigen unsere Erfolge mit unseren Lernenden? Erfreuen wir uns daran, im Team mit unseren Lernenden zu arbeiten? Machen wir auch nach außen auf die Wirksamkeit unserer guten Arbeit aufmerksam? Haben wir ein Interesse daran, die Wirksamkeit unserer Arbeit möglichst weitreichend zu erforschen?

- *Organisation*: Erfolgreiche Teamarbeit gelingt besonders dann, wenn sie in der gesamten Institution sichtbar ist und gelebt wird. Die Reflexion von Teamprozessen in der Organisation können folgende Fragen unterstützen: Vertreten wir unsere Arbeit im Team als positiv und diskutieren ihre Vorteile mit unseren Lernenden, Beteiligten (wie z. B. Eltern), Vorgesetzten und anderen Teams? Äußern wir unsere Bedürfnisse zur Optimierung der Teamarbeit (wie Zeiträume, Weiterbildungsbedarf) gegenüber unseren Vorgesetzten? Teilen wir unsere Erfahrungen als Teammitglieder und unterstützen andere in ihren Teamvorhaben?

Anhand der Einstiegsfragen zu Beginn dieses Kapitels und der Fragen zum Teamprozess lassen sich Evaluationen auch hinsichtlich der eher weichen und subjektiven Seiten des Teamteaching gut durchführen. Dazu ist es günstig, dass die Teammitglieder zunächst einzeln die Fragen für sich beantworten und dann in einen gemeinsamen Austausch gehen. Grundlage sollten immer erhobene Daten und Ergebnisse von allen Beteiligten sein. Für Rückmeldeprozesse bezüglich der Teamprozesse kann auch der folgende Bogen in *Schaubild 32* als ein Beispiel dienen, um kontinuierlich Wahrnehmungen und Ergebnisse zur Umsetzung regelmäßig (z. B. im Wochenturnus) besonders in Anfangsphasen des Teamteaching zu erheben. Auch hier schlagen wir vor, den Bogen zunächst für sich selbst auszufüllen, um dann in einem gemeinsamen Treffen auf dieser Basis zu reflektieren: Was sind ähnliche Einschätzungen in unserem Team? Wo finden wir Unterschiede? Wo kommt es zu unterschiedlichen Einschätzungen? Wie können wir alle subjektiven Ergebnisse hinreichend wertschätzen? Was bedeuten unsere Annahmen für die weitere Arbeit?

Team: Wöchentlicher Reflexionsbogen

Bitte den ausgefüllten Bogen bis _____ (ein Tag vor dem nächsten Teammeeting) per E-Mail ans Team zurücksenden/im Team-Wiki hochladen.

Name: _____

Woche: _____

Datum: _____

- Was war für mich während des Teamteaching ein »Aha«-Moment während dieser Woche? Wann habe ich mich am wohlsten gefühlt? Wann konnte ich meine Fähigkeiten am besten einbringen?
- Was war meine größte Herausforderung im Rahmen dieser Woche? Gab es einen Moment, in dem ich mich entmutigt oder nicht mehr handlungsfähig fühlte?
- Könnte ich diese Woche noch einmal erleben – was würde ich anders gestalten? Was ändere ich, wenn ich an das Feedback und das Lernverhalten meiner Lernenden denke?
- Worauf bin ich in dieser Woche besonders stolz? In Bezug auf das Lernen der Lernenden? In Bezug auf die Arbeit im Team?
- Welche Teamteaching-Ansätze haben wir in dieser Woche eingesetzt?

A) In der Gesamtgruppe: • *Eine/r* unterrichtet und führt, *eine/r* beobachtet, • *Eine/r* unterrichtet und führt, *eine/r* assistiert, • *Eine/r* unterrichtet und führt, *eine/r* fördert differenziert, • *Mehrere* unterrichten, führen, assistieren und fördern.	Wer leitete? • Ich ❏ • Mein/e Teamkollege/in ❏ • Wir gemeinsam ❏ Wer plante? • Ich ❏ • Mein/e Teamkollege/in ❏ • Wir gemeinsam ❏
B) In Kleingruppen: • Stationen (Lernzentren) • Paralleles Lehren • Alternatives Lehr-Lernsetting	Wer leitete? Wer plante? • Ich ❏ • Mein/e Teamkollege/in ❏ • Wir gemeinsam ❏

Fragen, die ich mir im Laufe der Woche stellte: _____

Hier brauche ich beim nächsten Mal Unterstützung: _____

Was brauche ich?: _____

In der nächsten Woche würde ich gerne, dass mein Teammitglied _____
auf folgendes achtet und mir eine Rückmeldung, z. B. zu folgenden Schwerpunkten, geben soll:
- Teamteaching-Planungen
- Meine Rolle im Teamprozess
- Feedback an die Lernenden
- Differenzierungsangebote im Lerngeschehen
- Meine Beziehungsseite zu den Lernenden (z. B. Partizipationsmöglichkeiten, lerngerechte Sprache)
- Anderes …

Schaubild 32: Teamteaching: Wöchentlicher Reflexionsbogen (in Anlehnung an Villa/Thousand/Nevin 2013, S. 152)

Für die Teamdiskussion solcher Ergebnisse empfehlen wir, kreative Methoden zu nutzen. Edward de Bono (1990) hat beispielsweise sechs Denkhüte entwickelt, die in Diskussionen von verschiedenen Gruppenmitgliedern »aufgesetzt« werden können:

(1) Der *weiße Hut* steht dabei für analytisches Denken. Die Person, die diesen Hut einnimmt, konzentriert sich auf organisatorische Anforderungen und wie sie im Team erreicht werden.
(2) Der *rote Hut* steht für die emotionale Seite. Die Person, die diesen Hut aufzieht, konzentriert sich auf Gefühle und Empfindungen der Teammitglieder und vertritt sie in der Diskussion.
(3) Der *schwarze Hut* steht für das kritische Denken. Die Person, die dieses Denken vertritt, konzentriert sich in der Diskussion auf die Risikobetrachtung. Sie äußert Probleme, Kritiken und Ängste, die sich im Team zeigen.
(4) Der *gelbe Hut* steht für Optimismus. Die Person, die diesen Hut aufzieht, konzentriert sich auf die positiven Seiten in allen Aktionen und vertritt in der Diskussion eine visionäre Sicht (*think big*).
(5) Der *grüne Hut* steht für die kreative Seite. Die Person, die diesen Hut aufsetzt, übernimmt die Position neuer Ideen für den Prozess.
(6) Der *blaue Hut* steht für Ordnung, das moderierende Denken. Die Person, die diesen Hut aufzieht, behält den Gesamtüberblick über das Vorhaben und die Prozesse.

Nach de Bono können die sechs Denkhüte auch als Methode zur Verbesserung der Kommunikation in einer Gruppe eingesetzt werden. Durch die Übernahme verschiedener Perspektiven kann innerhalb des Teams eine Perspektivenvielfalt eingenommen und gefördert werden, die eine zu starre oder unproduktive Rollenübernahme verschiedener Teammitglieder aufbrechen lässt.
Wenn mit den Denkhüten oder anderen Methoden gearbeitet wird, dann sind die folgenden Fragen und Ergebnisse zum Teamprozess auf der Basis von Reflexionsbögen oder anderen Daten immer wieder wesentlich:

- Wie messen wir unsere kommunikativen und kooperativen Erfolge im Teamteaching?
- Wie erfassen wir Schwierigkeiten im Teamteaching?
- Schaffen wir es hinreichend, alle Teammitglieder in den Teamprozess zu integrieren und anerkennend, respektvoll, wertschätzend und verantwortungsvoll einzubeziehen?
- Sind die Aufgaben im Team gerecht verteilt?
- Halten sich alle an die gemeinsam erarbeiteten Teamregeln?
- Welche Konsequenzen gibt es bei Verstößen?
- Gibt es ein effektives Konfliktmanagement im Team?

5.3.3 Feedbackkultur (Wann, Wie, Wie oft, Konsequenzen)

Eine gut implementierte Feedbackkultur ist nicht nur für die Lernenden notwendig (Kapitel 4.3.6), sondern auch für das Team in der Organisation bzw. Institution wesentlich. Dabei können Rückmeldungen zu unterschiedlichen Bereichen gegeben werden, zum Beispiel zu Planungsprozessen, zu methodischen Aspekten, allgemein zur Zusammenarbeit oder der Kommunikation im Team, zur Umsetzung von Teammodellen im konkreten Lernsetting usw. Zentral ist hierbei, dass aus den Rückmeldungen immer auch Konsequenzen gezogen werden. Feedback in der Evaluation hat die Funktion, Teamprozesse zu optimieren. Eine offene Feedbackkultur ist immer ein Kern gelingender Teamarbeit im Teamteaching. Allein durch offene Rückmeldungen kann aufgezeigt werden, was im Team gut läuft und woran weiter gearbeitet werden muss.

Wie oft Feedbackschleifen eingeplant werden, hängt sowohl von den zu gestaltenden Lernprozessen, den Voraussetzungen der Lernenden als auch den bisherigen Erfahrungen mit dem Teamteaching ab. Wollen sich die Teammitglieder beispielsweise in ihren Rollen während des Lernsettings Rückmeldungen geben, eignen sich regelmäßige Zeitfenster direkt nach einer Lerneinheit. Möchten sie die Effektivität von Planungstreffen erhöhen, bietet es sich an, zu Beginn die formulierten Ziele auf der Metaebene zu wiederholen, und im Anschluss an die jeweiligen Planungen zu reflektieren, ob und wie das Team die Vorsätze umsetzen konnte und was für das nächste Mal zu verändern ist.

Wichtig ist es immer, bewusst und in gemeinsamer Absprache Zeiträume für Feedbackprozesse einzuplanen. Teams sollten konkrete Zeiträume diskutieren, wann sie sich Zeit für Feedbackprozesse nehmen möchten. Grundsätzlich führt Perez (2012, S. 50) als Erfolgsstrategie, die auch wir bestätigen können, an, eine Regelmäßigkeit im Feedbackprozess zu beachten. Die folgenden Tipps erscheinen uns dabei als hilfreich:

- Täglich sollten Teammitglieder kurz Teamaktivitäten reflektieren,
- am Ende einer Woche sollte das Team auf die Teamaktivitäten schauen und sich gegenseitig über den Verlauf ein Wochenfeedback geben,
- Rollen und Verantwortlichkeiten müssen in regelmäßigen Abständen überdacht und reflektiert werden,
- genügend Raum für Anerkennungen im Teamprozess durch Lob ist zu berücksichtigen,
- es ist notwendig, sich gegenseitig im Teamteaching zu beobachten und sich zu allen Auffälligkeiten eine Rückmeldung zu geben,
- es ist günstig, Mitglieder anderer Teams zu bitten, regelmäßig während eines Teamteachings zu hospitieren und Feedback an das gesamte Team zu geben,
- grundsätzlich ist eine wertschätzende, offene und ehrliche Kommunikationskultur im Team zu pflegen.

Wenn Feedback in dieser Form realisiert wird, dann wird es zu einem guten Problem-Lösungs-Tool, weil durch Feedback nicht nur Probleme, sondern zugleich auch Strategien zur Lösung sichtbar werden.

- *Multiples Feedback:* Teams sind in der Regel immer auch Teil einer größeren Organisation bzw. Institution. Innerhalb von Führungskräfte-Entwicklungsprozessen haben sich in den letzten Jahren Methoden wie das 360-Grad-Feedback etabliert (z. B. Lepsinger/Lucia 2009). Ziel dieser Methode ist es, die Leistungen bzw. Kompetenzen von Fach- oder Führungskräften aus unterschiedlichen Perspektiven – Vorgesetzten, Kolleginnen, Mitarbeitern, externen Personen usw. – zu erheben. Diese Methode können auch Teams anwenden und für eine umfassende, perspektivenvielfältige Rückmeldung zur Effektivität und Wahrnehmung der Teamarbeit nutzen. Verschiedene Personen und Gruppen sind dann zum Feedback aufgefordert. Dazu gehören die Lernenden, Verwaltungskräfte, Leitungspersonal betroffener oder beteiligter Bereiche (wie z. B. der Berufe, die die Lernenden beschäftigen sollen), Eltern usw.
- *Gemeinsame Feedback-Phase:* Feedback wird sehr oft nur in Kurzform eingeholt, was für kurze Rückmeldungen auch sinnvoll sein kann. Kurze Methoden sind für eine regelmäßige »Abfrage« gut einzusetzen, um Tendenzen der Lerngruppe einzufangen. Sie lösen aber tiefergehende Gespräche und Analysen über die Lernprozesse und Teamarbeit nicht ab. Dazu sind immer wieder Methoden wie Brainstorming in Kombination mit Moderationen wichtig, um einerseits alle Lernenden oder Teammitglieder in Auswertungen zu Wort und schriftlichen Äußerungen kommen zu lassen, andererseits aber auch zu erfassen und zu diskutieren, wie die Situation aus der Sicht der gesamten Gruppe beurteilt wird. Ein Vorteil dieser Vorgehensweise ist, dass die Teammitglieder mit der Lerngruppe im Anschluss an solche Reflexionen Entscheidungen zum weiteren Vorgehen treffen können. Durch die Partizipation der Lernenden werden dabei ein hohes Einverständnis und eine gute Transparenz erlangt. Für die Teammitglieder ist es auch günstig, sich regelmäßig über Feedbackbögen, wie z. B. in *Schaubild 33* gezeigt, auszutauschen:

Feedbackbogen der Teammitglieder

Um unsere Teamprozesse zu optimieren, möchten wir die Umsetzung der Teamarbeit im bisherigen Verlauf erfassen. Dafür sind Erfahrungen und Meinungen aller Teammitglieder wichtig. Wir bitten alle Teammitglieder eine Einschätzung anhand der folgenden Bewertung abzugeben:
1 = ich stimme gar nicht zu
2 = Ich stimme nicht zu
3 = neutral
4 = Ich stimme zu
5 = ich stimme sehr zu

	1	2	3	4	5
1. Die Arbeit in unserem Team sollte weitergeführt werden.					
2. Begabte Lernende lernen effektiver in Teamteaching-Settings.					
3. Das Verhalten aller Lernenden ist besser in unserer Team-Klasse als in traditionellen Lernumgebungen.					
4. Unser Teamteaching bietet eine gute Lernumgebung für alle Lernenden.					
5. Ich fühle mich in meiner Rolle und den Verantwortlichkeiten als Lehrkraft durch mein Team gestärkt und entlastet.					
6. Die Kommunikation im Team gelingt uns gut.					
7. Ich kann meine Interessen und Stärken in unserem Team einbringen.					
8. Ich fühle mich gleichberechtigt in unserem Team.					

Das möchte ich gerne noch in Bezug auf die Erfahrungen des Teamteaching anmerken:

Schaubild 33: Feedbackbogen aus Perspektive der Teammitglieder (in Anlehnung an Beninghof 2012, S. 46)

Um vonseiten der Lernenden ein Feedback am Ende einer Lerneinheit oder in einem Zwischenstopp zu erhalten, möchten wir auch auf Kurzmethoden in Form von *Feedbacks to go* eingehen, die schnell eingesetzt werden können:

- *Feedbackbögen für Lernende,* wie im *Schaubild 34,* helfen, die Auswertungen auf Einzel- und Gruppenergebnisse zu beziehen.

Feedbackbogen für Lernende					
1 = ich stimme gar nicht zu 2 = ich stimme nicht zu 3 = neutral 4 = ich stimme zu 5 = ich stimme sehr zu					
Bitte kreuzen Sie/kreuze an, wie Sie/Du die folgenden Aspekte einschätzen/einschätzt:					
	1	2	3	4	5
1. Ich finde es gut, von mehreren Lehrkräften unterrichtet zu werden.					
Begründung Deiner/Ihrer Einschätzung (Stichwörter):					
2. Ich erhalte mehr Unterstützung in meinem Lernprozess durch mehrere Lehrkräfte.					
3. Alle Lernenden werden gleich behandelt.					
4. Ich mag die Abwechslung im Lerngeschehen.					
5. Ich kann gut mit den Materialien im Lernsetting arbeiten und werde dabei vom Team unterstützt. Ich wünsche mir hier:					
6. Die Medien veranschaulichen die Inhalte gut und verständlich. Ich wünsche mir hier:					
7. Ich selbst kann aktiv meinen Lernprozess mit steuern.					
7a. Dabei werde ich von dem Lehrenden-Team gut begleitet und unterstützt.					
7.b Ich erhalte regelmäßige und klare Rückmeldung zu meinem Lernprozess aus dem Team.					
8. Meine Rückmeldungen werden vonseiten des Teams wahrgenommen und umgesetzt.					
9. Ich hätte gern auch mehrere Lehrkräfte in anderen Seminaren/Unterrichtsstunden.					
Das möchte ich gerne noch anmerken:					

Schaubild 34: Feedbackbogen für Lernende (in Anlehnung an Beninghof 2012, S. 43)

- *One Minute Paper*: Die Lernenden werden gebeten, auf ein (leeres) Blatt alle positiven Rückmeldungen aufzuschreiben: Was hat mir gefallen? Was habe ich verstanden? Wo habe ich mitarbeiten können? Was ist mir leicht gefallen? Auf der Rückseite werden alle kritischen oder unklaren Gedanken festgehalten: Was hat mir nicht gefallen? Wo hatte ich Verständnisschwierigkeiten? Woran habe ich mich nicht beteiligen können? Was hat mich wenig berührt?. Eine Auswertung kann sofort erfolgen oder am Beginn des nächsten Treffens, wobei die Auswertung entweder ein Teammitglied oder jemand aus der Lerngruppe vornimmt. Danach erfolgt die Interpretation der Rückmeldungen und die Erarbeitung von Vorschlägen für etwaige Konsequenzen: Was können wir beim nächsten Mal anders machen?[42]
- *Blitzlicht*: Reihum äußern die Lernenden mit einem Satz ihre Empfindungen zur Lerneinheit, zum Einstieg, zu den Methoden, Medien und Materialien. Hier können die Lernenden selbst Schwerpunkte setzen: Was ihnen leicht gefallen ist in der Lerneinheit, wo sie Unterstützungsbedarf hatten und was sie sich in Zukunft wünschen.[43]

5.3.4 *Fallbezogene Arbeit und kollegiale Beratung*

Das Modell der fallbezogenen Arbeit und kollegialer Beratung kann als eine Grundvoraussetzung gelingender Teamarbeit angesehen werden. Es steht für eine offene und wertschätzende Feedback- und Rückmeldekultur, die sich realistisch in Teams einsetzen lässt. Dies ist besonders wichtig, weil auch multiprofessionelle Teamarbeit, wie Kreitz-Sandberg (2011, S. 190) beschreibt, immer in der Gefahr steht, eine isolierte Betrachtung von Problemen über und mit Lernenden zu fokussieren. Das fallbezogene Arbeiten und die kollegiale Beratung können hier als Beratungsmethoden dazu dienen, Problemzuschreibungen aus subjektiven Einschätzungen und Zuweisungen zu lösen, sich stärker im Team für »verobjektivierende« Sichtweisen zu öffnen und eine gemeinsame Verantwortungsübernahme zu fördern.

Die kollegiale Beratung ist dabei als eine Beratungsform anzusehen, die vonseiten der Beratungsgruppe selbst gesteuert wird – anders als beispielsweise in Supervisionsprozessen, in denen externe Beratungskräfte die Gruppe anleiten (Schnebel 2007, S. 112). Es werden dabei unterschiedliche Ansätze kollegialer Beratung unterschieden – z. B. »Kollegiale Beratung und Supervision« (Schlee 2004), »Kollegialer Supervision oder Praxisberatung« (Rotering-Steinberg 1990), denen allen gemeinsam ist, dass »ein symmetrisches Verhältnis zwischen allen Teilnehmerinnen und Teilnehmern gegeben ist« (Schnebel 2007, S. 112) –, die dabei helfen, die Ressourcen des Teams für Lösungen umfassend zu nutzen. Das geht allerdings nur, wenn das Team, wie wir in

---

42 Siehe auch Reich (Hrsg.): Methodenpool. Materialien zu Feedback online unter: www.methodenpool.uni-koeln.de/download/feedback.pdf, S. 13 (Abruf: 09.03.2016).
43 Siehe weitere Methoden in Kricke/Schindler (2012) und Kölner Methodenpool unter www.methodenpool.uni-koeln.de/feedback/frameset_feedback.html (Abruf: 09.03.2016).

Kapitel 4 beschrieben haben, auch tatsächlich dazu in der Lage ist, auf einer geklärten Beziehungs- und Inhaltsgrundlage zu handeln.

In der kollegialen Beratung werden Fälle aus der gemeinsamen Praxis herangezogen und gemeinsam betrachtet. Als Grundmerkmal dieser Methode betont Jörg Schlee (2004, S. 22), dass sich die Mitglieder der Beratungsgruppe durch eine hohe Motivation, sich gegenseitig zu unterstützen und zu helfen, auszeichnen. In den Fällen werden schwierige Situationen aus der Praxis im Team betrachtet. Es wird gemeinsam nach Lösungen geschaut und an Bewältigungsstrategien gearbeitet. Dazu gibt es für die kollegiale Fallberatung verschieden entwickelte Verfahren, die für die selbstständige Umsetzung in Teams spezifische Leitfäden bereithalten.

An dieser Stelle möchten wir mit *Schaubild 35* ein bewährtes Modell kollegialer Beratungen anführen, das Reich (2014, S. 305) in Anlehnung an Tietze (2003/2010) zur Übersicht der Phasen einer klassischen kollegialen Fallberatung anführt. Dieses Beispiel für kollegiale Beratungsformen lässt viel Spielraum für individuelle Fälle aus der Teampraxis und kann in unterschiedlichen Bereichen Einsatz finden.

Zusätzlich wollen wir auf das Modell »Kommunikative Praxisbewältigung in Gruppen« (kurz: KOPING) nach Schmidt/Wahl (2008) und Wahl (1991) verweisen. Das entwickelte Modell kombiniert die Arbeit in Tandems und Kleingruppen und ist daher aus unserer Sicht ein besonders geeignetes im Einsatz als kollegiales Praxisberatungsinstrument.[44] Reich (2014, S. 307) hat im Zusammenhang kollegialer Beratungen und Fallarbeiten eine Reihe von Methoden skizziert, die sich im Rahmen kollegialer Fallberatungen anwenden lassen. Sie lassen im Einzelfall eine große Vielfalt an Handlungs- und Reflexionsmöglichkeiten zu.

---

44 Eine ausführliche Praxisbeschreibung dieses Modells findet sich in dem Online zur Verfügung Artikel »Kommunikative Praxisbewältigung in Gruppen (KOPING)« von Eva-Maria Schmidt und Diethelm Wahl (2008).

Phase	Akteure	Inhalte	Prozess
Rollenverteilung	Moderator/in, Berater/innen, Fallerzähler/in werden bestimmt.	Die Fallerzähler/in, die ausgewählt wird, bestimmt den Inhalt.	Sinnvoll ist ein Einstieg, der vorhandene Bedarfe, Fälle und Rollen klärt.
Fallbeschreibung	Der Fall wird in all seinen wichtigen Einzelheiten anschaulich erzählt.	Nachfragen ermöglichen ein Verständnis für alle.	Die Moderation der Fallerzählung sichert Verständnis und Zeitplanung ab.
Schlüsselfrage	Eine Schlüsselfrage zum Fall wird lösungsorientiert gesucht.	Es gibt eine Schlüsselfrage als Auswahl unter möglichen Fragen.	Die Fallerzähler/in sucht eine Schlüsselfrage unter Beteiligung der Moderation und der Teilnehmer/innen.
Methodenwahl	Gemeinsam werden geeignete Methoden zur Fallbearbeitung gesucht und auf den Fall durch die Berater/innen angewandt. Zugleich wird ein Reflecting Team zur Spiegelung des Prozesses gebildet.		
Beratung	Berater/innen geben Feedback, Moderator/in strukturiert; Fallerzähler/in hört zu.	Anregungen zu einer neuen, lösungsorientierten Sicht auf den Fall werden gegeben.	Einzelne Methoden zur Fallbearbeitung können bei Bedarf wechseln, Moderator/in strukturiert.
Abschluss	Fallerzähler/in fasst mögliche Lösungen zusammen und nimmt Stellung.	Es gibt keine absolut richtigen, sondern stets nur möglich passende Lösungen.	Abschließend wird diskutiert, was gemeinsam aus dem Fall gelernt werden kann.

Schaubild 35: Phasen der Fallberatung (aus Reich 2014, S. 305)

Die Ziele kollegialer Beratungen zeigen einen engen Bezug zur Förderung von Teamideen und einem Handeln in enger Zusammenarbeit. Sie führen Lehrkräfte aus der Isolation heraus und hinein in eine offene Teamkultur. Gefördert werden dabei insbesondere (Schnebel 2007, S. 112):

- Ein Gruppengefühl, das der Isolation entgegenwirkt,
- Interaktions- und Kommunikationskompetenzen, indem kommunikative Handlungsmuster für die Zusammenarbeit im Team angewandt werden; hier ist darauf zu achten, dass sich alle Beteiligten an Kommunikationsregeln halten, Rückmeldungen sollten daher auch im Anschluss an kollegiale Beratungen zu Kommunikations- und Moderationsverhalten der Teammitglieder gegeben werden,
- das Erkennen blinder Flecken durch das Bewusstwerden eigener bzw. gemeinsamer Probleme im Berufsalltag, im Lerngeschehen und in der Teamarbeit,
- regelmäßige Reflexionen des eigenen und des gemeinsamen pädagogischen Handelns durch methodisch angeleitete Settings im Team,

- die Perspektiveinnahme auf eigene »Probleme« von Teammitgliedern durch einen transparenten Austausch,
- das gemeinsame Entwickeln von Handlungsalternativen und -strategien, die sich auch realistisch vor dem Hintergrund der Begebenheiten vor Ort umsetzen lassen.
- Abstimmungsprozesse mit der Organisation, der Verwaltung und Leitung.

5.3.5 Äußere Beratung, Supervision, Coaching

Kollegiale Beratung ist für die Organisation und Institution sehr kostengünstig, was aber nicht heißt, dass sie schlecht ist. Sie stößt jedoch dann an ihre Grenzen, wenn das Team aus eigener Kraft keine Lösung finden kann oder der Lösungsprozess zu lange stagniert. Neben Feedbackprozessen und Rückmeldungen aus dem eigenen Team und allen Beteiligten vor Ort, ist es für eine optimierte Teamarbeit sehr fruchtbar, sich auch für äußere Beratungen zu öffnen. Denn ist man Teil einer Organisation bzw. Institution läuft man – mehr oder minder – Gefahr, sich in gewohnten und vertrauten Handlungsmustern zu bewegen, aus denen es schwer sein kann, »auszusteigen«. Bestimmte Handlungsalternativen zu solchen teils unbewussten Routinen können dann schwer vorstellbar werden. Oft wird nicht einmal erkannt, dass hier Ursachen für Probleme, Konflikte und Störungen liegen. Ein Blick von außen ist oft notwendig, um durch eine gemeinsame Arbeit Raum für neue Visionen entstehen zu lassen. In externen Beratungssettings können Fälle aus der Praxis, Konflikte oder Situationen aus dem Teamalltag professionell besprochen und gelöst werden. Die externen Beratungsangebote sollten dabei sowohl auf der Teamebene als auch für individuelle Teammitglieder möglich sein. Gerade wenn Teams neu gebildet werden oder sich die Teamkonstellation innerhalb eines Teams durch neue Mitglieder verändert, können auch Coachingprozesse Teammitglieder in der (neuen) Rollenfindung unterstützen und sie darin begleiten. Neben Teamaufbau-Prozessen können hier auch durch moderierte Beratungen in der Vorbereitung eine Teamphilosophie, Kommunikationsleitbilder oder langfristige Zielsetzungen geplant werden.

Ein weiterer Aspekt, der für externe Beratungen spricht, sind Konflikte in Teamstrukturen, die sich allein nicht mehr lösen lassen. Haben sich die Fronten verhärtet, kann es sein, dass Teams aus dieser Sackgasse alleine nicht mehr herausfinden. Hier können externe Beratungen beispielsweise auch in Form einer Mediation stattfinden (z. B. Weckert et al. 2011). Daran können sich Supervisions-Prozesse anschließen, die zur Optimierung von Prozessen, auch in der gesamten Organisation oder Institution führen können. Strategien können gemeinsam professionell gefunden werden, um Leitbilder oder Zielsetzungen effektiv auf Ebene der gesamten Institution zu realisieren. Gerade an diesem Gedanken kann das Team ansetzen, um vor der Leitung oder der Verwaltungsebene Gelder für äußere Beratungen zu akquirieren. In vielen pädagogischen Bereichen stehen Organisationen und Institutionen leider oft unter einem starken finanziellen Druck, der es ihnen kaum ermöglicht, externe Supervisions- oder

Coachingangebote langfristig wahrzunehmen. Möglichkeiten bieten an Schulen teilweise Landesinstitute oder gemeinnützige Träger, die externe Beratungsangebote an öffentlichen Institutionen ermöglichen (Reich 2014, S. 309f.).

Wenn von außen eine Evaluation zu Teamprozessen und deren Wirksamkeit angefordert wird, sollte generell kritisch darauf geachtet werden, von wem die Evaluation durchgeführt wird und auf welches Interesse welcher Auftraggeber die Erhebung möglicherweise abzielt. Auch hier kann der Finanzaspekt eine entscheidende Rolle spielen. Teamteaching ist auch nicht in allen Institutionen durchgängig – aufgrund solcher finanzieller Engpässe – in hinreichender Qualität umsetzbar.

6. Teams in der Inklusion

6.1 Inklusion als Herausforderung an alle

Mit der UN-Behindertenrechtskonvention aus dem Jahr 2006, die Deutschland 2009 ratifizierte, ist die Diskussion um »Inklusion« mit Verspätung auch ins deutsche Bildungssystem übertragen worden. Im Zuge dieser Debatte steht das deutsche Erziehungs- und Bildungssystem – insbesondere die Regelschule – vor großen Veränderungen. Sind in vielen anderen Ländern, z. B. in Skandinavien, den USA, Kanada, Australien, Neuseeland, Klassen mit heterogenen Lerngruppen einschließlich Menschen mit Benachteiligungen und Behinderungen bereits vor der Ratifizierung gebildet worden, so stellt diese Neuorientierung für das deutsche mehrgliedrige Schulsystem eine ganz besondere Herausforderung dar (u. a. Reich 2012b, 2014; Löser 2013, S. 107).

In der Diskussion um den Begriff Inklusion lassen sich eine Vielzahl von Definitionsversuchen finden. Eine – in Deutschland – häufig zu findende Unterscheidung basiert auf dem Verständnis, dass es sich bei der Inklusion um die Integration von Menschen mit Behinderungen in Schulen oder andere Bereiche des gesellschaftlichen Lebens handelt. Aus der Sicht der UNESCO und im weltweiten Diskurs um Inklusion herrscht jedoch ein weites Verständnis von Inklusion vor, das nicht nur das Zusammenleben, Zusammenarbeiten, Zusammensein von Menschen mit oder ohne Behinderung einschließt, sondern die Inklusion um andere Differenzlinien erweitert (UNESCO 2009) Ein weites Inklusionsverständnis schließt folgende Gruppen ein (Reich 2012b, S. 49):

(1) Ethnokulturelle Gerechtigkeit ausüben und Antirassismus stärken
(2) Geschlechtergerechtigkeit herstellen und Sexismus ausschließen
(3) Diversität in den sozialen Lebensformen zulassen und Diskriminierungen in den sexuellen Orientierungen verhindern
(4) Sozio-ökonomische Chancengerechtigkeit erweitern
(5) Chancengerechtigkeit von Menschen mit Behinderungen herstellen

Reich definiert den Anspruch an Inklusion folgendermaßen: »Inklusion ist umfassender als das, was man früher mit Integration zu erreichen meinte. Sie ist ein gesellschaftlicher Anspruch, der besagt, dass die Gesellschaft ihrerseits Leistungen erbringen muss, die geeignet sind, Diskriminierungen von Menschen jeder Art und auf allen Ebenen abzubauen, um eine möglichst chancengerechte Entwicklung aller Menschen zu ermöglichen« (Reich 2012b, S. 37). In Anlehnung an Booth und Ainscow (2011, S. 9) bedeutet Inklusion, die Partizipation aller Akteurinnen und Akteure in Schulen, weiteren Institutionen, Unternehmen oder Organisationen zu vergrößern. Alle Einrichtungen sind aufgefordert, die unterschiedlichen Hintergründe und Voraussetzungen, Interessen, Erfahrungen, das Wissen und die Fähigkeiten aller Akteurinnen und Akteure verantwortlich zu respektieren und eine hohe Chancengerechtigkeit herzustellen. Booth und Ainscow haben mit ihrem Index für Inklusion ein hervorragendes Instrument geschaffen, um in Erziehungs- und Bildungsinstitutionen zu klären, welche Maßnahmen und Handlungsmöglichkeiten für den Veränderungsprozess auf dem Weg zur Inklusion in gemeinsamer Arbeit beschritten werden sollen.[45] Dies ist grundsätzlich eine Teamaufgabe, wobei die unterschiedlichen Gruppen von Kindern, Schüler/innen hin zu den Eltern und Erziehungsberechtigten, den Lehrkräften, dem weiteren Schulpersonal und den multiprofessionellen Teams beteiligt werden müssen.

Folgt man dem Anspruch, ein inklusives Erziehungs- und Bildungssystem oder eine inklusive Kultur in Unternehmen oder Organisationen zu gestalten, bedeutet dies Veränderungen auf allen Ebenen des Systems. Mit einem inklusiven Anspruch geht ein Veränderungsprozess einher, der sich nicht nur auf die unmittelbare Lernorganisation beschränkt: »Schulische Inklusion ist ein Prozess, der auf die Verschiedenheit der Bedürfnisse aller Lernenden durch Erhöhung der Teilhabe an Bildung, Kultur und Gesellschaft eingeht und den Ausschluss innerhalb und von der Bildung reduziert« (UNESCO 2005, S. 13).

Durch welche Komponenten sich ein solcher Veränderungsprozess hin zu einem inklusiven System – gesellschaftlich oder auch institutionell auszeichnet – dazu lassen sich in der Literatur mittlerweile sehr gute Bausteine finden (insbesondere Booth/ Ainscow 2011; Reich 2012a, 2014). Dabei werden beispielsweise in dem Profil einer inklusiven Lehrkraft, das die European Agency for Development in Special Needs Education (2012, S. 8f.) entwickelt hat, die folgenden Werte und Kompetenzbereiche identifiziert:

(1) *Wertschätzung der Vielfalt der Lernenden:* Die Lehrperson ist der Diversität ihrer Lernenden gegenüber positiv eingestellt.
(2) *Unterstützung aller Lernenden:* Alle Lernenden werden in unterschiedlichen Bereichen – im akademischen, praktischen, sozialen und emotionalen Lernen – gefördert.
(3) *Zusammenarbeit mit anderen:* Kooperation und Kommunikation sind ein zentraler Baustein inklusiver Lehrkräfte. Dabei wird die Zusammenarbeit neben den Eltern auch auf weiteres pädagogisches Personal im schulischen und außerschulischen Bereich bezogen.
(4) *Persönliche berufliche Weiterentwicklung:* Lehrende lernen als reflektierte Praktiker-/innen ein Leben lang.

---

45 Dies spiegelt sich auch in der 2016 erschienenen Studie zur Lehrerkooperation in Deutschland von Richter und Pant (2016, S. 9) wider, die aufzeigt, dass Lehrkräfte an »Schulen mit Inklusionsangebot« ein »starkes Kooperationsverhalten« aufweisen. Dies zeichnet sich nicht nur im gemeinsamen Unterrichten, sondern auch durch weitere Kooperationen aus, wie »die Weitergabe von Material, das Gespräch über die Lernentwicklung mit den Schülerinnen und Schülern und die Erarbeitung von Bewertungsstandards«.

Neben verschiedenen Aspekten, die wichtig für inklusive Settings je nach Kontext sind, zieht sich ein Merkmal wie ein roter Faden durch die Voraussetzungen hindurch: die Notwendigkeit der Teamarbeit und dabei unterstützend die des Teamteaching.

Als grundlegender Fehler im Teamteaching an inklusiven Schulen ist unbedingt zu vermeiden, dass Teamteaching bloß additiv erfolgt. Gerade in traditionell ausgerichteten Teamsettings übernehmen beispielsweise Sonderpädagog/innen eher die Verantwortung für Lernende mit speziellem Förderbedarf und die weiteren Lehrkräfte fühlen sich stärker in der Verantwortung für die »anderen« Lernenden. Hier wird häufig der Illusion von durchschnittlichen Lernenden gefolgt. Auch wenn hier augenscheinlich im Team gearbeitet wird, gibt es dennoch zwei »Typen« Lehrende und zwei »Typen« Lernende. Eine gemeinsame Teamarbeit mit geteilter Verantwortung ist dann kaum noch gegeben. Da, wo die sonderpädagogische Fachkraft den Regelunterricht in integrativen Lernumgebungen in der Regel unterstützt und speziell Verantwortung für besondere Lernende übernimmt, tritt in einem umfassenderen inklusiven Verständnis die Arbeit in multiprofessionellen Teams auf. Für ein inklusives Verständnis, in dem alle Lernenden in Lerneinrichtungen willkommen sind, übernehmen *alle* Lehrenden und sonstigen Beteiligten Verantwortung für *alle* Lernenden (siehe als praktisches Modell auch Reich/Asselhoven/Kargl 2015).

6.2 Teamteaching als Notwendigkeit in der Inklusion

Nach den Standards der Inklusion ist es wesentlich, dass sich alle Beteiligten in inklusiven Lernumgebungen grundsätzlich auf eine heterogene Lerngruppe einstellen und mit einer Diversität von Vorkenntnissen, Voraussetzungen, Einstellungen, Haltungen usw. rechnen. Dies schließt nicht nur die Lernenden, sondern auch die Lehrenden und Helfenden mit ein. »Diversität gilt notwendig auch für das Team, in dem Lehrende in einer inklusiven Schule arbeiten. Hier hat die Einzelkämpferin im Klassenraum ausgedient, hier funktioniert das autonome Lehrmodell hinter verschlossenen Türen nicht mehr. Da Teamteaching höhere Kosten verursacht, findet es weltweit allerdings weniger und in Deutschland fast gar nicht statt. In der Inklusion jedoch wird Teamteaching obligatorisch. Hier ist es dann auch sinnvoll, andere organisatorische Einheiten als Klassenzimmer zu bilden, um die Bedingungen für Teamteaching zu erleichtern und Effekte des Teamteaching positiv zu nutzen. Durch Zusammenlegung mehrerer Klassen in einen Stammbereich oder eine Homebase kann ein Lehrteam mit unterschiedlichen Spezialisierungen die Breite der Lernbedürfnisse besser bedienen« (Reich 2014, S. 66).[46]

---

46 Kaum Berücksichtigung findet Teamteaching im deutschen Schulsystem im umfassenden Sinne (Kapitel 2), auch wenn gerade an inklusiv ausgerichteten Schulen vermehrt kooperiert wird (Richter/Pant 2016).

Studien über die Erfolge von Lehrteams gibt es bisher im deutschen Sprachraum wenig. Dagegen ist umfangreich nachgewiesen, dass die Lernenden in Teams deutlich bessere Ergebnisse erzielen (Hattie 2009, S. 186f.). Von 2003 bis 2008 nahmen zwölf Schulen am Modell »Lehrer im Team« der Robert Bosch Stiftung teil. Zu den Ergebnissen heißt es: »Entscheidend für die Wirkung des Programms ›Lehrer im Team – Qualitätsentwicklung an der Schule‹ ist insbesondere die Kombination von drei Faktoren: Erstens: Die Teambildung darf nicht als Selbstzweck angesehen, sondern muss immer wieder erneut auf das Ziel der Verbesserung des Unterrichts fokussiert werden. Zweitens: Auf dem Hintergrund dieses gemeinsamen Ziels muss dem besonderen Entwicklungsrahmen jeder Einzelschule Rechnung getragen werden. Drittens: Die Förderung muss komplex angelegt sein und auf verschiedenen Handlungsebenen gleichzeitig ansetzen – auf den Ebenen der Schulleitung, der Steuergruppe, der Gesamtkonferenz und der Einzelkollegen – sowie enge Abstimmungen zwischen den Handlungsebenen gewährleisten« (Reich 2014, S. 67). Die Ergebnisse der Studie zu kooperativen Arbeitsbeziehungen bei Lehrkräften der Sekundarstufe I (Richter/Pant 2016, S. 7) zeigen, dass »die Zusammenarbeit in Schulen mit Inklusionsangebot besonders ausgeprägt ist«.

Die in diesem Buch erörterten Aspekte der Teamarbeit und des Teamteaching gelten in der Inklusion als notwendige Mindeststandards, denn die inklusive Herausforderung ist nach den alten Modellen eines *One-size-fits-all*-Unterrichtens durch einzelne und relativ autonome Lehrkräfte nicht mehr zu lösen. Die Frage lautet deshalb an dieser Stelle nicht, sollen wir in der Inklusion Teamteaching einführen, sondern nur »Wie können wir Teamteaching so organisieren, dass die Lernenden und auch wir davon profitieren«? Dazu können die in diesem Buch zusammengetragenen Konzepte hilfreich sein.

6.3 Multiprofessionelle Teams

In einer inklusiven Lernumgebung wirken sehr unterschiedliche Menschen, die miteinander interagieren, um eine möglichst chancengerechte, sichere, motivierende und anregende Lernumgebung zu gestalten. Dabei ist nicht nur die Lerngruppe stets heterogen, sondern auch das Team, das aus Lehrkräften, Sozialarbeiter/innen, Schulpsycholog/innen, Ganztagskräften, Assistenzhelfer/innen und weiteren Beteiligten besteht. »Hier wollen Menschen sich gemeinsam und doch unterschiedlich entwickeln, miteinander leben und arbeiten, um bestimmte gemeinsame und auch wieder individuell unterschiedliche Ziele, Wünsche, Perspektiven und Chancen zu erfüllen und eine Zeit miteinander in kleiner Öffentlichkeit zu verbringen, die Entwicklungen, Wachstum, Veränderungen in wünschenswerte Richtungen auch für private Bedürfnisse gestatten« (Reich 2014, S. 83). In der Inklusion ist die Annahme zentral, dass die »Zusammenarbeit und Arbeit im Team […] wesentliche Ansätze für alle Lehrkräfte« darstellen (European Agency for Development in Special Needs Education 2012, S. 18).

Das Teamverständnis wird in inklusiven Profilen über die klassische Kooperation zwischen Lehrkräften untereinander erweitert. Betont werden die Zusammenarbeit mit Eltern und Familien und die Zusammenarbeit mit außerschulischen pädagogischen Fachkräften aus dem Bildungsbereich. Danach werden als inklusive Einstellungen und Überzeugungen wichtig (European Agency for Development in Special Needs Education 2012, S. 18):
- »das Bewusstsein für den Mehrwert der Zusammenarbeit mit Eltern und Familien;
- die Achtung der kulturellen und sozialen Hintergründe und der Sichtweisen der Eltern und Familien;
- das Verständnis, dass die Verantwortung für eine effiziente Kommunikation und Zusammenarbeit mit Eltern und Familien bei der Lehrkraft liegt.«

Als Wissensbereiche und Verständnis werden in diesem Kompetenzbereich die folgenden beschrieben:
- »inklusiver Unterricht basiert auf einem kooperativen Arbeitsansatz;
- die Bedeutung von positiven Kompetenzen im zwischenmenschlichen Bereich;
- den großen Einfluss zwischenmenschlicher Beziehungen auf das Erreichen von Lernzielen.«

Abschließend werden in dem Profil inklusiver Lehrkräfte Kompetenzen dargestellt, die für die Arbeit in multiprofessionellen Teams und mit dem Elternhaus als zentral beschrieben werden:
- »die Fähigkeit, Eltern und Familien effektiv in die schulische Bildung ihrer Kinder einzubeziehen;
- die Fähigkeit zur effektiven Kommunikation mit Eltern und Familienmitgliedern, die unterschiedlichste kulturelle, ethnische, sprachliche und soziale Hintergründe haben.«

Auch Blecker und Boakes (2010) schildern für einen gelingenden Inklusionsprozess die Bedeutsamkeit von Kooperationen von Lehrkräften mit Eltern und die Arbeit in multiprofessionellen Teams. Dazu zählen sie die Entwicklung kollaborativer Beziehungsarbeit zwischen Regel- und Sonderpädagog/innen, Lehrkräften und Eltern, Lehrkräften und Spezialisten aus dem Bildungsbereich, Lehrkräften und Para-Professionals (Kricke 2015). Es sind in der Zusammenarbeit verschiedener Professionen keine Grenzen gesetzt. Villa/Thousand/Nevin (2013, S. 21) ziehen in diesem Zusammenhang eine Analogie zur internationalen und multikulturellen Welt, in der wir leben: Teamteaching kennt keine Begrenzung in der Zusammensetzung von Teammitgliedern, sondern benötigt auch hier Heterogenität. Stähling/Wenders (2015) zeigen am Beispiel der inklusiven Schule in Berg Fidel wie ein umfassendes inklusives Setting in einem multiprofessionellen Team konkret gelingen kann. Sie weisen dabei auch auf, an welche bürokratischen Hürden solche Teams in Deutschland noch stoßen.

Nach Reich (2014, S. 90 ff.) setzen sich multiprofessionelle Teams vorrangig aus folgenden Gruppen in inklusiven Lernumgebungen zusammen:

- *Lehrkräfte:* Sie zeichnen sich durch verschiedene Fächer und dahinter stehende fachwissenschaftliche und fachdidaktische Studien aus, wobei in Deutschland ein Mangel an Grundlagenausbildung in den Bereichen Erziehung, Kommunikation, Diagnostik, Unterrichten, Beurteilen, Inklusion mit sonderpädagogischen Grundlagen, Entwicklungspsychologie, pädagogische Psychologie nach Umfang, Breite und Tiefe der Ausbildung zu beobachten ist. Damit fehlen den Lehrkräften in inklusiven Lernumgebungen notwendige Vorkenntnisse, die sie sich in Weiter- und Fortbildungen oft erst mühsam erarbeiten müssen. Da die Universitäten in der Lehramtsausbildung sehr fachorientiert vorgehen, ist eine notwendige Änderung in diesem Feld, wie sie international längst Standard ist, in naher Zukunft leider kaum zu erwarten. Hier sehen wir einen entscheidenden Handlungsbedarf, um angehenden Lehrkräften vorbildhafte Team-Modelle bereits während der eigenen Ausbildung zu bieten.
- *Sonderpädagog/innen:* Sie gelten auch als Lehrkräfte und haben neben einer sonderpädagogischen Grundausbildung (in der Regel zwei Schwerpunkte aus den sonderpädagogischen Fächern) zudem eine fachliche Ausbildung in zwei Unterrichtsfächern. In der Inklusion wird von ihnen oft erwartet, dass sie alle Fälle bearbeiten können, aber ihr Studium ist auf zwei Schwerpunkte konzentriert, und ihnen fehlt oft die Kenntnis über ihnen nicht vetraute Arten von Behinderungen. Andere Länder bilden mittlerweile alle Lehrkräfte umfassend in inklusiven Grundlagen aus, so dass angemessener in der Breite inklusiv gearbeitet werden kann.
- *Sonderpädagogische und fallbezogene Expertise:* Selbst qualifiziertes Lehrpersonal (z. B. in bestimmten sonderpädagogischen Schwerpunkten) kann nicht immer genug diagnostische Expertise oder ein hinreichend abgesichertes Vorgehen ohne zusätzliche Beratung entwickeln. Hierfür muss es klare Ansprechpartner/innen von außen geben, die eine entsprechende Qualifikation aufweisen. Die Einführung von Regionalen Beratungszentren, in denen alle Beteiligten eine Anlaufstelle zur Diagnose und Beratung erhalten, ist ein geeigneter Weg. Wichtig erscheint es, die Expertise nicht alleine in der Sonderpädagogik der Schule zu sammeln, sondern eine zentrale Anlaufstelle in jeder Kommune zu bilden, um unterschiedliche Expertisen für alle möglichen Einzelfälle zu koordinieren. Dies kann nur in hinreichend organisierten Netzwerken gelingen. Es muss auch sichergestellt werden, dass sonderpädagogische Lehrkräfte vor Ort sich weitere Expertise einholen können, da ihre Ausbildung nie alle Felder von Behinderungen und Benachteiligungen abdecken kann.
- *Schulsozialarbeit:* Inklusive Schulen sind immer grundlegend in die soziale Arbeit vor Ort einbezogen. Schulsozialarbeit ist ein wichtiges Feld, um bereits im System Schule die soziale Arbeit neben der pädagogischen einzusetzen, weil es viele Familien mit konkreten sozialen Schwierigkeiten und Benachteiligungen gibt, die die Schüler/innen aus diesen Familien unmittelbar betreffen.

- *Schulpsychologie und schulmedizinischer Dienst:* Insbesondere im Feld der Beratung und Supervision, auch in der Diagnostik im Einzelfall wie für die gesamte heterogene Lerngruppe und die Lehrenden, hilft die Schulpsychologie, um zur Entwicklung eines lösungsorientierten Vorgehens beizutragen. Der schuzlärztliche Dienst kann je nach gesetzlicher Regelung in den einzelnen Bundesländern in Sonderfällen und in Fragen der Prävention zusätzlich zu Rate gezogen werden.
- *Kräfte aus dem gebundenen Ganztag:* Da Deutschland sich erst spät für den Ganztag entschieden hat, gibt es vielfach Personal, das die Ganztagsbetreuung unterstützt – jedoch keine pädagogische Grundausbildung hat. Da dieses Personal oft nur zur reinen Betreuung eingestellt wird, in einer inklusiven Schule jedoch die Betreuung deutlich professioneller und anspruchsvoller abläuft, muss das Personal weitergebildet und in den Schulablauf inkludiert werden. Gleiches gilt für das Personal in der Mensa.
- *Hausmeister/in:* Sie werden oft als Herzstück einer Schule bezeichnet, weil sie für die Organisation vieler alltäglicher Abläufe zuständig sind. Auch sie sind in einem inklusiven Konzept Teil dieses Konzeptes, um die Effektivität aller Maßnahmen zu erhöhen.
- *Therapeut/in:* Für verschiedene physische wie psychische Maßnahmen zum Erhalt oder zur Stärkung der Gesundheit und Persönlichkeit gibt es verschiedene Therapeutinnen und Therapeuten, die regelmäßig in die Erziehungs- und Bildungseinrichtung kommen und hier entsprechende Therapieräume vorfinden sollten.
- *Fachkräfte für Assistenzbedarf:* Einige Menschen mit Behinderungen haben besondere Assistenzbedarfe, die eine inklusive Erziehungs- und Bildungsarbeit begleiten. Sie werden je nach festgestelltem Förderbedarf angefordert und eingesetzt.
- *Lehrer/innen in der Ausbildung:* Bereits vor und während des Studiums haben zukünftige Lehrer/innen die Chance, sich ein Bild von dem Beruf und den Tätigkeiten zu machen. Sie sollten möglichst immer in einem Best-Practice-Modell in einer zeitlich begrenzten Phase mit bestimmten Aufgaben lernen. Gleiches gilt für die Zeit des Referendariats.
- *Besucher/innen:* Erziehungs- und Bildungseinrichtungen neigen dazu, sich als abgeschlossene Institutionen zu entwickeln. Soweit dies dem Schutz der Lernenden dient, ist dagegen auch nichts einzuwenden. Aber zugleich wäre in begründeten Fällen eine Öffnung für Besucher/innen wünschenswert. Hierzu wären immer die Eltern der Lernenden zuzulassen, aber auch interessierte Menschen, die sich ein Bild vom Lehrberuf, von der Einrichtung (z. B. weil ihre Kinder sie später besuchen wollen), von den Möglichkeiten zur Übernahme von Ehrenämtern (für die Einrichtung), vom Rahmen der Bedingungen und Chancen von Inklusion machen wollen.

Auch wenn internationale Forschungsergebnisse die Vorteile multiprofessioneller Teams belegen (z. B. Thornberg 2008), führt Kreitz-Sandberg (2011, S. 190) aus, dass die Forschung in Bezug auf Inklusion zwei zentrale Probleme identifiziert: Erstens, dass »Probleme mit und von Schüler/innen in der gemeinsamen Kommunikation der

Teams meist individualisiert werden«. Die Vorteile der gemeinsamen Verantwortungsübernahme werden hier nicht durchgehend im Sinne der »Inklusion« genutzt. Als zweiten Punkt führt Kreitz-Sandberg aus, dass es gerade in der multiprofessionellen Teamarbeit unterschiedliche Berufsgruppen gibt, die mit »eigenen Vorstellungen« ins Team kommen und dabei häufig eine andere Sprache sprechen.[47] Hier sollte darauf geachtet werden, eine »gemeinsame Sprache zu entwickeln, die von allgemeinen Beschreibungen und Perspektiven geprägt ist und kaum Raum für die spezifischen Kompetenzen lässt«. Tipps für diese Herausforderungen bietet Kapitel 4.

Eine Schwierigkeit im deutschen System ist, dass multiprofessionelle Teams nicht aus einer einheitlichen Bildungslandschaft heraus erwachsen sind, sondern sich im Stückwerk der Zeit nach und nach herausgebildet haben. Dies führt heute dazu, dass selbst bei gleicher Arbeit sehr unterschiedliche Qualifikationen und Bezahlungen vorliegen, was für die Teams eine große Belastung darstellen kann.

Im internationalen Kontext – beispielsweise im finnischen oder schwedischen Schulkontext[48] – sind solche multiprofessionellen Teams im System verankert. So bildet die Begleitung der Lernenden in multiprofessionellen Teams eine Basis des Förderprogramms an finnischen Schulen. Die Teams setzen sich aus Klassen-, Fachlehrer/innen, Assistenzlehrkräften, Schulpsycholog/innen, Sozialarbeiter/innen, Sonderpädagog/innen und teilweise Ärzten/Ärztinnen zusammen, deren Aufgabe es ist, »das psychische, physische und soziale Wohlbefinden« der Kinder und Jugendlichen zu fördern und zudem die »Grundvoraussetzungen für das Lernen« zu sichern (Zentralamt für Unterrichtswesen Finnland 2004, S. 25; siehe auch Kricke 2015, S. 229 f.). In gemeinschaftlicher oder individueller Unterstützung zielt diese Arbeit in multiprofessionellen Teams darauf ab, allen Lernenden eine »sichere Lern- und Schulumgebung zu schaffen, die Psyche zu schützen, einer Ausgrenzung vorzubeugen und das Wohlbefinden der Schulgemeinschaft zu steigern« (Zentralamt für Unterrichtswesen Finnland 2004, S. 25). In der Gemeinschaft sollen vor allem »Rücksichtnahme, Fürsorglichkeit, positive Interaktionen« und »gleiche Lernchancen« (Zentralamt für Unterrichtswesen Finnland 2004, S. 26) gefördert werden. Diese Ziele sind auch in der konstruktivistischen Didaktik – als Vorläufer einer inklusiven Didaktik (Reich 2014) – festgeschrieben: »Für sie [die konstruktivistische Didaktik] ist es vielmehr wichtig, die Lerner auf eine andere Vision, auf ein anderes kollektiv Imaginäres hin zu orientieren: Wechselseitige Hilfe, Rücksichtnahme, das Zusammenwirken unterschiedlicher Fähigkeiten, um zu höheren und besseren Leistungen zu kommen, Förderung und kompensatori-

---

47 Einen Praxiseinblick in die multiprofessionelle Teamarbeit bieten die Schilderungen Marion Hensels, Schulleiterin der Heliosschule – Inklusive Universitätsschule der Stadt Köln in Kricke/Hensel (2016). Hinweise geben auch Albers/Kiehl-Will/Lühmann (2014). Für den englischen Sprachraum siehe z. B. Friend/Bursuck (2014).
48 Ausführungen über die multiprofessionelle Zusammenarbeit an schwedischen Schulen bietet z. B. Susanne Kreitz-Sandberg (2011). Sie betont in ihrem Aufsatz, dass gerade das Erleben von Teamarbeit in Form von »Möglichkeiten und Konsequenzen aus der Lehrerperspektive« (Kreitz-Sandberg 2011, S. 190) noch tiefer erforscht werden muss.

sche Hilfe, Lernen nicht als kognitives, sondern auch soziales und emotionales Lernen, das Zulassen von Unterschieden […], dass stärker integriert denn ausgegrenzt wird« (Reich 2012a, S. 223f.).

Weitere Ziele der multiprofessionellen Teams in Finnland beinhalten das frühe Erkennen und Abbauen von »Lernhemmnissen, Lernschwierigkeiten und anderen mit dem Schulbesuch verbundenen Problemen« (Zentralamt für Unterrichtswesen Finnland 2004, S. 25). Hier wird außerdem festgelegt:

- Wie diese multiprofessionellen Teams zeitlich und inhaltlich genauer aussehen sollen, das wird an jeder Schule individuell im lokalen Lehrplan entschieden.
- Der Teil des Lehrplans, der die Schülerfürsorge beinhaltet, wird gemeinsam mit Sozial- und Gesundheitsbehörden erstellt. Die schulärztliche Betreuung basiert auf dem Volksgesundheitsgesetz und der Erziehungsförderung gemäß Kinderschutzgesetz.
- Werden schülerfürsorgliche/sonderpädagogische Fördermaßnahmen angestrebt, sind zur Planung immer die Lernenden und ihre Eltern einzubeziehen. Die schülerfürsorglichen Förderungen stehen unter höchster Vertraulichkeit und Diskretion, die beteiligten Förderpersonen unterliegen der Schweigepflicht.

An vielen Schulen trifft sich das »Förderteam«, das aus Personen aus den zuvor genannten Berufsfeldern besteht, einmal wöchentlich, um über die Fortschritte und Verläufe geförderter Kinder und Jugendlicher zu sprechen (Kricke 2015, S. 229f.).

In einer ländervergleichenden Studie (Kricke 2015) zwischen dem deutschen und finnischen Schulsystem wurden Lehrkräfte in beiden Systemen bezüglich ihrer Lehrer/innenrolle befragt. Als ein Ergebnis lässt sich für das deutsche Schulsystem festhalten, dass der Auftrag der individuellen Förderung von einem Großteil der Lehrpersonen als deutliche Überlastung und Überforderung beschrieben wird. Sie fühlen sich als Einzelkämpfer/innen häufig mit dieser Aufgabe allein gelassen und nicht genügend für die Aufgabe der Inklusion ausgebildet bzw. vorbereitet. Im Gegensatz dazu beschreiben ihre finnischen Kolleg/innen gerade die Arbeit in multiprofessionellen Teams als große Erleichterung und Gewinn ihrer täglichen Arbeit, um allen Lernenden gerecht zu werden und den individuellen Bedürfnissen aller beggenen zu können. Deutlich wird dies beispielsweise durch den Beitrag eines US-amerikanischen Lehrers, der in seinem Blog »*Taught by Finland*«[49] die Arbeit im multiprofessionellen Team wie folgt auf den Punkt bringt: »Wenn du aus einem Treffen zur Förderung der Lernenden kommst, da fühlst du, dass du nicht der einzige bist, der für die Lernenden verantwortlich ist. Letzte Woche erst hatte ich die Möglichkeit, dieses Gefühl zu erleben« (Kricke 2015, S. 238). Hier wird offenkundig, wie entlastend es sein kann, wenn sich die anspruchsvolle Förderarbeit auf den Schultern eines Teams verteilt und die gemeinsame Aufgabe und der Austausch als bereichernd empfunden werden. Aus unserer Sicht kann ein

---

49 Blog online unter www.taughtbyfinland.com (Abruf: 09.03.2016).

inklusives Setting nur dann hinreichend funktionieren, wenn nicht nur die Lernenden ausreichend gefördert werden, sondern auch ein Wohlempfinden und eine Gemeinsamkeit aufseiten der Lehrenden und weiterer Expert/innen im System vorhanden ist. In Kapitel 4 haben wir dazu die Beziehungsarbeit und Kommunikation als wesentliche Voraussetzungen für gelingende Lernprozesse auf allen Ebenen beschrieben. Inklusion kann für uns in Anlehnung an die internationale Forschung nur über eine gelingende Beziehungsarbeit, die sich in Teamstrukturen auf allen Ebenen widerspiegelt, gelingen.

6.4 Teams zwischen Inklusion und Exklusion

Möchten wir dem Anspruch eines inklusiven Settings folgen und allen Lernenden – vor dem Hintergrund ihrer Vorerfahrungen, sozialen und kulturellen Hintergründe, Interessen, ihres Wissens und Fähigkeiten – gerecht werden, heißt dies immer auch, sich mit der Lebenswelt der Lernenden vertraut zu machen. Schulen oder Lerneinrichtungen dürfen sich nicht als Exklaven des gesellschaftlichen Lebens verstehen. Es geht darum, immer an der Lebenswelt aller Lernenden anzuknüpfen und sie am eigenen Lernprozess und der Gemeinschaft partizipieren zu lassen. Eine inklusive Schule ist nach Reich (2014, S. 297 ff.) kein in sich geschlossenes System, sondern fest in das Leben einer Kommune/eines Stadtteiles verankert. Das lokale Leitbild spiegelt sich innerhalb der Schule wider. Auch die Kooperation und Kommunikation – zwischen den Lernenden – sind aus unserer Sicht essentiell in Lerneinrichtungen zu fördern.

Der größte Feind einer solchen Öffnung ist gegenwärtig die Stofflast der Bildung in Deutschland. In Fortbildungen mit Lehrerinnen und Lehrern wird bei der Präsentation praktischer inklusiver Handhabungen immer sofort eine Frage gestellt: Wie sollen wir dies mit der Fülle unserer Lehrpläne in Einklang bringen?

Betrachten wir die Lehrpläne im deutschen Schulsystem, dann sehen wir an dieser Stelle einen deutlichen Konflikt. In der oben angesprochenen ländervergleichenden Studie zwischen dem deutschen und dem finnischen Schulsystem zeigt sich, dass deutsche Lehrkräfte häufig unter der Stofffülle so »leiden«, dass sie sich kaum im Stande fühlen, an der Lebenswelt ihrer Lernenden anzuknüpfen (Kricke 2015). Die erforderliche Umstellung ist vor diesem Hintergrund radikal: »Inklusion in Schule und Unterricht bedeutet die Ablösung des bisherigen Bildes einer autark agierenden Lehrkraft vor ihrer Klasse durch eine Persönlichkeit, die durchgehend im Team arbeitet und kooperativ, kommunikativ und beziehungsfähig ist, um ihre individuelle Stärke in gemeinsamen Handlungen mit anderen Beteiligten jenseits egoistischer Vorlieben zum Wohle gemeinsamer Entwicklung einzusetzen. Das Reale aushalten, Imaginationen positiv entwickeln und symbolisch das Team und gemeinsame Erfolge zu fokussieren, das gehört zu einer erfolgreichen inklusiven Arbeit« (Reich 2014, S. 80).

Das Team kann bei einer solchen Umstellung Hilfe oder Last sein. In der Übergangszeit der nächsten Jahre wird es noch lange Schwankungen zwischen diesen Polen geben. Die Umstellung auf Inklusion ist eine Rollenveränderung, wobei die neue Rolle von Teams auch eine Wahrnehmungsverschiebung erzwingt, die für manche Menschen schwierig sein kann. Die autonome Lehrkraft, die stark eigenverantwortlich die Gruppenprozesse einer Schulklasse steuert, lebt in einem ständigen Machtgefälle, weil die Lernenden von der eigenen Beurteilung abhängig sind und diszipliniert werden können. Zwar leiden viele Lehrkräfte durchaus unter ihren Lernenden, wenn diese sich nicht wie erwartet oder erwünscht verhalten, aber ihnen bleibt zumindest immer der eigene Raum, diese Auseinandersetzung unter Ausschluss der Öffentlichkeit selbst ihres Kollegiums zu führen. Mit dem Teamteaching dringt ein öffentlicher Raum in die eigene Tätigkeit ein, die das eigene Handeln anderen stark transparent macht und damit eigene Urteile wie Vorurteile durch Rückbezug auf das Team begrenzt. Hierdurch kann sehr schnell das Gefühl der Kontrolle entstehen, was dann grundsätzlich zu einer Ablehnung der Teamarbeit führen wird. Obwohl das Team in der Inklusion die einzige Chance ist, die neuen Herausforderungen und Arbeitsbelastungen zu meistern, so wird diese Chance dann vergeben, wenn die Furcht vor Begrenzung, eigener Unterordnung und höherer Kontrolle durch andere als zu groß empfunden wird.

Teamteaching steht hier zwischen Inklusion (ich kooperiere und kommuniziere umfassend mit anderen und lege meine eigenen Kompetenzen, meine Stärken und Schwächen offen bloß) und Exklusion (ich vermeide das Team, um trotz höherer Belastung mich nicht offenbaren zu müssen).

Vor diesem Spannungsverhältnis wird klar, dass die Freiwilligkeit der Bildung von Teams zunächst die Teams davor schützt, mit Teammitgliedern überfordert zu werden, die jegliche Teamarbeit entwerten werden, weil sie sich als Persönlichkeit bedroht fühlen. Sie werden unnachgiebig alle Fehler und Schwächen von Teams suchen, nicht um diese zu beseitigen, sondern um sich vor dem Teamteaching zu schützen. Auf der anderen Seite kann ein inklusives System sich nur eine begrenzte Zahl von solchen Menschen dauerhaft leisten, weshalb es ehrlicher wäre, die Einstellungsvoraussetzungen von Lehrkräften deutlich an die neuen Bedarfe anzupassen.

Welche Ressourcen und inklusive Haltungen Lehrkräfte benötigen, zeigt *Schaubild 36*.

Ressourcen für/von Lehrenden	Inklusive Haltungen
gute personelle und sachliche Ausstattung für eine nachhaltige Chancengerechtigkeit	Chancengerechtigkeit als wesentliches Ziel des eigenen Handelns
Vorhandensein von Verfahren zur Klärung der besonderen pädagogischen Eignung für den Lehrberuf (möglichst Eignungsprüfungen), helfen auch bei der Berufswahl	Kontaktfreude, Kommunikationsbereitschaft, Hilfsbereitschaft, Verantwortlichkeit, Interesse an pädagogischen Situationen, didaktische Experimentierfreude
Ausbildung gewährt umfassende Förderung der organisatorischen und Managementfunktionen des Lehrberufs in Kooperation und Kommunikation	nachhaltiges Zeitmanagement und Teamfähigkeit, hohe Planungs- und Evaluationskompetenzen, Bereitschaft zur Führung
Vorhandensein von Ausbildungsanteilen in (z. B. zwei) wissenschaftlichen Fächern, die als Schulfächer/Themenbereiche in der Weiterbildung oder fachübergreifend praktische Relevanz haben	sehr gute fachwissenschaftliche Qualifikation, die das Fachwissen stets auf den Lernstand heterogener Lerngruppen zu beziehen und zu differenzieren weiß
Vorhandensein von umfassenden Ausbildungsanteilen in wissenschaftlichen Grundlagenfächern mit Blick auf deren Praxis	hohe persönliche Qualifikationen in den pädagogisch-psychologischen Grundlagenfächern mit viel Praxiserfahrungen
verbindliche Ausbildungsanteile in sonderpädagogischen Grundlagen für die gesamte Lehramtsausbildung oder andere pädagogische Ausbildungen	hohe allgemeine Qualifikation in den sonderpädagogischen Grundlagen mit möglichst einigen Vertiefungsschwerpunkten
verbindliche Ausbildungsanteile in Deutsch als Zweitsprache für alle Studierenden	gute Qualifikation für Deutsch als Zweitsprache mit Jahrgangsbezug
hohe Eigenverantwortlichkeit nach internationalem Muster der Lehrberufe, möglichst eigenes und selbst verwaltetes Budget, klare gesetzliche Verpflichtungen bei hohen curricularen und didaktischen Freiheiten und zentralen Evaluationen und Prüfungen	hohe Eigen- und Teamverantwortlichkeit, Bereitschaft, aktiv für die Ziele und Methoden der Inklusion in allen Bereichen einzutreten, Selbstorganisation zu übernehmen und stets kritisch die Ergebnisse zu hinterfragen
kontinuierliche Weiterbildung nach der Einstellung, kann auch eingefordert werden	Bereitschaft zur kontinuierlichen Weiterbildung und Veränderung
Verfügbarkeit von Plattformen für den Erfahrungsaustausch, Verbesserung der Ressourcen, nachhaltige Entwicklung der Ressourcen	aktive Gestaltung des Erfahrungsaustauschs, Einsatz und Kampf um die Verbesserung inklusiver Erziehung und Bildung
Hilfssysteme für Beratung in der Praxis, zum Coaching und zur Supervision, Netzwerke für alle inklusiven Belange	Bereitschaft für einen kontinuierlichen Verbesserungsprozess, auch Infragestellung eigener Praktiken und Haltungen, ressourcen- und lösungsorientierte Herangehensweisen

Schaubild 36: Ressourcen von Lehrenden und inklusive Haltungen

Für inklusive Teams erscheint es als günstig, die im *Schaubild 36* genannten Aspekte intensiv in gemeinsamen Gesprächen zu klären und für ein eigenes Teamleitbild zu nutzen. Dabei sollte bewusst darauf geachtet werden, wie erforderliche Ressourcen und inklusive Haltungen zusammenwirken. Da immer notwendige Ressourcen vor Ort fehlen werden, ist es zugleich sinnvoll, langfristige Strategien zu erarbeiten – auch in Kooperation mit Leitungspersonen –, wie solche Ressourcen erzeugt oder erkämpft werden können.

Zugleich sollte jede Lehrkraft in inklusiven Settings aber auch für sich stets neu überprüfen, ob sie geeignet ist, die anspruchsvollen Aufgaben für sich und im Team zu übernehmen. Dabei hat sich für uns folgende Frageliste als hilfreich erwiesen, um zunächst für sich und anschließend im Gespräch mit dem Team und anderen zu überprüfen, wo die eigenen Stärken und noch mögliche Schwächen liegen (Reich 2014, S. 88 ff.):

- »Bin ich grundsätzlich bereit und offen, für eine diverse Kultur als Anwalt und Verteidiger aufzutreten, indem ich mit Familien und Lernenden aus sehr unterschiedlichen Kulturkreisen, mit individuellen Formen und Werten, mit Benachteiligungen und Behinderungen ebenso wie mit Begabungen und Besonderheiten konstruktiv umgehe, mit den Beteiligten kooperiere und kommuniziere, um ein Wachstum aller Fähigkeiten der Lernenden zu fördern und zu unterstützen? (*meine pädagogische Grundhaltung*)
- Sind meine Handlungen grundsätzlich auf Partizipation ausgelegt und kann ich jegliche Besserwisserei vermeiden, auch wenn ich teilweise mehr als andere wissen mag, um gemeinsam mit den an der Erziehung und Bildung beteiligten Menschen in meiner inklusiven Schule vorhandene Ressourcen mit erfolgreichen Lösungen zu verbinden? (*meine demokratische Grundhaltung*)[50]
- Kann ich eigene kulturelle Normen und Werte meiner eigenen Sozialisation hinreichend relativieren und akzeptieren, dass Familien und Menschen je unterschiedliche Haltungen und Einstellungen entwickeln, um auf dieser Basis einen gemeinsamen respektvollen Umgang und gegenseitige Toleranz im Rahmen einer demokratischen Kultur zu praktizieren? (*meine kulturoffene Grundhaltung*)
- Habe ich höchste Erwartungen an alle Lernenden und schätze ich die Möglichkeiten, die jeder individuelle Lernende hat, um in meiner Kommunikation mit ihnen ihre Anstrengungen und Erfolge wertzuschätzen und ihnen zur Entwicklung persönlicher Exzellenz zu verhelfen? (*mein Streben nach Exzellenz statt Mittelmaß*)
- Bin ich bereit, mich umfassend über die Diversität meiner Lernenden und der gegenwärtigen Kultur aufzuklären, um die Spaltung von Bildungsnähe und Bildungsferne zu überbrücken und chancengerechte Maßnahmen zu finden, die helfen können, umfassende Entwicklung und Bildung allen zuteilwerden zu lassen? (*meine chancengerechte Haltung*)

---

50 Zur Unterscheidung von Mehrwisser und Besserwisser siehe Reich (2010, S. 260 f.).

- Stehen die Lernenden im Zentrum meiner Bemühungen, um in kooperativen, gemeinschaftlichen, kommunikativ gelingenden Formen alle Lernenden selbst bei unterschiedlichen Voraussetzungen zu ermutigen, eigene Wege des Lernens zu finden, mit anderen gemeinsam zu arbeiten, erfolgreiche Abschlüsse zu schaffen? (*meine lernerzentrierte Haltung*)
- Bin ich bereit, Unterrichtsmethoden einzusetzen, die Themen und Inhalte so vermitteln helfen, dass nicht eine äußere Fachperspektive mit Durchschnittserwartungen zum vorrangigen Maßstab für Erfolg genommen wird, sondern eine gezielte Förderung auf der Basis der unterschiedlichen Voraussetzungen der Lernenden, die zu ihrer eigenen persönlichen Exzellenz gelangen, um möglichst große Entwicklungsfortschritte in allen kulturrelevanten Lernbereichen zu machen? (*meine realistische Leistungshaltung*)
- Ermögliche ich den Lernenden unterschiedliche Perspektiven und Lernzugänge, um geeignete Lernergebnisse zu erzielen, diese vorzuweisen und mit anderen auszutauschen? (*meine methodische Förderhaltung*)
- Achte ich auf ein lebenswelt- und berufsbezogenes Curriculum, das lernerorientiert ist und eine Verbindung mit den kulturellen Hintergründen der Lernenden, relevanten Themen in der Kultur, Wissenschaft und Technik als auch der sozialen Lebenswelt sucht? (*meine realistische Lernerwartungshaltung*)
- Bin ich bereit, meine Kenntnisse und mein Verhalten konstruktiv in ein Lehr- und Förderteam einzubringen, mich auch an die Bedürfnisse und Wünsche anderer anzupassen, kreativ eine kommunikative, kooperierende, hilfreiche und fördernde Haltung gegenüber allen Personen in der inklusiven Schule einzunehmen? (*meine positive Teamhaltung*)

Können alle diese Fragen mit Ja beantwortet werden, dann bin ich als Lehrkraft grundsätzlich für eine inklusive Schule geeignet. Habe ich bei einzelnen Punkten Schwierigkeiten, so werden diese sich negativ auf die Chancen einer wirksamen Umsetzung von Inklusion in meinen kommunikativen, kooperativen und unterrichtsbezogenen Handlungen auswirken.«

Vor dem Hintergrund dieser Fragestellung sehen wir große Chancen, sich gemeinsam auf den Weg hin zu einem inklusiven System zu machen – im Team – mit allen Beteiligten.

Verzeichnis der Schaubilder

Schaubild 1	Ausgangspunkte, Probleme, Ambivalenzen in der Teamarbeit (Kap. 1.3)
Schaubild 2	Formen des Teamteaching im Überblick (Kap. 2.2)
Schaubild 3	Handlungen im Teamteaching (in Großgruppen) (Kap. 2.2)
Schaubild 4	Formen des Teamteaching (in Kleingruppen) (Kap. 2.3)
Schaubild 5	Frontalunterricht, Teamarbeit, Teamteaching (Kap. 3.1)
Schaubild 6	Inklusive Methoden in Lernkontexten (aus Reich 2014, S. 315) (Kap. 3.2)
Schaubild 7	Einzelunterricht und Teamteaching bezogen auf Lernformate (Kap. 3.2)
Schaubild 8	Beziehungskultur (Kap. 4.1.1)
Schaubild 9	Strategien zur Verbesserung der Teamarbeit (Kap. 4.1.2)
Schaubild 10	Beziehungsgrundsätze in der Teamarbeit (Kap. 4.1.2)
Schaubild 11	Was bringe ich für die Teamarbeit mit? (Kap. 4.1.4)
Schaubild 12	Leitung und Team im Blick auf Strukturen (Kap. 4.2.2)
Schaubild 13	Leitung und Teamleitung (Kap. 4.2.2)
Schaubild 14	Entwicklungs- und Leitbildfragen (Kap. 4.3.1)
Schaubild 15	Regeln zur Team- und Lernarbeit (Kap. 4.3.2)
Schaubild 16	Beispiel für die formale Struktur eines Kompetenzrasters (Kap. 4.3.3)
Schaubild 17	Wer übernimmt was im Team? (in Anlehnung an Perez 2012 und Villa/Thousand/Nevin 2013, S. 30) (Kap. 4.3.4)
Schaubild 18	Checkliste zur Einführung von Teamarbeit: Was ist zu beachten? (in Anlehnung an Perez 2012, S. 38 ff.) (Kap. 4.3.4)
Schaubild 19	Feedbackstrategien nach Hattie (2009) (Kap. 4.3.6)
Schaubild 20	Beziehungsfragen im Teamteaching-Prozess (in Anlehnung an Villa/Thousand/Nevin 2013, S. 28 f.) (Kap. 4.3.8)
Schaubild 21	Warnliste Teams (Kap. 4.4.1)
Schaubild 22	Gute und ungünstige Teams (Kap. 4.4.2)
Schaubild 23	Team-Planungs-Logbuch (modifiziert nach Villa/Thousand/Nevin 2013, S. 221) (Kap. 5.5.1)
Schaubild 24	Teamteaching-Tagesplaner (modifiziert nach Villa/Thousand/Nevin 2013, S. 202 f.) (Kap. 5.1.2)
Schaubild 25	Teamteaching-Wochenplan (Kap. 5.1.2)
Schaubild 26	Beispiel für ein Kompetenzraster mit Meilenstein (für Lernende und Lehrende) (Kap. 5.1.4)
Schaubild 27	Lernformate und Teamteaching (Kap. 5.1.5)
Schaubild 28	Was machen die Teammitglieder vor, während und nach der Lerneinheit? (Kap. 5.1.8)
Schaubild 29	Planungsübersicht (Kap. 5.1.8)
Schaubild 30	ALACT-Modell für zirkuläre Reflexionsprozesse in Teams (modifiziert nach Korthagen et al. 2001, S. 130) (Kap. 5.3.1)
Schaubild 31	Reflexionsfragen für die Umsetzungsanalyse (in Anlehnung an Villa/Thousand/Nevin 2013, S. 170 f.) (Kap. 5.3.1)
Schaubild 32	Teamteaching: Wöchentlicher Reflexionsbogen (in Anlehnung an Villa/Thousand/Nevin 2013, S. 152) (Kap. 5.3.2)
Schaubild 33	Feedbackbogen aus Perspektive der Teammitglieder (in Anlehnung an Beninghof 2012, S. 46) (Kap. 5.3.3)
Schaubild 34	Feedbackbogen für Lernende (in Anlehnung an Beninghof 2012, S. 43) (Kap. 5.3.3)
Schaubild 35	Phasen der Fallberatung (aus Reich 2014, S. 305) (Kap. 5.3.4)
Schaubild 36	Ressourcen von Lehrenden und inklusive Haltungen (Kap. 6.4)

Literatur

Albers, T./Kiehl-Will, A./Lühmann, S. (2014): Gemeinsam besser unterrichten: Teamteaching im inklusiven Klassenzimmer (geeignet für die Klassen 1–10). Mülheim an der Ruhr: Verlag an der Ruhr.
Arnold, R./Schüßler, I. (1998): Wandel der Lernkulturen. Ideen und Bausteine für ein lebendiges Lernen. Darmstadt: WBG.
Bauman, Z. (1989): Modernity and The Holocaust. Ithaca, N.Y.: Cornell University Press.
Bauman, Z. (1993): Modernity and Ambivalence. Cambridge and Oxford: Polity Press.
Bauman, Z. (1997): Postmodernity and its discontents. New York: New York University Press.
Bauman, Z. (2000): Liquid Modernity. Cambridge: Polity Press.
Beck, U. (1986): Risikogesellschaft. Frankfurt am Main: Suhrkamp.
Beninghof, A. M. (2012): Co-Teaching That Works. Structures and Strategies for Maximizing Student Learning. San Francisco: Jossey-Bass.
Beninghof, A. M./Singer A. L. (1995): Ideas for Inclusion: The School Administrator's Guide. Longmont, CO: Sopris West.
Blecker, N. S./Boakes, N. J. (2010): Creating a Learning Environment for All Children: Are Teachers Able and Willing? In: International Journal of Inclusive Education 14, H. 5, S. 435–447.
Bono de, E. (1990): Six Thinking Hats. London u.a.: Penguin.
Bonsen, M./Berkemeyer, N. (2011): Lehrerinnen und Lehrer in Schulentwicklungsprozessen. In: Terhart, E./Bennewitz, H./Rothland, M. (Hrsg.): Handbuch der Forschung zum Lehrerberuf. Münster: Waxmann, S. 731–747.
Bonsen, M./Rolff, H.-G. (2006): Professionelle Lerngemeinschaften von Lehrerinnen und Lehrern. In: Zeitschrift für Pädagogik 52, H. 2, S. 167–184.
Booth, T./Ainscow, M. (2011³): Index for inclusion: Developing Learning and Participation in Schools. Bristol: CSIE.
Bräu, K./Schwerdt, U. (2005): Heterogenität als Chance. Münster: Lit Verlag.
Brunner, I./Häcker, T./Winter, F. (Hrsg.) (2009): Das Handbuch Portfolioarbeit. Konzepte, Anregungen, Erfahrungen aus Schule und Lehrerbildung. Seelze-Velber: Friedrich Verlag.
Buckley, F. J. (2000): Team Teaching: What, Why and How? London: Sage Publications.
Cohn, R. C. (1975): Von der Psychoanalyse zur themenzentrierten Interaktion. Von der Behandlung einzelner zu einer Pädagogik für alle. Stuttgart: Klett-Cotta.
Cramer, S. F. (2006): The Special Educator's Guide to Collaboration. Thousand Oaks, CA: Corwin.
Dieker, L./Murawski, W. (2003): Co-Teaching at the Secondary Level: Unique Issues, Current Trends and Suggestions for Success. In: The High School Journal 86, H. 4, S. 1–13.
Elias, N. (1976): Über den Prozeß der Zivilisation, 2 Bd. Frankfurt am Main: Suhrkamp.
Elias, N. (1990²): Engagement und Distanzierung. Frankfurt am Main: Suhrkamp.
European Agency for Development in Special Needs Education (2012): Teacher Education for Inclusion. Inklusionsorientierte Lehrerbildung. Ein Profil für inklusive Lehrerinnen und Lehrer. www.european-agency.org/sites/default/files/te4i-profile-of-inclusive-teachers_Profile-of-Inclusive-Teachers-DE.pdf (Abruf 09.03.2016).
Finkel, D. L. (2000): Teaching with your Mouth Shut. Portsmouth, NH: Boynton/Cook Publishers.
Florian, L./Young, K./Rouse, M. (2010): Preparing Teachers for Inclusive and Diverse Educational Environments: Studying Curricular Reform in an Initial Teacher Education Course. In: International Journal of Inclusive Education 14, H. 7, S. 709–722.
Foucault, M. (1984⁸): Überwachen und Strafen. Die Geburt des Gefängnisses. Frankfurt am Main: Suhrkamp.
Francis, D./Young, D. (2002⁵): Mehr Erfolg im Team. Essen: Windmühle Verlag.

Friend, M. P. (2008): Co-Teach! A Handbook for Creating and Sustaining Successful Classroom Partnership in Inclusive Schools. Greensboro, NC: MFI.
Friend, M./Bursuck, W. D. (2014⁶): Including Students with Special Needs. A Practical Guide for Classroom Teachers. Essex: Pearson.
Friend, M. P./Cook, L. (2003⁴): Interactions: Collaboration Skills for School Professionals. New York: Pearson-Allyn and Bacon.
Fussangel, K./Gräsel, C. (2011): Forschung zur Kooperation m Lehrberuf. In: Terhart, E./Bennewitz, H./Rothland, M. (Hrsg.): Handbuch der Forschung zum Lehrerberuf. Münster: Waxmann, S. 667–682.
Gardner, H. (Hrsg.) (2007): Responsibility at work: How Leading Professionals Act (or Don't Act) Responsibly. San Francisco: Jossey Bass.
Gardner, H. (Hrsg.) (2010): Good Work: Theory and Practice. Cambridge: Harvard University.
Gardner, H./Csikszentmihalyi, M./Damon, W. (2002): Good Work. New York: Basic Books.
Garrison, J./Neubert, S./Reich, K. (2012): John Dewey' Philosophy of Education. An Introduction and Recontextualization for Our Times. New York: Palgrave Macmillan.
Garrison, J./Neubert, S./Reich, K. (2016): Democracy and Education Reconsidered. 100 Years after Dewey. London/New York: Routledge.
Gräsel, C./Fußangel, K./Pröbstel, C. (2006): Lehrkräfte zur Kooperation anregen – eine Aufgabe für Sisyphos. In: Zeitschrift für Pädagogik 52, H. 2, 205–219.
Green, N./Green, K. (2005): Kooperatives Lernen im Klassenraum und im Kollegium. Das Trainingsbuch. Seelze: Kallmeyer.
Hagedorn, J./Schurt, V./Steber, C./Waburg, W. (2009): Ethnizität, Geschlecht, Familie und Schule. Heterogenität als erziehungswissenschaftliche Herausforderung. Wiesbaden: VS Verlag für Sozialwissenschaften.
Hattie, J. (2009): Visible Learning. A Synthesis of over 800 Meta-Analysis Relating to Achievement. London/New York: Routledge.
Hattie, J. (2012): Visible Learning for Teachers: Maximizing Impact on Learning. London/New York: Routledge.
Hattie, J./Timperley, H. (2007): The Power of Feedback. Review of Educational Research 77, H. 1, S. 81–112. www.growthmindseteaz.org/files/Power_of_Feedback_JHattie.pdf (Abruf: 09.03.2016).
Hollins, E. (2006): Transforming Practice in Urban Schools. Educational Leadership 63, H. 6, S. 48.
Jorgenson, R. (2001): Collaborative Team Building: A Tool for Inclusion. SEA Magazine, Fall 2001, S. 16–19. www.bctf.ca/diversity/resourceinventory/crosscurrents/Fall01pp16–19.pdf (Abruf 09.03.2016).
Kalantzis, M./Cope, B. (2008): New Learning. Elements of a Science of Education. Cambridge: Cambridge University Press.
Korthagen, F. A. J./Kessels, J./Koster, B./Lagerwerf, F./Wubbels, T. (2001): Linking Practice and Theory. The pedagogy of Realistic Teacher Education. Mahwah, NJ: Lawrence Erlbaum Associates.
Kreitz-Sandberg, S. (2011): Multiprofessionelle Zusammenarbeit in der Schule – Inklusive Ansätze sonderpädagogischer Organisationen in Schweden. In: Lütje-Klose, B./Langer, M.-T./Urban, M. (Hrsg.): Inklusion in Bildungsinstitutionen. Eine Herausforderung an die Heil- und Sonderpädagogik. Kempten: Klinkhardt, S. 185–192.
Kricke, M. (2015): Lernen und Lehren in Deutschland und Finnland: eine empirische Studie zu Schulsystem und LehrerInnenbildung im Ländervergleich. Dissertation, Universität zu Köln. www.kups.ub.uni-koeln.de/id/eprint/6070 (Abruf 09.03.2016).
Kricke, M./Schindler, I. (2012): »Systemisches Feedback«. Förderung von Persönlichkeits- und Teamentwicklung im dialogischen Schulentwicklungsprozess. In: Lernchancen nutzen 86, S. 38–43.
Kricke, M./Reich, K. (2013): Portfolios als Dialog- und Reflexionsinstrument – Mehrperspektivität fördern durch Lernteamarbeit. In: Rohr, D./Hummelsheim, A./Kricke, M./Amrhein, B. (Hrsg.): Reflexionsmethoden in der Praktikumsbetreuung. Münster: Waxmann, S. 17–25.

Kricke, M./Hensel, M. (2016): Wie die Idee einer inklusiven Schule gelingen kann – das Beispiel der Heliosschule – Inklusive Universitätsschule der Stadt Köln. In: Schulpädagogik heute, H. 13. Was sind gute Schulen? Immenhausen bei Kassel: Prolog Verlag.

Kricke, M./Rohr, D./Schindler, I. (2012): Das »Reflecting Team« als Schlüssel im Professionalisierungsprozess: Die offene Tür. In: In: Bosse, D.; Moegling, K.; Reitinger, J. (Hrsg.): Reform der Lehrerbildung in Deutschland, Österreich und der Schweiz. Teil 2: Praxismodelle und Diskussion. Kassel: Prolog-Verlag, S. 17–34.

Lepsinger, R./Lucia, A.D. (2009): The Art and Science of 360 Degree Feedback. 2nd Edition. San Francisco, CA: Jossey-Bass.

Löser, J. (2013): »Support Teacher Model« – Eine internationale Perspektive auf Lehrerkooperation an inklusiven Schulen. In: Werning, R./Arndt, A. (Hrsg.): Inklusion: Kooperation und Unterricht entwickeln. Bad Heilbrunn: Klinkhardt, S. 107–124.

Lütje-Klose, B. (2013): Schulische Inklusion im Prozess der Systemveränderung. Gelingensbedingungen einer Schule für alle Kinder. Vortrag im Rahmen der BüZ-Tagung, Laborschule und Oberstufenkolleg (14.09.2013). www.uni-bielefeld.de/erziehungswissenschaft/ag3/pdf/luetje_vortrag_2013_09.pdf (Abruf 09.03.2016).

Lütje-Klose, B./Urban, M. (2013): Kooperation im multiprofessionellen Team als Gelingensbedingung schulischer Inklusion. Vortrag im Rahmen der Blick über den Zaun Tagung: Lernen – all inclusive. www.uni-bielefeld.de/erziehungswissenschaft/ag3/pdf/urban_luetje_vortrag_2013_09.pdf (Abruf 09.03.2016).

Maxwell, J.C. (2010): Everyone Communicates, Few Connect. Nashville: Nelson.

Montag Stiftungen (Hrsg.) (2012): Schulen planen und bauen. Berlin: Jovis.

Müller, A. (o.J.): Lernen ist eine Dauerbaustelle. www.institut-beatenberg.ch/images/pdf/kompetenzraster/lernen_ist_eine_dauerbaustelle.pdf (Abruf: 09.03.2016).

OECD (2010): The High Cost of Low Educational Performance. The long-run economic impact of improving PISA outcomes. www.oecd.org/pisa/44417824.pdf (Abruf: 09.03.2016).

OECD (2012): Better Skills, Better Jobs, Better Lives. A Strategic Approach to Skills Policies. www.skills.oecd.org/documents/OECDSkillsStrategyFINALENG.pdf (Abruf: 09.03.2016).

Parkhurst, H. (1924[4]): Education on the Dalton Plan. 4. London: G. Bell and sons.

Perez, K. (2012): The Co-Teaching Book of Lists. United States of America: Jossey-Bass teacher.

Poggendorf, A. (2012): Angewandte Teamdynamik – Methodik für Trainer, Berater, Pädagogen und Teamentwickler. Berlin/Düsseldorf: Cornelsen Verlag.

Preisendörfer, B. (2008): Das Bildungsprivileg. Warum Chancengleichheit unerwünscht ist. Frankfurt am Main: Eichborn.

Reich, K. (2008): Democracy and Education after Dewey – Pragmatist Implications for Constructivist Pedagogy. In: Garrison, J. (Ed.): Reconstructing Democracy, Recontextualizing Dewey. Pragmatism and Interactive Constructivism in the Twenty-first Century. Albany: SUNY.

Reich, K. (Hrsg.) (2009): Lehrerbildung konstruktivistisch gestalten. Weinheim und Basel: Beltz.

Reich, K. (2010[6]): Systemisch-konstruktivistische Pädagogik. Weinheim und Basel: Beltz.

Reich, K. (2012[5]a): Konstruktivistische Didaktik. Weinheim und Basel: Beltz.

Reich, K. (2012b): Inklusion und Bildungsgerechtigkeit. Weinheim und Basel: Beltz.

Reich, K. (2013): Chancengerechtigkeit und Kapitalformen. Wiesbaden: Springer VS.

Reich, K. (2014): Inklusive Didaktik. Weinheim und Basel: Beltz.

Reich, K. (2016): Frontalunterricht. In: Methodenpool. www.uni-koeln.de/hf/konstrukt/didaktik/vortrag/frameset_vortrag.html (Abruf: 09.03.2016).

Reich, K./Wei, Y. (1997): Beziehung als Lebensform. Pädagogik und Philosophie im alten China. Münster u.a.: Waxmann.

Reich, K./Asselhoven, D./Kargl, S. (Hrsg.) (2015): Eine inklusive Schule für alle. Das Modell der Inklusiven Universitätsschule Köln. Weinheim und Basel: Beltz.

Richter, D./Pant, H. A. (2016): Lehrerkooperation in Deutschland. Eine Studie zu kooperativen Arbeitsbeziehungen bei Lehrkräften der Sekundarstufe I. Bertelsmann Stiftung, Gütersloh Robert Bosch Stiftung, Stuttgart Stiftung Mercator, Essen Deutsche Telekom Stiftung, Bonn.

Ros, J. (1998): Erfolgsgeheimnis Teambildung. Niedernhausen:Falken-Verlag.

Rosenholtz, S. J. (1991): Teacher's Workplace: The Social Organization of Schools. New York: Teachers College Press.

Rotering-Steinberg, S. (1990): Ein Modell kollegialer Supervision. In: Pühl, H. (Hrsg.): Handbuch der Supervision. Berlin: Ed. Marhold, S. 428–440.

Schaarschmidt, U. (Hrsg.) (2005): Halbtagsjobber? Psychische Gesundheit im Lehrerberuf – Analyse eines veränderungsbedürftigen Zustandes. Weinheim und Basel: Beltz.

Schlee, J. (2004): Kollegiale Beratung und Supervision für pädagogische Berufe. Stuttgart: Kohlhammer.

Schmidt, E.-M./Wahl, D. (2008): Kommunikative Praxisbewältigung in Gruppen (KOPING). www.prof-diethelm-wahl.de/pdf/Artikel%20Schmidt%20&%20Wahl%20 Endfassung.pdf (Abruf: 09.03.2016).

Schnebel, S. (2007): Professionell beraten. Beratungskompetenz in der Schule. Weinheim und Basel: Beltz.

Schulz von Thun, F. (1988): Miteinander reden: Störungen und Klärungen. Reinbek bei Hamburg: Rowohlt.

Seydel, O. (2011): Von der Fußballnationalmannschaft lernen. Anregungen für Teamstrukturen in der Schule. In: Pädagogik 63, Heft 7/8, S. 54–57.

Simon, F. B./Rech-Simon, C. (1999): Zirkuläres Fragen. Systemische Therapie in Fallbeispielen: Ein Lernbuch. Heidelberg: Auer.

Slavin, R. E. (1993): Ability Grouping in Middle Grades: Achievement Effects and Alternatives. In: Elementary School Journal 93, H. 5, S. 535–552.

Slavin, R. E. (1990): Achievement Effects of Ability Grouping in Secondary Schools: A Best-evidence Synthesis. In: Review of Educational Research 60, H. 3, S. 471–499.

Spieß, E. (2004): Kooperation und Konflikt. In: Schuler, H. (Hrsg.), Enzyklopädie der Psychologie: Organisationspsychologie: Organisationspsychologie – Gruppe und Organisation (Bd. 2). Göttingen: Hogrefe, S. 193–250.

Stähling, R./Wenders, B. (2015): Teambuch Inklusion. Ein Praxisbuch für multiprofessionelle Teams. Baltmannsweiler: Schneider Hohengehren.

Sturm, T. (2013): Lehrbuch Heterogenität in der Schule. München/Basel: Ernst Reinhardt (utb).

Thornberg, R. (2008): Multi-professional Prereferral and School-Based Health-Care Teams: A Research Review (FOG-report no 62). Linköping: Department of Behavioural Sciences and Learning (IBL), Linköping University. www.liu.diva-portal.org/smash/get/diva2:263615/FULLTEXT 01.pdf (Abruf: 09.03.2016).

Titze, K. O. (2003): Kollegiale Beratung: Problemlösungen gemeinsam entwickeln. Reinbek bei Hamburg: Rowohlt.

Titze, K. O. (2010): Wirkprozesse und personenbezogene Wirkungen von kollegialer Beratung. Wiesbaden: VS Verlag für Sozialwissenschaften.

UNESCO (2005): Guidelines for Inclusion. Ensuring Access to Education for All. Paris. www.unesdoc.unesco.org/images/0014/001402/140224e.pdf (Abruf: 09.03.2016).

UNESCO (2009): Policy Guidelines on Inclusion in Education. Paris. www.unesdoc.unesco.org/images/0017/001778/177849e.pdf (Abruf: 09.03.2016).

Villa, R. A./Thousand, J. S./Nevin, A. I. (2013³): A Guide to Co-teaching. New Lessons and Strategies to Facilitate Student Learning. Thousands Oaks, CA: Corwin/Sage.

Wahl, D. (1991): Handeln unter Druck. Der weite Weg vom Wissen zum Handeln bei Lehrern, Hochschullehrern und Erwachsenenbildnern. Weinheim: Deutscher Studien Verlag.

Watzlawick, P./Beavon, J. H./Jackson, D. D. (1985⁷): Menschliche Kommunikation: Formen, Störungen, Paradoxien. Bern u. a.: Huber.
Watzlawick, P./Weakland, J. H./Fisch, R. (1988⁴): Lösungen – Zur Theorie und Praxis menschlichen Wandels. Bern u. a.: Huber.
Weckert, A./Bähner, C./Oboth, M./Schmid, J. (2011): Praxis der Gruppen- und Teammediation. Paderborn: Junfermann.
Westhoff, A./Wachter, M./Völkel, A./Fraune, B. (2010): Teamarbeit und Individualisierung. Ideen für den bewussten Umgang mit Heterogenität im Team. In: Pädagogik 1, S. 15–19.
Wilkinson, R./Pickett, K. (2010): The Spirit Level. Why Equality is Better for Everyone. London: Penguin.
Wössmann, L. (2009): Was unzureichende Bildung kostet: Eine Berechnung der Folgekosten durch entgangenes Wirtschaftswachstum (mit M. Piopiunik). Gütersloh: Bertelsmann Stiftung.
Wössmann, L. (2007): Letzte Chance für gute Schulen: Die 12 großen Irrtümer und was wir wirklich ändern müssen. München: ZS Verlag Zabert Sandmann.
Wössmann, L. (2004): How Equal Are Educational Opportunities? Family Background and Student Achievement in Europe and the US. CESIFO Working Paper No. 1162, Category 4: Labour Markets, March 2004. www.papers.ssrn.com/sol3/papers.cfm?abstract_id=528209 (Abruf: 09.03.2016).
Zentralamt für Unterrichtswesen (Finnland) (2004): Rahmenpläne und Standards für den grundbildenden Unterricht an finnischen Schulen (Perusopetus). Perusopetus ist der Unterricht für alle Schüler von Klasse 1–9. Helsinki: Edita Prima Oy.

Inklusive Didaktik in der Praxis

Kersten Reich
IInklusive Didaktik
Bausteine für eine inklusive Schule
2014. 392 Seiten. Broschiert.
ISBN 978-3-407-25710-9

Wie müssen inklusive Lernräume beschaffen sein? Wie wird der Lernstand diagnostiziert? Welche Methoden der inklusiven Didaktik gibt es, und was folgt aus der Inklusion für die Unterrichtsplanung und -qualität? Seitdem die UN-Konvention über die Rechte von Menschen mit Behinderungen in Kraft getreten ist, wächst der Informationsbedarf, wie Inklusion an Schulen umgesetzt werden soll.

Das Buch von Kersten Reich entwickelt die Leitlinien einer inklusiven Schulentwicklung und eines gemeinsamen Unterrichts, der sich gemäß den Inklusionsstandards an alle Lernenden und Lehrenden richtet:
- Beziehungen und Teams
- Lernende mit Förderbedarf
- Demokratische und chancengerechte Schule
- Differenzierte Beurteilung
- Qualifizierende Schule
- Eine geeignete Schularchitektur
- Ganztag mit Rhythmisierung
- Eine Schule in der Lebenswelt
- Förderliche Lernumgebung
- Beratung, Supervision, Evaluation

Die inklusive Didaktik reicht in ihren Grundlagen vom Kindergarten über die Primarstufe bis in die Sekundarstufen I und II. Sie kann auch hochschuldidaktische Konzepte anregen. Ergänzt wird das Buch durch Materialien, Anregungen und Links, die Sie bei der Umsetzung einer inklusiven Schule und eines inklusiven Unterrichts unterstützen.

»Ein Standardwerk inklusiver Schulentwicklung!« *www.socialnet.de*

Beltz Verlag · Weinheim und Basel · Weitere Infos: www.beltz.de

Eine Schule, die niemanden zurücklässt

Kersten Reich, Dieter Asselhoven, Silke Kargl (Hrsg.)
Eine inklusive Schule für alle
2015. 446 Seiten. Broschiert.
ISBN 978-3-407-25725-3

Die Inklusive Universitätsschule Köln (IUS) zeigt, wie die »Inklusive Didaktik« nach Kersten Reich in die Praxis umgesetzt werden kann. Sie ist eine demokratische und partizipative Schule für alle, in der Kinder und Jugendliche optimal auf Grundlage ihrer unterschiedlichen Voraussetzungen gefördert werden. Dabei setzt sie als Praxisschule der Universität Köln in der Lehramtsausbildung im Unterricht innovative Lehr- und Lernformen um. Die IUS kann Lehrkräften und anderen Beteiligten in der schulischen Inklusion, insbesondere auch Schulleiter/innen und Bildungsträgern als Modell dienen, wie Inklusion als pädagogisches und kommunales Projekt gelingen kann.

Das Buch stellt das Konzept der Inklusiven Universitätsschule Köln (IUS) vor und legt ihre Leitlinien in sowohl praktisch als auch theoretisch orientierten Beiträgen dar. Es werden notwendige Vorkehrungen und Haltungen in der Inklusion diskutiert als auch ein Rahmenkonzept und mögliche Stolpersteine für andere Schulgründungen aufgezeigt.

Aus dem Inhalt:
- Das Rahmenkonzept der Inklusiven Universitätsschule Köln
- Zehn Leitlinien zur Pädagogik der neuen Schule
- Die Leitlinien in der genaueren Betrachtung
- Die Leitlinien in konkreten Einzelbeiträgen

»Ein sehr ermutigendes Werk: So gelingt Inklusion.« *neue caritas*

»Eine beispielgebende Handreichung auch für andere Schulen.«
Zeitschrift PÄDAGOGIK

Beltz Verlag · Weinheim und Basel · Weitere Infos: www.beltz.de